上海市浦东新区城市管理综合行政执法局　编

城市管理综合执法
办案指引

上海社会科学院出版社
SHANGHAI ACADEMY OF SOCIAL SCIENCES PRESS

图书在版编目(CIP)数据

城市管理综合执法办案指引 / 上海市浦东新区城市管理综合行政执法局编. -- 上海 : 上海社会科学院出版社, 2025. -- ISBN 978-7-5520-4706-6
Ⅰ.D922.297
中国国家版本馆 CIP 数据核字第 2025E8S750 号

城市管理综合执法办案指引

| 编　　者：上海市浦东新区城市管理综合行政执法局
| 责任编辑：王　睿
| 封面设计：杨晨安
| 出版发行：上海社会科学院出版社
| 　　　　　上海顺昌路 622 号　邮编 200025
| 　　　　　电话总机 021-63315947　销售热线 021-53063735
| 　　　　　https://cbs.sass.org.cn　E-mail:sassp@sassp.cn
| 排　　版：南京展望文化发展有限公司
| 印　　刷：上海市崇明县裕安印刷厂
| 开　　本：710 毫米×1000 毫米　1/16
| 印　　张：19.5
| 字　　数：342 千
| 版　　次：2025 年 5 月第 1 版　2025 年 5 月第 1 次印刷

ISBN 978-7-5520-4706-6/D·754　　　　　　　定价：98.00 元

版权所有　翻印必究

前 言
FOREWORD

上海市浦东新区城市管理综合执法体制改革一直走在上海市甚至全国的前列,已形成相对成熟的"管执分离、综合执法"行政执法体制。目前,上海市浦东新区城市管理综合行政执法涵盖市容、市政、绿化、林业、建设、环保、水务、物业、规划、土地、农业、渔政、房产经纪、道路交通、水上运输、城镇燃气、石油天然气管道保护等20大执法领域、2 200多项执法事项。

综合执法体制下,为进一步提高行政执法的规范化和专业化水平,切实提高一线执法人员执法办案能力,上海市浦东新区城市管理综合行政执法局于2023年组织具有丰富执法办案经验的一线执法人员,选取259项常用执法事项,以案件查处过程中最基础、最重要的调查取证阶段为重点,编写了259册《城市管理综合执法域执法办案指引》。主要内容包括违法行为界定、检查证据收集、参考案例解析、文书制作示例、常见问题解答等。

本书选取了各执法领域较为常见的32项执法事项,将办案指引汇编成册。受编撰人员的认识、经验和能力所限,本书难免存有疏漏和不足之处,欢迎广大同行和读者批评指正。

目 录
CONTENTS

前言 ………………………………………………………………… 1

第一项　擅自设置大型及可能影响公共安全的户外广告设施 ……… 1
第二项　擅自超出门窗和外墙经营 …………………………………… 10
第三项　环卫责任人未履行责任区要求 ……………………………… 19
第四项　擅自设摊经营、兜售物品 …………………………………… 27
第五项　群租 …………………………………………………………… 37
第六项　擅自改建、占用物业共用部分 ……………………………… 51
第七项　物业服务企业未及时报告业主、使用人的违法行为 ……… 60
第八项　房地产经纪机构未办理租赁登记备案 ……………………… 69
第九项　房地产经纪机构擅自对外发布房源信息 …………………… 77
第十项　施工单位未按照要求设置施工铭牌 ………………………… 85
第十一项　施工单位生活区设置不符合要求 ………………………… 95
第十二项　擅自在夜间进行产生噪声的建筑施工作业 ……………… 105
第十三项　擅自占用或者挖掘城市道路 ……………………………… 115
第十四项　擅自在公路上增设或者改造平面交叉道口 ……………… 124
第十五项　损坏绿化或者绿化设施 …………………………………… 133
第十六项　未安装使用燃气泄漏安全保护装置 ……………………… 141
第十七项　地下燃气管线未采取相应的安全保护措施即进行施工 … 150
第十八项　未依法报批建设项目环境影响报告书、报告表 ………… 161
第十九项　未按规定进行产生含挥发性有机物废气的生产和服务活动
　　　　　…………………………………………………………… 169

第二十项	大气污染物处理设施未保持正常使用	178
第二十一项	未按照国家环境保护标准贮存危险废物	187
第二十二项	未经许可向城镇排水设施排放污水	195
第二十三项	在雨水、污水分流地区将污水排入雨水管网	204
第二十四项	货物运输经营者没有采取必要措施防止普通货物脱落扬撒	213
第二十五项	未经许可从事道路货运经营	224
第二十六项	出租汽车驾驶员在载客营运途中无正当理由中断服务	232
第二十七项	未经许可从事出租汽车客运服务	246
第二十八项	使用未取得营运证的船舶从事水路运输	256
第二十九项	非法占用土地	264
第三十项	未取得建设工程规划许可证进行建设	274
第三十一项	使用电鱼的方法进行捕捞	284
第三十二项	未经许可从事动物诊疗活动	293

后记 ……… 305

第一项
擅自设置大型及可能影响公共安全的户外广告设施

一、违法行为概述

（一）基本概念

该违法行为是指未经市或者区绿化市容部门批准，设置大型户外广告设施[①]，以及其他因结构、体量、位置等因素可能影响公共安全的户外广告设施的行为。

（二）违法形态

（1）未经批准设置单面面积不小于10平方米或任一边边长不小于4米的大型户外广告设施。

（2）未经批准设置因结构、体量、位置等因素可能影响公共安全的户外广告设施。可能影响公共安全的户外广告设施，包括主体为金属结构的户外广告设施、高度大于2.5米的独立式户外广告设施、在建（构）筑物10米以上部位设置

[①] 户外广告设施，是指利用建筑物、构筑物、场地设置的霓虹灯、展示牌、电子显示装置、灯箱、实物造型以及其他形式的向户外空间发布广告的设施。主要类型有：

独立式户外广告设施：直接设置于场地上，自身具有独立结构支撑的户外广告设施。包括灯箱、展示牌、电子显示装置、立体造型、立杆（非灯电杆）旗帜、全息立体等形式。

附属式户外广告设施：依附建筑物、构筑物等设置的户外广告设施。包括灯箱、展示牌、电子显示装置、贴膜、旗帜、灯箱布等形式。

大型户外广告设施：单面面积不小于10平方米或任一边边长不小于4米的户外广告设施。

静态（含电子显示装置类）户外广告设施：刊播单帧（幅）画面或停留间隔10秒以上变换单帧（幅）画面的户外广告设施。

动态电子显示装置类户外广告设施：利用电子屏幕光源（含LED点光源、光栅和电脑程控设备）播放连续画面的户外广告设施。

贴膜户外广告设施：利用贴膜材料在建筑物墙面覆贴展示广告内容的户外广告设施。

围墙户外广告设施：依附实体围墙设置的户外广告设施。

投影类户外广告设施：使用投影光源设备等将画面内容投射到建（构）筑物墙面等载体或介质的户外广告设施。

旗帜式户外广告设施：利用电灯杆或其他构筑物以旗帜形式设置的户外广告设施。

的户外广告设施[①]。

(三) 适用法律条款

《上海市市容环境卫生管理条例》

第二十九条第二款：按照国家和本市有关规定确定的大型户外广告设施以及其他因结构、体量、位置等因素可能影响公共安全的户外广告设施，应当经市或者区绿化市容部门批准后设置。因举办重大活动需要设置临时性户外广告设施的，设置者应当根据技术规范制定设置方案，并报市或者区绿化市容部门批准，设置期限不得超过三十日。未经批准设置的，由城市管理综合执法部门责令拆除，并处一万元以上十万元以下罚款。

二、执法检查与证据收集

(一) 现场检查要点

(1) 拍摄：户外广告设施的设置阵地位置、户外广告设施在设置阵地上的位置、广告发布内容等。

(2) 现场实地测量或委托测绘：户外广告设施结构、体量等。

(3) 询问：现场向在场人进行调查询问，了解户外广告设施设置的当事人情况、持续时间及审批情况等。

(4) 文书制作：对现场调查、测量、询问、核实等经过进行记录，制作现场检查(勘验)笔录，绘制现场勘验图，请在场当事人签字；如现场未见当事人的，如实记录并可以请在场人作为见证人签字。

(5) 其他：收集当事人身份信息、户外广告设施的设置阵地管理人或所有人身份信息，相关的书证、物证等。

(二) 调查询问要点

1. 询问当事人的要点

现场检查时，当事人在场的，可当场询问并制作询问笔录；当事人不在场或不具备当场询问条件的，应送达调查(询问)通知书，载明要求当事人或委托代理人于指定时间、地点接受调查询问。询问当事人时，应以提问—回答的方式制作询问笔录，并同时音视频记录。

(1) 确认当事人、委托人身份信息，要求被询问人提供身份证、营业执照、法

---

① 参见《上海市户外广告设施设置技术规范》。

定代表人身份证明等,委托他人代为履行被调查义务的,提交授权委托人的身份证、由委托人签名或者盖章的授权委托书,授权委托书必须记明委托事项和权限,核实收集。

(2) 确认设置户外广告设施的实施时间、设置具体位置、结构、体量以及是否获得批准等情况,并请被询问人提供相关合同、图纸、付款凭证等。

(3) 出示现场检查(勘验)笔录及视听资料、现场勘验图等现场检查勘验证据,要求被询问人核实。

(4) 记录被询问人想要补充说明和反映的其他相关情况。

2. 询问证人的要点

证人可能涉及户外广告设施的设置阵地管理人或所有人、了解情况的相邻方、村居委、绿化市容管理部门人员、关联养护公司工作人员等。询问证人,可以提问—回答的方式制作询问笔录,并同时音视频记录。

(1) 询问前,应核实确认证人的身份,并就需要了解的情况进行调查或者核实,如涉案户外广告设施的设置时间、设置具体位置、材质、结构、体量、尺寸等情况。

(2) 对阵地所有者(楼栋、土地的权利人)或管理者(第三方管理公司或物业服务企业)进行调查时,应调查了解该户外广告设施何时何地由何人进行设置,及设置广告设施的广告受益人,收集合同、付款凭证等证据。

(3) 可要求证人对证明的相关情况提供书面证明或其他证据材料。

(三) 证据采集列表

证据种类	证据明细	证据收集方法
书 证	当事人身份证明材料,包括居民身份证、营业执照、授权委托书等	当事人提供,相关部门协助调查
	广告合同、阵地合同、施工图纸及相关材料、付款凭证等	
	案件受理材料(全部案件来源)	检查发现、投诉举报、部门移送等
物 证	相关涉案户外广告设施	现场取证
视听资料	执法音视频、照片	现场取证

续　表

证据种类	证据明细	证据收集方法
证人证言	证人询问笔录或陈述笔录	询问调查
当事人陈述	当事人询问笔录、陈述笔录	询问调查
勘验笔录、现场笔录	现场检查(勘验)笔录、复查记录	现场检查

三、参考案例解析

（一）基本案情

202×年××月××日××时××分，上海市浦东新区城市管理综合行政执法局执法队员周某（执法证号）、林某（执法证号）巡查至××路××号，发现该处建筑物墙面上紧贴设置有户外广告设施，执法队员进行现场检查。经查，该户外广告设施位于××路××号建筑物的大门东侧0.5米，内容为"××新房开盘　最低只要2万元/平方米　联系电话021-58××××××"。经执法队员实地测量，该户外广告设施凸出墙面0.08米，长6.1米，高2.8米，面积为17.08平方米，下沿紧贴地面，材质为亚克力面板。该户外广告设施所在建筑物管理者为上海××物业管理有限公司，其工作人员张某全程陪同检查。现场联系并到场上海××公司工作人员李某，称该户外广告设施为其所在公司设置，现场未提供绿化市容管理部门的审批手续。

（二）调查取证

（1）202×年××月××日，执法人员经现场检查后制作现场检查（勘验）笔录，上海××公司李某作为当事人签字，上海××物业管理有限公司张某作为见证人签字，同时收集李某、张某的身份证复印件。

（2）202×年××月××日，执法人员向户外广告设施设置阵地管理人上海××物业管理有限公司张某进行询问调查，制作询问笔录，收集《阵地租用合同》及付款凭证、上海××物业管理有限公司营业执照、法定代表人身份证明、委托代理书等证据材料。

（3）202×年××月××日，执法人员向上海××公司李某进行询问调查，制作询问笔录，收集《阵地租用合同》及付款凭证、《广告合同》及付款凭证、施工图纸、上海××公司营业执照、法定代表人身份证明、委托代理书等证据材料。

(4) 202×年××月××日,执法人员向绿化市容管理部门发出《执法协助函》,请求对以下事实予以认定:1) 当事人设置本案大型户外广告设施是否得到审批许可;2) 当事人设置本案大型户外广告设施的位置属于展示区或控制区或禁设区①。××月××日绿化市容管理部门回复:当事人设置本案大型户外广告设施未得到审批许可,设置的位置属于展示区。

(5) 202×年××月××日,执法人员现场复查发现,当事人上海××公司已自行拆除涉案大型户外广告设施,执法人员制作现场复查笔录并拍摄取证。

(三) 违法事实认定

通过调查检查及所收集证据,认定事实如下:

当事人上海××公司于202×年××月××日在浦东新区××路××号建筑物的大门东侧0.5米处开始安装涉案广告设施,至202×年××月××日安装完成。该广告阵地属于展示区范围。涉案广告设施凸出墙面0.08米,长6.1米,高2.8米,面积为17.08平方米,材质为亚克力面板。根据《上海市户外广告设施设置技术规范》的规定,属于附属式大型户外广告设施。经当事人自认及管理部门认定,该附属式大型户外广告设施未取得绿化市容管理部门的审批许可。202×年××月××日,执法人员现场复查发现,当事人上海××公司已自行拆除涉案大型户外广告设施。

(四) 作出处罚决定

根据《上海市市容环境卫生管理条例》第二十九条第二款,未经批准设置的,由城市管理综合执法部门责令拆除,并处1万元以上10万元以下罚款。按照现行自由裁量基准,该违法行为发生在展示区内,鉴于当事人能够积极配合调查并及时拆除涉案户外广告设施,拟对当事人上海××公司作出罚款1万元的行政处罚。

在作出处罚决定前,执法人员事先告知当事人拟作出行政处罚决定的事实、理由、依据及内容,并告知当事人依法享有的权利。当事人上海××公司认为其已经履行整改义务,申请不予处罚。

对当事人的陈述申辩,执法人员经复核,认为当事人所述情况不适用《中华人民共和国行政处罚法》减轻处罚的相关规定,故作出罚款1万元的处罚决定。

---

① 禁设区,是指禁止设置户外广告设施的区域,以"保护城市历史风貌和景观环境、保护交通和公益设施环境、保护生态和居住环境"为划分依据。展示区,是指在满足安全、有序前提下,允许设置多样化户外设施,塑造繁荣、丰富城市景观的区域。控制区,是除禁设区和展示区以外的区域。具体参阅《上海市户外广告设施设置阵地规划》(修编)。

四、文书制作示例

（一）现场检查（勘验）笔录

上海市浦东新区城市管理综合行政执法局
现场检查（勘验）笔录

检查（勘验）地点：＿＿＿＿××路××号＿＿＿＿　　天气：＿晴＿
检查（勘验）时间：＿202×＿年＿××＿月＿××＿日＿××＿时＿××＿分至＿××＿时＿××＿分
被检查（勘验）人：＿＿＿＿＿××公司（单位全称或个人）＿＿＿＿＿
身份证号码（统一社会信用代码）：＿＿＿123456789876543210＿＿＿
住址或住所：＿××区××路××号＿　联系电话：＿12345678901＿
现场负责人：＿李某＿　职务：＿／＿　联系电话：＿98765432109＿
检查（勘验）人：＿＿＿周某、林某＿＿＿　记录人：＿＿＿林某＿＿＿

　　表明身份及告知记录：我们是上海市浦东新区城市管理综合行政执法局的行政执法人员（出示证件），现依法进行现场检查（勘验）。你（单位）享有以下权利：执法人员少于2人或者所出示的执法证件与其身份不符的，有权拒绝调查；依法享有申请回避以及陈述和申辩的权利。同时，你（单位）具有协助行政机关检查的义务。
　　现场检查（勘验）情况：202×年××月××日××时××分，上海市浦东新区城市管理综合行政执法局执法队员周某（执法证号）、林某（执法证号）巡查至××路××号时，发现该处大楼东侧0.5米处墙面上设有户外广告设施，广告内容为"××新房开盘　最低只要2万元/平方米　联系电话021-58××××××"。现场测得该户外广告设施凸出墙面0.08米，长6.1米，高2.8米，面积计为17.08平方米，下沿紧贴地面，材质为亚克力面板。该建筑物管理者上海××物业管理有限公司工作人员张某全程陪同检查，并表示，该户外广告设施为上海××公司设置。现场联系并到场的上海××公司工作人员李某，确认该户外广告设施为其公司设置，现场无法提供该户外广告设施的相关审批手续。执法队员现场拍照摄像取证。
　　（以下空白）
　　附件：1. 现场附图；
　　　　　2. 现场照片×张；
　　　　　3. 现场摄像××分钟。
　　　　　以上记录已阅，属实，无异议（手写）

被检查（勘验）人签名：李某　　　　　见证人签名：张某
检查（勘验）人签名：周某、林某　　　记录人签名：林某

(二)调查(询问)笔录

上海市浦东新区城市管理综合行政执法局
调查(询问)笔录

时间：____202×__年__××__月__××__日__××__时__××__分至__××__时__××__分
地点：_____××路××号_____
被调查(询问)人：_____李某_____ 性别：__×__ 年龄：__××__
身份证号码：_____123456789876543210_____
工作单位：_____上海××公司_____ 职务：__/__
联系地址：_____××区××路××号_____
邮编：____/____ 联系电话：_____12345678901_____
调查(询问)人：____周某、林某____ 记录人：_____林某_____

告知：我们是上海市浦东新区城市管理综合行政执法局的执法人员(出示执法证)，根据《中华人民共和国行政处罚法》第五十五条的规定，依法进行调查。执法人员少于2人或身份与执法证件不符的，你有权拒绝调查询问；在接受调查(询问)之前，你有申请我们回避的权利；在调查(询问)过程中，你有陈述、申辩的权利；同时，你应当如实提供证据并协助调查，不得作伪证，否则将承担法律责任。你是否听清楚了？

答：听清楚了。
问：你是否申请回避？
答：不申请回避。
问：请你介绍自己的姓名、身份、联系方式，并请出示一下身份证件及谈话通知书要求携带的有关材料。
答：我叫李某，是上海××公司的员工，身份证号码是123456789876543210，电话号码是12345678901，这是我的身份证、我公司的营业执照、法定代表人身份证明和授权委托书。
问：我们于202×年××月××日××时××分在××路××号发现该处设有一处户外广告设施，请问是由你们公司设置的吗？
答：是由我们公司设置的。
问：请你介绍一下这块广告屏具体的设置情况。
答：我公司与××楼盘签订了合同，需要找地方设置户外广告设施帮助他们进行宣传推广，所以我们就在××路××号大楼的东侧墙面上设置了这处户外广告设施。
(接下页)

被调查(询问)人签名：____李某____ 调查(询问)人签名：____周某、林某____
时间：____202×年××月××日____ 时间：____202×年××月××日____

第1页(共2页)

调查(询问)笔录(续页)

(续上页)

问：请问这处户外广告设施具体是什么时间设置的？设置前有没有相关审批手续？

答：我们是在202×年××月××日设置的,当时时间比较紧,所以也没送去审批。

问：这是你签字的现场检查笔录,根据现场笔录记载,执法人员现场测得这处户外广告设施材质为亚克力面板,长6.1米,高2.8米,面积计为17.08平方米,请问笔录和照片的内容是否属实？

答：属实的,这处户外广告设施就是这个尺寸和材质,我认可。

问：你还有其他需要补充的吗？

答：我公司已经认识到之前行为不妥,次日已将该处户外广告设施予以拆除。

(以下笔录无正文)

问：你是否有阅读能力,若阅读有困难,我们可以读给你听。请你仔细核对以上笔录,若笔录有误请指出来,我们将给予更正,若笔录与你说的一致,请你确认无误后在笔录上逐页签名确认。

答：以上笔录记载与本人口述无误(手写)

被调查(询问)人签名： 李某　　　　调查(询问)人签名： 周某、林某

时间： 202×年××月××日　　　　时间： 202×年××月××日

五、常见问题解答

问：如何认定未经批准设置大型户外广告设施或其他可能影响公共安全的户外广告设施的当事人？

答：通常，未经批准设置大型户外广告设施或其他可能影响公共安全的户外广告设施的当事人，可能是广告主，也可能是广告经营者或广告发布者，应根据实际调查情况作出判断。其中，广告主是指为推销商品或者服务，自行或者委托他人设计、制作、发布广告的自然人、法人或者其他组织；广告经营者是指接受委托提供广告设计、制作、代理服务的自然人、法人或者其他组织；广告发布者是指为广告主或者广告主委托的广告经营者发布广告的自然人、法人或者其他组织。现场无法确定当事人时，可以先向广告设施阵地管理者或所有者了解相关信息，并收集付款凭证、合同、来往资料等关键证据，取得相关当事人的身份信息或者营业执照等信息，并由此确定涉事当事人。

问：什么情况下可以适用强制拆除？

答：根据《上海市市容环境卫生管理条例》第二十九条第二款，未经批准设置的，由城市管理综合执法部门责令拆除，并处1万元以上10万元以下罚款。因此，对于当事人主动拆除涉案户外广告设施，或者涉案户外广告设施在整改期内得到审批许可的，不涉及强制拆除。但是当事人拒不整改的，除了按照现行自由裁量基准从重处罚，由城市管理综合执法部门按照《中华人民共和国行政强制法》等规定，强制拆除。

第二项
擅自超出门窗和外墙经营

一、违法行为概述

（一）基本概念

该违法行为是指道路两侧和广场周围建筑物、构筑物内的经营者未经市容等部门许可或者违反具体许可要求[①]，超出门窗和外墙构成的围合空间，利用毗邻公共空间（如道路范围、广场场地、规划建筑外立面等），实施营业、经营作业、展示商品等行为。

（二）违法形态

（1）道路两侧和广场周围建（构）筑物内的经营者擅自超出门窗和外墙，实施商品的展示活动、销售活动（含其原材料、维修件）等。

（2）道路两侧和广场周围建（构）筑物内的经营者擅自超出门窗和外墙，进行作业活动或者为店铺内经营活动提供支持的作业活动（如：快递长时间分拣、饮食加工制作）。

（3）道路两侧和广场周围建（构）筑物内的经营者擅自超出门窗和外墙，借助一定设施设备或工具向客户开展的其他经营活动等。

（三）适用法律条款

《上海市市容环境卫生管理条例》

第二十一条第二款：本市道路两侧和广场周围建（构）筑物内的经营者不得擅自超出门窗和外墙经营。

第二十一条第三款：违反第一款、第二款规定的，由城市管理综合执法部门责令改正，可以处100元以上1000元以下罚款。对设摊经营、兜售物品的，可

[①] 《上海市绿化市容局关于印发〈关于进一步规范设摊经营活动的指导意见（试行）〉的通知》（沪绿容规〔2023〕4号）。

以暂扣设摊经营、兜售的物品和与违法行为有关的工具。

第二十一条第四款：区人民政府会同市有关部门根据需要，综合考虑市容环境卫生、交通安全、公共安全、消费需求等因素，可以划定一定的公共区域用于从事经营活动。区人民政府应当组织制定具体方案，明确允许设摊经营、超出门窗和外墙经营等经营活动的区域范围、时段、业态以及市容环境卫生责任主体及管理要求等，并向社会公布。

第二十一条第五款：乡镇人民政府结合本辖区农业资源条件、农产品品种特点等实际情况，可以在农村地区划定一定的公共区域，供农村村民以及家庭农场、农民合作社等经营主体销售自产的农副产品。农村村民以及各经营主体应当遵守公共区域内的市容环境卫生要求。

二、执法检查与证据收集

（一）现场检查要点

（1）拍摄：经营店铺的店招牌、经营者店铺的门窗和外墙边界及毗邻路面环境、超出门窗和外墙的经营活动（包括物品）、经营活动对环境卫生造成的影响等。

（2）现场实地测量：超出门窗和外墙边界实施经营活动的占地范围等。

（3）询问：现场向在场人进行调查询问，了解经营店铺的当事人情况、确认店铺的经营业务、超出门窗和外墙的经营活动许可情况等。

（4）文书制作：对现场调查、测量、询问、核实等经过进行记录，制作现场检查（勘验）笔录，绘制现场勘验图，请在场当事人签字；如现场未见当事人的，如实记录并可以请在场人作为见证人签字。

（5）其他：收集当事人身份信息、与案件事实相关的书证、物证等。

（二）调查询问要点

1. 询问当事人的要点

现场检查时，当事人在场的，可当场询问并制作询问笔录；当事人不在场或不具备当场询问条件的，应送达调查（询问）通知书，载明要求当事人或委托代理人于指定时间、地点接受调查询问。询问当事人时，应以提问—回答的方式制作询问笔录，并同时音视频记录。

（1）确认当事人、委托人身份信息，要求被询问人提供身份证、营业执照、法定代表人身份证明等，委托他人代为履行被调查义务的，提交授权委托人的身份证、由委托人签名或者盖章的授权委托书,授权委托书必须记明委托事项和权限,核实收集。

（2）明确现场检查的地点、时间、在场人；营业执照情况、经营业务范围；确认超出门窗和外墙从事经营活动涉及的具体商品、作业活动、营业活动等；确认超出门窗和外墙从事经营活动占用道路、广场的范围；确认超出门窗和外墙从事经营活动是否经相关管理部门允许；进一步确认相关自由裁量基准要素。

（3）出示现场检查（勘验）笔录及视听资料、现场勘验图等现场检查勘验证据,要求被询问人核实。

（4）记录被询问人想要补充说明和反映的其他相关情况。

2. 询问证人的要点

对于涉案经营店铺所处路段或广场存在运营管理主体的,证人可能涉及运营管理主体的相关知情人员等。询问证人,可以提问—回答的方式制作询问笔录,并同时音视频记录。

（1）询问前,应核实确认证人的身份,并就需要了解的情况进行调查或者核实,如涉案经营店铺的经营业务、超出门窗和外墙从事经营活动是否经相关管理部门允许及具体条件和范围等情况。

（2）可要求证人对证明的相关情况提供书面证明或其他证据材料。

（三）证据采集列表

证据种类	证据明细	证据收集方法
书证	当事人身份证明材料,包括居民身份证、营业执照、授权委托书等	当事人提供、相关部门协助调查
	案件受理材料(全部案件来源)	检查发现、投诉举报、部门移送等
物证	超出门窗和外墙经营活动涉及的物品	现场取证
视听资料	执法音视频、照片	现场取证
证人证言	证人询问笔录或陈述笔录	询问调查
当事人陈述	当事人询问笔录、陈述笔录	询问调查
勘验笔录、现场笔录	现场检查（勘验）笔录、复查记录	现场检查

三、参考案例解析

（一）基本案情

202×年××月××日××时××分，上海市浦东新区城市管理综合行政执法局执法队员刘某（执法证号）、傅某（执法证号）日常巡查至××公路××号门前，发现该处沿街商铺为"××××电动车"，商铺门前的人行道上停放着两行×××品牌待售电动车，并有维修人员在进行电动车组装及维修。检查时有经营者王某在场。执法队员检查店铺营业执照登记为"上海市浦东新区××镇××××电动车商店"。经用皮尺测量，其超出门窗和外墙经营占用范围为东西长5米，南北宽3米，面积共计15平方米。现场未发现造成环境污染。该处超出门窗和外墙从事经营活动未经相关管理部门允许。执法队员现场拍摄取证，并要求经营者立即整改。

（二）调查取证

（1）202×年××月××日，执法人员制作现场检查（勘验）笔录，上海市浦东新区××镇××××电动车商店经营者王某签字，执法队员现场拍摄取证，收集上海市浦东新区××镇××××电动车商店营业执照复印件。

（2）202×年××月××日，执法人员向上海市浦东新区××镇××××电动车商店经营者王某进行询问调查，制作询问笔录，对现场检查和照片反映的超出门窗和外墙从事经营活动的具体情况、是否经相关管理部门允许等案情予以确认，收集经营者王某身份证复印件等证据材料。

（3）202×年××月××日，执法人员现场复查，当事人上海市浦东新区××镇××××电动车商店已将展示电动车放回店铺室内，不再进行店外经营活动，执法人员制作现场复查笔录并拍摄取证。

（4）202×年××月××日，经执法人员通过办案系统查询，显示该当事人之前因超出门窗和外墙经营违法行为被处以罚款两次；经执法人员在上海市绿化和市容局门户网站查询，案发地点所处的××公路不属于《上海市主要道路（河道）和景观区域范围界定》名单内的主要道路。

（三）违法事实认定

通过现场检查及上述证据，认定事实如下：

当事人上海市浦东新区××镇××××电动车商店于202×年××月××日在××公路××号门前人行道摆放待售电动车，并进行电动车组装和售后维修活动,其超出门窗和外墙经营占用范围为东西长5米,南北宽3米,面积共计15平方米。经查,当事人超出门窗和外墙从事经营活动未经相关管理部门允许,该处地点不属于主要道路和景观区域,现场未发现造成环境污染。在整改期内完成整改。另查明,当事人上海市浦东新区××镇××××电动车商店已经因超出门窗和外墙经营违法行为受到过两次行政处罚。

(四)作出处罚决定

根据《上海市市容环境卫生管理条例》第二十一条第三款:违反第一款、第二款规定的,由城市管理综合执法部门责令改正,可以处100元以上1 000元以下罚款。按照现行自由裁量基准,违法行为发生在主要道路和景观区域以外区域,且第二次及以上被发现的,处100元以上500元以下罚款。本案中,该违法行为发生在主要道路和景观区域以外区域,且第三次被发现,故拟对当事人上海市浦东新区××镇××××电动车商店作出罚款300元的处罚决定。

在作出处罚决定前,执法人员事先告知当事人拟作出行政处罚决定的事实、理由、依据及内容,并告知当事人依法享有的权利。因当事人上海市浦东新区××镇××××电动车商店未在规定期限内进行陈述申辩,执法人员依法作出罚款300元的处罚决定。

四、文书制作示例

(一)现场检查(勘验)笔录

上海市浦东新区城市管理综合行政执法局
现场检查(勘验)笔录

检查(勘验)地点：____××公路××号门前人行道____　　天气：__晴__
检查(勘验)时间：__202×__年__××__月__××__日__××__时__××__分至__××__时__××__分
被检查(勘验)人：__上海市浦东新区××镇××××电动车商店(单位全称或个人)__
身份证号码(统一社会信用代码)：____123456789876543210____
住址或住所：__××区××路××号__　　　联系电话：__12345678901__
现场负责人：__王某__　　职务：__负责人__　　联系电话：__98765432109__
检查(勘验)人：__刘某、傅某__　　　　记录人：__傅某__

　　表明身份及告知记录：我们是上海市浦东新区城市管理综合行政执法局的行政执法人员(出示证件)，现依法进行现场检查(勘验)。你(单位)享有以下权利：执法人员少于2人或者所出示的执法证件与其身份不符的，有权拒绝调查；依法享有申请回避以及陈述和申辩的权利。同时，你(单位)具有协助行政机关检查的义务。

　　现场检查(勘验)情况：202×年××月××日××时××分，上海市浦东新区城市管理综合行政执法局执法队员刘某(执法证号)、傅某(执法证号)日常巡查至××公路××号门前，发现该处沿街商铺招牌为"××××电动车"，商铺门前的人行道上停放着两行××××品牌待售电动车，并有维修人员在进行电动车组装及维修。检查时有经营者王某在场。执法队员检查店铺营业执照登记为"上海市浦东新区××镇××××电动车商店"。经用皮尺测量，其超出门窗和外墙经营占用范围，东西长5米，南北宽3米，面积共计15平方米。现场未发现造成环境污染。现场经营者王某表示其超出门窗和外墙从事经营活动未经相关管理部门允许。执法队员现场拍摄取证。

　　(以下空白)
　　附件：1. 现场附图；
　　　　　2. 现场照片×张；
　　　　　3. 现场摄像××分钟。
　　　　　以上记录已阅，属实，无异议(手写)

被检查(勘验)人签名：王某　　　　　　　见证人签名：/
检查(勘验)人签名：刘某、傅某　　　　　记录人签名：傅某

（二）调查（询问）笔录

上海市浦东新区城市管理综合行政执法局
调查（询问）笔录

时间：202×年××月××日××时××分至××时××分
地点：××公路××号
被调查（询问）人：王某　　性别：×　　年龄：××
身份证号码：123456789876543210
工作单位：××××电动车商店　　职务：负责人
联系地址：××区××路××号
邮编：／　　联系电话：12345678901
调查（询问）人：刘某、傅某　　记录人：傅某

告知：我们是上海市浦东新区城市管理综合行政执法局的执法人员（出示执法证），根据《中华人民共和国行政处罚法》第五十五条的规定，依法进行调查。执法人员少于2人或身份与执法证件不符的，你有权拒绝调查询问；在接受调查（询问）之前，你有申请我们回避的权利；在调查（询问）过程中，你有陈述、申辩的权利；同时，你应当如实提供证据并协助调查，不得作伪证，否则将承担法律责任。你是否听清楚了？
答：听清楚了。
问：你是否申请回避？
答：不申请回避。
问：请你介绍下你的身份信息，并出示相关证件。
答：我叫王某，我是××公路××号上海市浦东新区××镇××××电动车商店的经营者，我的身份证号码是123456789876543210，我的电话是12345678901。我带了身份证和店铺营业执照。
问：202×年××月××日××时××分，我们执法队员至你店铺门口检查时，发现你店门前人行道上有跨门经营行为，当时具体详细情况你说一下。
答：当天我摆放了两排新的电动车在人行道上，卖出电动车时的组装和客户车辆的回来维修也是在人行道上直接做的。
问：这是我们制作的现场检查笔录以及现场勘验照片，经用皮尺测量，你店当时展示电动车和维修电动车占用路面范围长5米，宽3米，计15平方米，现场未发现造成环境污染，请确认笔录和照片反映的情况是否属实？
答：笔录和照片我看过，反映的情况属实的，我认可你们的测量面积。
（接下页）

被调查（询问）人签名：王某　　调查（询问）人签名：刘某、傅某
时间：202×年××月××日　　时间：202×年××月××日

调查(询问)笔录(续页)

(续上页)

问：请问该处因你跨门维修电动车有无造成环境影响？
答：地面上的维修工具我随时放工具箱，保证零件不乱丢。
问：请问你店超出门窗和外墙从事经营活动是否经相关管理部门允许？
答：没有。
问：你店在××公路××号超出门窗和外墙从事经营是否被城管执法部门查处过？
答：有的，好像已经罚过两次了。
问：你还有其他需要补充的吗？
答：没有了。
(以下笔录无正文)

问：你是否有阅读能力，若阅读有困难，我们可以读给你听。请你仔细核对以上笔录，若笔录有误请指出来，我们将给予更正，若笔录与你说的一致，请你确认无误后在笔录上逐页签名确认。
答：以上笔录记载与本人口述无误(手写)

被调查(询问)人签名：____王某____　　调查(询问)人签名：____刘某、傅某____
时间：____202×年××月××日____　　时间：____202×年××月××日____

五、常见问题解答

问：无照经营或执照登记经营者与实际经营者不一致时,如何确认当事人?

答：无照经营或店铺营业执照登记经营者与实际经营者不一致时,以实际经营者为当事人,并通过询问笔录、陈述笔录、转让协议或店招店牌、宣传材料上显示的负责人及联系信息等材料予以佐证。

问：店铺人员在店铺门前向来往行人进行宣传招揽(比如：试吃)的行为是否属于跨门经营行为?

答：按不同情况处理：

(1) 店铺若进行宣传招揽时借助桌椅、制造工具等设备工具占用道路或广场的,无论是否当场进行交易或服务,应当按跨门经营处理。

(2) 若仅有促销员随身携带宣传品,在店铺门口招揽顾客进店铺消费的,该种情况,可依据《上海市市容环境卫生管理条例》第二十条第三款,按组织散发宣传品违法行为予以调查处理。

问：对位于商业体或特色街区的店铺作跨门经营立案后,案调过程中发现该商业体处于鼓励夜市经济名单中,或取得过许可、备案的,应如何核实?

答：在调查询问笔录中,应记录当事人是否取得过外摆经营许可、备案或处于鼓励名单中的情况,并依据提供的证明材料核实是否按照当地运营管理主体制定的外摆时间、摆放范围、设施设备要求经营;同时可向物业等运营管理主体作调查询问,对外摆位实施方案、当事人具体情况等加以核实。

第三项
环卫责任人未履行责任区要求

一、违法行为概述

（一）基本概念

该违法行为是指市容环境卫生责任区的责任人[①]在市容环境卫生责任区内未保持市容和环境卫生整洁的行为。

（二）违法形态

（1）未保持市容整洁，包括责任区内乱设摊、乱搭建、乱张贴、乱涂写、乱刻画、乱吊挂、乱堆放、乱停非机动车，有影响通行的积雪残冰。

（2）未保持环境卫生整洁，包括责任区内陆域有暴露垃圾、粪便、污水、污迹，水域有漂浮垃圾。

（三）适用法律条款

《上海市市容环境卫生管理条例》

第六十条第一款：市容环境卫生责任区的责任要求是：

---

① 根据《上海市市容环境卫生管理条例》第五十九条，责任区范围一般指有关单位和个人所有、使用或者管理的建（构）筑物或者其他设施、场所外侧一定区域。具体范围由市或者区绿化市容部门，按照市绿化市容部门公布的标准划分确定。市容环境卫生责任区的责任人按照下列规定确定：

实行物业管理的居住区，由业主委托的物业服务企业或者其他管理人负责；未实行物业管理的居住区，由居民委员会、村民委员会负责。

河道的沿岸水域，由岸线使用者或者管理单位负责；水闸以及栈桥、亲水平台等设施占用的水域，由相关设施的使用者或者管理单位负责；码头及其附属设施、停靠船舶占用的水域，由码头的经营、管理单位负责。

轨道交通、隧道、高架道路、公路、铁路，由经营、管理单位负责。

文化、体育、娱乐、游览、公园绿地、机场、车站等公共场所，由经营、管理单位负责。

农贸市场、会展场馆、商场、超市、餐饮、宾馆、沿街商户等场所，由经营、管理单位、个人负责。

机关、团体、学校、部队、企事业等单位周边区域，由相关单位负责。

施工工地由工程施工单位负责，待建地块由建设单位负责。

保税区、经济开发区、工业园区、高新技术产业园区内的公共区域，由管理单位负责。

按照前款规定责任不清的地区，由所在地的区绿化市容部门会同街道办事处、乡镇人民政府确定责任人。区际接壤地区管理责任不清的，以及对责任人的确定存在争议的，由市绿化市容部门予以确定。

（1）保持市容整洁，无乱设摊、乱搭建、乱张贴、乱涂写、乱刻画、乱吊挂、乱堆放、乱停非机动车，无影响通行的积雪残冰。

（2）保持环境卫生整洁，陆域无暴露垃圾、粪便、污水、污迹，水域无漂浮垃圾。

第六十条第三款：责任人未履行责任要求的，由城市管理综合执法部门责令改正，可以处警告、100元以上1000元以下罚款。

二、执法检查与证据收集

（一）现场检查要点

（1）拍摄：未保持市容整洁和未保持环境卫生整洁的具体行为。

（2）现场实地测量：未保持市容整洁和未保持环境卫生整洁的占地面积。

（3）询问：现场向在场人进行调查询问，了解责任人责任区所属范围、责任人未履行责任要求的情况等。

（4）文书制作：对现场调查、测量、询问、核实等经过进行记录，制作现场检查（勘验）笔录，绘制现场勘验图，请在场当事人签字；如现场未见当事人的，如实记录并可以请在场人作为见证人签字。

（5）其他：收集当事人身份信息和上海市市容环境卫生责任区责任告知书照片或复印件，相关的书证、物证等。

（二）调查询问要点

现场检查时，当事人在场的，可当场询问并制作询问笔录；当事人不在场或不具备当场询问条件的，应送达调查（询问）通知书，载明要求当事人或委托代理人于指定时间、地点接受调查询问。询问当事人时，应以提问—回答的方式制作询问笔录，并同时音视频记录。

（1）确认当事人、委托人身份信息，要求被询问人提供身份证、营业执照、法定代表人身份证明等，委托他人代为履行被调查义务的，提交授权委托人的身份证、由委托人签名或者盖章的授权委托书，授权委托书必须记明委托事项和权限，核实收集。

（2）确认责任人未履行责任要求的时间、具体行为发生的位置等情况。

（3）出示现场检查（勘验）笔录及视听资料、现场勘验图等现场检查勘验证据，要求被询问人核实。

（4）记录被询问人想要补充说明和反映的其他相关情况。

（三）证据采集列表

证据种类	证据明细	证据收集方法
书　证	当事人身份证明材料、营业执照、上海市市容环境卫生责任区责任告知书等	当事人提供
	案件受理材料（全部案件来源）	检查发现、投诉举报、部门移送等
物　证	相关未保持市容和环境卫生整洁的物品	现场取证
视听资料	执法音视频、照片	现场取证
证人证言	证人询问笔录或陈述笔录	询问调查
当事人陈述	当事人询问笔录、陈述笔录	询问调查
勘验笔录、现场笔录	现场检查（勘验）笔录、复查记录	现场检查、现场复查

三、参考案例解析

（一）基本案情

202×年××月××日××时××分，上海市浦东新区城市管理综合行政执法局执法队员周某（执法证号）、林某（执法证号）巡查至浦东新区××路××号，发现某连锁花店门前，有绿叶、塑料袋等垃圾被丢弃在人行道上，垃圾位于门口左门框外，长 0.6 米，宽 0.4 米，面积 0.24 平方米，执法队员进行现场检查。经查，该点位属于责任人上海××公司的责任区范围，其工作人员张某全程陪同检查。现场联系上海××公司法定代表人李某，称该店签署过上海市市容环境卫生责任区责任告知书，在其经营场所的收银台后的墙面上公示有责任人签署过的责任告知书，告知书记载显示当事人的市容环境卫生责任区范围为浦东新区××路××号门前长×米，宽×米，区域面积×平方米。

（二）调查取证

（1）202×年××月××日，执法人员现场制作现场检查（勘验）笔录，上海××公司李某作为法定代表人到场签字确认。执法队员现场拍摄取证。

（2）202×年××月××日，执法人员向责任区责任人上海××公司法定代表人李某进行询问调查,制作询问笔录,收集签署过的上海市市容环境卫生责任区责任告知书复印件、上海××公司营业执照、法定代表人身份证明等证据材料。

(3) 202×年××月××日,执法人员现场复查发现,当事人上海××公司已自行整改,执法人员制作责令改正情况复查记录并拍摄取证。

(4) 根据上海市绿化和市容管理局公布的《上海市主要道路(河道)和景观区域范围界定》,执法人员经过核实,确认该点位不属于主要道路、居住区和景观区域。

(三) 违法事实认定

通过现场检查及上述证据,认定事实如下:

202×年××月××日,当事人上海××公司位于浦东新区××路××号经营的某花店门前的人行道上,未及时清理自身保洁产生的绿叶、塑料袋等垃圾,垃圾位于门口左门框外,长0.6米,宽0.4米,面积0.24平方米。经查看店内公示的上海市市容环境卫生责任区责任告知书,该点位属于责任人上海××公司的责任区范围。202×年××月××日,执法人员现场复查发现,当事人上海××公司已自行整改,保持责任区环境卫生整洁。

(四) 作出处罚决定

根据《上海市市容环境卫生管理条例》第六十条第三款,责任人未履行责任要求的,由城市管理综合执法部门责令改正,可以处警告、100元以上1000元以下罚款。按照现行《上海市市容环境卫生管理条例》行政处罚裁量基准和《〈上海市市容环境卫生管理条例〉轻微违法行为依法不予行政处罚清单》,同时符合条件的: 1) 主动整改或在责令改正期限内改正的;2) 违法行为发生在主要道路、居住区和景观区域以外区域,首次被发现的,不予处罚。鉴于当事人主动整改,在责令改正期限内改正,且发生在主要道路、居住区和景观区域以外区域,首次被发现,没有造成危害后果,符合《〈上海市市容环境卫生管理条例〉轻微违法行为依法不予行政处罚清单》中的情形,执法部门作出了不予行政处罚的决定。

在作出处罚决定前,执法人员事先告知当事人拟作出不予行政处罚决定的事实、理由、依据及内容,并告知当事人依法享有的权利。当事人未提出异议。执法部门对当事人上海××公司作出了不予行政处罚的决定。

四、文书制作示例

（一）现场检查（勘验）笔录

上海市浦东新区城市管理综合行政执法局
现场检查（勘验）笔录

检查(勘验)地点： ××路××号门前人行道		**天气：** 晴	
检查(勘验)时间： 202×年××月××日××时××分至××时××分			
被检查(勘验)人： 上海××公司（单位全称或个人）			
身份证号码(统一社会信用代码)： 123456789876543210			
住址或住所： ××区××路××号		**联系电话：** 12345678901	
现场负责人： 李某	**职务：** ×××	**联系电话：** 98765432109	
检查(勘验)人： 周某、林某		**记录人：** 林某	

　　表明身份及告知记录： 我们是上海市浦东新区城市管理综合行政执法局的行政执法人员（出示证件），现依法进行现场检查（勘验）。你（单位）享有以下权利：执法人员少于2人或者所出示的执法证件与其身份不符的，有权拒绝调查；依法享有申请回避以及陈述和申辩的权利。同时，你（单位）具有协助行政机关检查的义务。

　　现场检查（勘验）情况： 202×年××月××日××时××分，上海市浦东新区城市管理综合行政执法局执法队员周某（执法证号）、林某（执法证号）巡查至浦东新区××路××号，发现某连锁花店门前有垃圾被丢弃在门口左门框外，执法队员进行现场检查。经查，该花店处于营业状态，其工作人员张某全程陪同检查。现场联系上海××公司法定代表人李某，称该店签署过上海市市容环境卫生责任区责任告知书，在其经营场所的收银台后的墙面上公示有责任人签署过的责任告知书，告知书记载显示当事人的市容环境卫生责任区范围为浦东新区××路××号门前长×米，宽×米，区域面积×平方米。执法队员在其经营地的门口左门框外发现有暴露垃圾，是绿叶、塑料袋等垃圾，长0.6米，宽0.4米，占地0.24平方米。李某到现场签字并确认上述事实。执法队员现场拍照摄像取证。

　　（以下空白）

　　附件：1. 现场附图；
　　　　　2. 现场照片×张；
　　　　　3. 现场摄像××分钟。
　　　　　以上记录已阅，属实，无异议（手写）

被检查(勘验)人签名： 李某　　　　　　**见证人签名：** /
检查(勘验)人签名： 周某、林某　　　　**记录人签名：** 林某

(二)调查(询问)笔录

上海市浦东新区城市管理综合行政执法局
调查(询问)笔录

时间：___202×___年___××___月___××___日___××___时___××___分至___××___时___××___分
地点：_____××路××号_____
被调查(询问)人：___李某___　　性别：___×___　年龄：___××___
身份证号码：___123456789876543210___
工作单位：___上海××公司___　　　　职务：___×××___
联系地址：___××区××路××号___
邮编：___/___　　　　联系电话：___12345678901___
调查(询问)人：___周某、林某___　　记录人：___林某___

告知：我们是上海市浦东新区城市管理综合行政执法局的执法人员(出示执法证)，根据《中华人民共和国行政处罚法》第五十五条的规定，依法进行调查。执法人员少于2人或身份与执法证件不符的，你有权拒绝调查询问；在接受调查(询问)之前，你有申请我们回避的权利；在调查(询问)过程中，你有陈述、申辩的权利；同时，你应当如实提供证据并协助调查，不得作伪证，否则将承担法律责任。你是否听清楚了？
答：听清楚了。
问：你是否申请回避？
答：不申请回避。
问：请你介绍下你的身份、联系方式，并请出示一下身份证件。
答：我叫李某，是上海××公司的法定代表人，身份证号码是123456789876543210，电话号码是12345678901，这是我的身份证、我单位的营业执照。
问：请问你今天过来处理什么事？
答：我来处理我们单位被你中队于202×年××月××日××时××分在××路××号发现店门前绿叶、塑料袋等垃圾被丢弃在人行道上一事。
问：请你介绍一下当时的情况。
答：我单位员工早上打扫完店内卫生后随手把绿叶、塑料袋等垃圾遗忘在了人行道上，忘记清理了。
问：请问贵单位是否签署过上海市市容环境卫生责任区责任告知书？
答：签署过。
(接下页)

被调查(询问)人签名：___李某___　　调查(询问)人签名：___周某、林某___
时间：___202×年××月××日___　　时间：___202×年××月××日___

调查(询问)笔录(续页)

(续上页)

问：请问该处××路××号市容环境卫生责任区的责任人是贵单位吗？
答：是的，是我们单位。
问：贵单位之前有因为责任人未履行责任区的要求被处罚过吗？
答：没有，这是第一次。
问：这是执法人员现场制作的现场检查(勘验)笔录、证据照片(图片)及说明和现场勘验图，请你看一下是否属实？
答：属实。
问：你还有其他需要补充的吗？
答：没有了。
(以下笔录无正文)

问：你是否有阅读能力，若阅读有困难，我们可以读给你听。请你仔细核对以上笔录，若笔录有误请指出来，我们将给予更正，若笔录与你说的一致，请你确认无误后在笔录上逐页签名确认。
答：以上笔录记载与本人口述无误(手写)

被调查(询问)人签名：__李某__　　调查(询问)人签名：__周某、林某__
时间：__202×年××月××日__　　时间：__202×年××月××日__

五、常见问题解答

问：责任区如何认定？

答：市容环境卫生责任区范围是指有关单位和个人所有、使用或者管理的建筑物、构筑物或者其他设施、场所及其一定范围内的区域。本市陆域责任区范围的划分，遵循下列基本规定：

（1）实行物业管理的居住区的责任区范围，为其物业管理区域外侧至人行道外沿。

（2）轨道交通、隧道、高架道路、公路、铁路的责任区范围，为其出入口向外延伸的一定范围以及建筑物、构筑物外侧。

（3）文化、体育、娱乐、游览、公园、公共绿地、机场、车站、码头等公共场所的责任区范围，为该公共场所区域外侧至人行道外沿。

（4）集市贸易市场、展览展销场所、商场、商铺、饭店、施工工地、待建地块等场所的责任区范围，为其经营、使用区域外侧至人行道外沿。

（5）机关、团体、学校、部队、医院、企事业等单位的责任区范围，为其建筑物、构筑物外侧至人行道外沿。

（6）保税区、科学园区、独立工业区和经济开发区的责任区范围，为其所辖区域的公共区域。

市容环境卫生责任区的具体范围，由市或者区市容环境卫生管理部门，按照市市容环境卫生管理部门公布的标准划分确定。

第四项

擅自设摊经营、兜售物品

一、违法行为概述

（一）基本概念

该违法行为是指单位和个人擅自占用道路、桥梁、人行天桥、地下通道及其他公共场所设摊经营、兜售物品,影响市容环境卫生的行为。

（二）适用法律条款

《上海市市容环境卫生管理条例》

第二十一条第一款：单位和个人不得擅自占用道路、桥梁、人行天桥、地下通道及其他公共场所设摊经营、兜售物品以及堆放物品,影响市容环境卫生。

第二十一条第三款：违反第一款、第二款规定的,由城市管理综合执法部门责令改正,可以处100元以上1 000元以下罚款。对设摊经营、兜售物品的,可以暂扣设摊经营、兜售的物品和与违法行为有关的工具。

二、执法检查与证据收集

（一）现场检查要点

（1）拍摄：对现场道路等公共场所状况；当事人设摊经营、兜售的状况；经营、兜售物品的有关工具；设摊造成的现场污染情况及严重程度；当事人在场情况等方面进行摄像、拍照取证。

（2）现场实地测量：设摊经营、兜售占地范围等。

（3）询问：询问当事人占道设摊经营、兜售的情况,要求当事人出示有效身份证明并进行核对。

（4）文书制作：对现场调查、测量、询问、核实等经过进行记录,制作现场检查（勘验）笔录,绘制现场勘验图,请在场当事人签字；如现场未见当事人的,如实记录并可以请在场人作为见证人签字。执法人员应当现场出具责令改正通知书，责令当事人改正违法行为。当事人现场整改情况，应予以记录。

（5）其他：为制止违法行为、防止证据损毁、避免危害发生、控制危险扩大，可以暂扣当事人经营、兜售的物品和与违法行为有关的工具。

（二）调查询问要点

1. 询问当事人的要点

现场检查时，当事人在场的，可当场询问并制作询问笔录；当事人不在场或不具备当场询问条件的，应送达调查（询问）通知书，载明要求当事人或委托代理人于指定时间、地点接受调查询问。询问当事人时，应以提问—回答的方式制作询问笔录，并同时音视频记录。

（1）确认当事人、委托人身份信息，要求被询问人提供身份证、营业执照、法定代表人身份证明等，委托他人代为履行被调查义务的，提交授权委托人的身份证、由委托人签名或者盖章的授权委托书，授权委托书必须记明委托事项和权限，核实收集。

（2）确认实施占道设摊、兜售物品的时间、地点，以及占道设摊、兜售物品的经营情况及具体情节，包括经营物品等。核实现场检查笔录记载的经营范围（长度、宽度）、规模（占用道路等公共场所的程度）、对周边环境污染程度、暂扣程序、当场整改情况等案情。

（3）出示现场检查（勘验）笔录及视听资料、现场勘验图等现场检查勘验证据，当事人从事占道设摊行为第二次及以上被发现的证据，要求被询问人核实。如现场当事人有抗拒执法、拒不接受身份调查、不配合暂扣、逃逸等情节的，在询问笔录中应予以确认。

（4）记录被询问人想要补充说明和反映的其他相关情况，对其他证据、争议证据进一步查证。

2. 询问证人的要点

在遇到现场检查时，若当事人不提供身份信息、隐藏躲避检查等复杂情况时，对在场相关证人进行询问调查，来佐证当事人身份信息和违法行为，起到强化证据链的作用。询问证人，可以提问—回答的方式制作询问笔录，并同时音视频记录。

（1）询问前，应核实确认证人的身份，并就需要了解的情况进行调查或者核实，如占道设摊经营、兜售物品的事发时间、地点、经营物品或服务、行为人等案情进行核实确认。

（2）可要求证人对证明的相关情况提供书面证明或其他证据材料。

（三）证据采集列表

证据种类	证据明细	证据收集方法
书证	当事人从事占道设摊行为第二次及以上被发现的证据，《上海市主要道路（河道）和景观区域范围界定》（沪绿容〔2022〕104号）、国务院假日办发布的节假日安排，当事人身份证明材料，包括居民身份证、营业执照、授权委托书等	自行收集、当事人提供、相关部门协助
	案件受理材料（全部案件来源）	检查发现、投诉举报、部门移送等
物证	设摊物品、车辆、工具等	现场取证
视听资料	执法音视频、照片	现场取证
证人证言	证人询问笔录或陈述笔录	询问调查
当事人的陈述	当事人询问笔录、陈述笔录	询问调查
勘验笔录、现场笔录	现场勘验（检查）笔录、复查记录	现场检查

三、参考案例解析

（一）基本案情

202×年××月××日××时××分，上海市浦东新区城市管理综合行政执法局执法人员武某（执法证号）、赵某（执法证号）巡查至××路××号（近××路口东南侧），对占用人行道设摊经营案件进行现场检查。发现一辆面包车（车牌号沪×××××××）停在××路××号前人行道上，车辆后板打开，当事人正在设摊经营服装。车辆上装有8箱服装，车身贴有微信、支付宝收款码。现场要求设摊当事人出示身份证明，核对个人身份信息，当事人为王某。执法人员用卷尺测量占用人行道设摊经营的面积，长4米，宽1.5米，面积为6平方米；人行道一半被占，影响市容环境以及行人正常通行，现场未造成环境污染。当事人现场不能提供相关部门批准临时设摊的手续。执法人员当场责令当事人停止占道设摊的行为，当事人停止在该处进行售卖。

（二）调查取证

（1）202×年××月××日，执法人员制作现场检查（勘验）笔录，当事人王某签字。执法队员现场拍摄取证，对现场环境卫生影响情况进行记录，收集王某的身份证信息。

（2）202×年××月××日，执法人员向王某进行询问调查，制作询问笔录，核对现场检查笔录、王某的身份证明、车辆行驶证等证据材料。

（3）202×年××月××日，执法人员现场复查发现，当事人王某已经整改其占用道路设摊的行为，执法人员制作责令改正情况复查记录并拍摄取证。

（4）202×年××月××日，经执法人员通过办案系统查询，显示该当事人为第二次被发现从事擅自占道设摊兜售物品的违法行为。

（5）经《上海市主要道路（河道）和景观区域范围界定》（沪绿容〔2022〕104号）显示，案件发生地××路（××南路—××北路）范围内，属于上海市主要道路范围，属于城市主要道路区域。

（6）经查询当年国务院节假日公告信息，案发时间属于非法定节假日。

（三）违法事实认定

通过现场检查及上述证据，认定事实如下：

当事人王某于202×年××月××日非法定节假日，在××路××号前人行道上使用一辆面包车（车牌号沪×××××××）占用道路设摊经营服装，车辆上装有8箱服装，车身贴有微信、支付宝收款码。该处案发地址位于××路（××南路—××北路）范围内，属于上海市主要道路范围。用卷尺测量占用人行道设摊经营的面积，长4米，宽1.5米，面积为6平方米；人行道一半被占，影响市容环境以及行人正常通行，现场未造成环境污染。202×年××月××日，执法人员现场复查发现，当事人王某已经整改其占用道路设摊经营的行为。

（四）作出处罚决定

根据《上海市市容环境卫生管理条例》第二十一条第三款，擅自占用道路、桥梁、人行天桥、地下通道及其他公共场所设摊经营、兜售物品，影响市容环境卫生的，由城市管理综合执法部门责令改正，可以处100元以上1000元以下罚款。对设摊经营、兜售物品的，可以暂扣设摊经营、兜售的物品和与违法行为有关的工具。

按照现行《上海市市容环境卫生管理条例》行政处罚裁量基准，鉴于当事人的违法行为发生在主要道路，案发时间为非法定节假日，当事人第二次被发现从事擅自占道设摊兜售物品的行为,当事人的行为未造成环境污染,当事人按要求改正擅自占道设摊兜售物品的行为,拟对当事人王某作出罚款500元的处罚决定。

在作出处罚决定前,执法人员事先告知当事人拟作出行政处罚决定的事实、理由、依据及内容,并告知当事人依法享有的权利。当事人以处罚金额过高为由,提出陈述、申辩。

对当事人的陈述申辩,本机关复核讨论后,认为当事人所述情况不适用《中华人民共和国行政处罚法》减轻处罚的相关规定,在向当事人说明不采纳理由后作出罚款500元的处罚决定。

四、文书制作示例

（一）现场检查（勘验）笔录

上海市浦东新区城市管理综合行政执法局
现场检查（勘验）笔录

检查（勘验）地点：	浦东新区××路××号前人行道	天气：	晴
检查（勘验）时间：	202×年××月××日××时××分至××时××分		
被检查（勘验）人：	王某（单位全称或个人）		
身份证号码（统一社会信用代码）：	123456789876543210		
住址或住所：	××区××路××号	联系电话：	12345678901
现场负责人：	/	职务：	/	联系电话：	/
检查（勘验）人：	武某、赵某	记录人：	赵某

表明身份及告知记录：我们是上海市浦东新区城市管理综合行政执法局的行政执法人员（出示证件），现依法进行现场检查（勘验）。你（单位）享有以下权利：执法人员少于 2 人或者所出示的执法证件与其身份不符的，有权拒绝调查；依法享有申请回避以及陈述和申辩的权利。同时，你（单位）具有协助行政机关检查的义务。

现场检查（勘验）情况：202×年××月××日××时××分，上海市浦东新区城市管理综合行政执法局执法人员武某（执法证号）、赵某（执法证号）巡查至××路××号（近××路口东南侧），对占用人行道设摊经营案件进行现场检查，检查情况如下：

（1）一辆面包车（车牌号沪×××××）停在××路××号前人行道上，车辆后板打开，当事人正在设摊经营服装。车辆上装有 8 箱服装，车身贴有微信、支付宝收款码。

（2）现场要求设摊当事人出示身份证明，核对个人身份信息。当事人为王某。

（3）该处案发地址位于××路（××南路—××北路）范围内，属于上海市主要道路范围。执法人员用卷尺测量占用人行道设摊经营的面积，长 4 米，宽 1.5 米，面积为 6 平方米；人行道一半被占，影响市容环境以及行人正常通行，现场未造成环境污染。当事人现场不能提供相关部门批准临时设摊的许可。

（4）执法人员当场责令当事人停止占道设摊的行为，当事人停止在该处进行售卖，执法人员对现场进行拍照、摄像取证。

（以下空白）

　　附件：1. 现场附图；
　　　　　2. 现场照片×张；
　　　　　3. 现场摄像××分钟。
　　　　以上记录已阅，属实，无异议（手写）

被检查（勘验）人签：王某	见证人签名：/
检查（勘验）人签名：武某、赵某	记录人签名：赵某

（二）调查（询问）笔录

上海市浦东新区城市管理综合行政执法局
调查（询问）笔录

时间：　202×　年　××　月　××　日　××　时　××　分至　××　时　××　分
地点：　　　　　　　　　××区××路××号　　　　　　　　
被调查（询问）人：　　　王某　　　　性别：　×　　年龄：××
身份证号码：　　　　　123456789876543210　　　　　
工作单位：　　　　　／　　　　　　职务：　　／　　
联系地址：　　　　　××区××路××号　　　　　
邮编：　　　／　　　　联系电话：　12345678901　
调查（询问）人：　　武某、赵某　　　　记录人：　　赵某　

告知：我们是上海市浦东新区城市管理综合行政执法局的执法人员（出示执法证），根据《中华人民共和国行政处罚法》第五十五条的规定，依法进行调查。执法人员少于2人或身份与执法证件不符的，你有权拒绝调查询问；在接受调查（询问）之前，你有申请我们回避的权利；在调查（询问）过程中，你有陈述、申辩的权利；同时，你应当如实提供证据并协助调查，不得作伪证，否则将承担法律责任。你是否听清楚了？
答：听清楚了。
问：你是否申请回避？
答：不申请回避。
问：请介绍你的姓名、身份、联系方式，并请出示一下身份证件及调查（询问）通知书要求携带的有关材料。
答：我叫王某，联系地址是上海市××区××路××号，这是我的身份证。
问：我们于202×年××月××日××时××分，××路××号前人行道上发现存在设摊经营服装的行为，请问是你实施的吗？
答：是的，202×年××月××日××时左右，我在××路××号前将面包车停在人行道上设摊经营服装被你们发现了，今天我按你们要求来接受处理。
问：你从什么时候开始设摊的？是否有相关审批手续？
答：那天我在这里摆摊，刚来还没卖几件，就被你们城管执法人员查获了。没有相关审批手续。
问：执法人员是否现场要求你出示个人身份证，责令你停止占道设摊的行为？
答：是，现场我给你们队员查看了身份证。
（接下页）

被调查（询问）人签名：　　王某　　　　调查（询问）人签名：　武某、赵某　
时间：　202×年××月××日　　　　时间：　202×年××月××日

调查(询问)笔录(续页)

(续上页)

问：后续你是否进行了整改？
答：我按照执法人员的要求收拾好占道售卖的衣服后就开车走了。
问：经现场勘查，你设摊占用人行道长4米，宽1.5米，面积为6平方米，这是现场拍摄的照片和现场检查笔录。请你查看。对此记录的情况有无异议？
答：没有异议。
问：请确认一下，你本次是否为第二次因占道设摊经营被我机关发现？（执法队员出示当事人以往首次被发现从事占道设摊经营行为的书面材料）
答：材料看过了，我这次是第二次被行政机关查处占道设摊经营行为。
问：你还有其他需要补充的吗？
答：我没有补充了。
(以下笔录无正文)

问：你是否有阅读能力，若阅读有困难，我们可以读给你听。请你仔细核对以上笔录，若笔录有误请指出来，我们将给予更正，若笔录与你说的一致，请你确认无误后在笔录上逐页签名确认。
答：以上笔录记载与本人口述无误(手写)

被调查(询问)人签名：____王某____　　调查(询问)人签名：____武某、赵某____
时间：____202×年××月××日____　　时间：____202×年××月××日____

五、常见问题解答

问：扣押时注意的要点有哪些？

答：扣押是行政强制措施，实施扣押是为了制止当事人的违法活动，防止证据损毁。实施扣押后，应及时查清事实，在规定期限内作出行政处理决定。对违法事实清楚，依法应当没收的非法财物予以没收；应当解除扣押的，作出解除决定。这里"与违法行为有关的工具"，主要是指与违法行为人经营兜售物品有关的运输、计量等工具。

根据《上海市城市管理综合行政执法条例》相关规定，被扣押的物品易腐烂、变质的，应当通知当事人在二日内到指定地点接受处理；逾期不接受处理的，可以在登记后拍卖、变卖；无法拍卖、变卖的，可以在留存证据后销毁。解除扣押后，应当通知当事人及时认领。当事人逾期不认领或者当事人难以查明的，城管执法部门应当及时发布认领公告，自公告发布之日起六十日内无人认领的，可以采取拍卖、变卖等方式妥善处置，拍卖、变卖所得款项应当依照规定上缴国库。

问：对在分时疏导点、临时集市、夜市等规定区域的占道设摊处罚适用的问题有哪些？

答：依据《上海市市容环境卫生管理条例》《关于进一步规范设摊经营活动的指导意见（试行）》（沪绿容规〔2023〕4号）等有关规定，上海将进一步规范集市、夜市、分时步行街、早餐车、超出门窗和外墙经营（外摆位）等新型设摊经营活动，合理划定设摊区域，完善商业布局，严禁无序设摊和跨门经营。因此，凡是在分时疏导点、临时集市、夜市等规定区域的设摊经营，应按照许可规定的时间、地点和经营类型等内容实施，未经许可或超出许可的，应按照擅自占道设摊、兜售物品处罚。

问：对于占道设摊经营其他类型违法行为如何分析？

答：依照《上海市城市管理综合行政执法条例》《上海市城市管理综合行政执法条例实施办法》和《上海市人民政府关于扩大浦东新区城市管理领域相对集中行政处罚权范围的决定》的规定，对以下涉及食品药品管理、文化市场管理方面的占路无证照摊点经营的违法行为行使行政处罚权。

（1）对占路无证照摊点经营艺术品的处罚，依据《艺术品经营管理办法》

处理。

（2）对未经许可擅自占路从事文物商业经营活动的处罚，依据《中华人民共和国文物保护法》处理。

（3）对擅自占路从事营业性演出的处罚，依据《营业性演出管理条例》处理。

（4）对擅自占路从事音像制品出版、制作、复制业务或者进口、批发、零售经营活动的处罚，依据《上海市音像制品管理条例》处理。

（5）对无音像制品经营许可证或者超越许可范围占路经营的处罚，依据《上海市音像制品管理条例》处理。

（6）对擅自占路从事文化娱乐经营活动的处罚，依据《上海市文化娱乐市场管理条例》处理。

（7）对无许可证占路从事出版物出租的处罚，依据《上海市出版物发行管理条例》处理。

（8）对擅自占路从事出租、征订、附送、散发、展示含有禁止内容或者情形的出版物或者出版物宣传资料的处罚，依据《上海市出版物发行管理条例》处理。

（9）对在核定的经营场所以外占路营业的处罚，依据《上海市出版物发行管理条例》处理。

（10）对从事印刷或复制、批发、零售、出租、散发含有禁止内容的出版物或者非法出版物的处罚，依据《出版管理条例》处理。

（11）对占道从事印刷或复制、批发、零售、出租、散发含有禁止内容的出版物或者非法出版物的处罚，依据《出版管理条例》处理。

（12）对未取得药品经营许可证占道销售药品的处罚，依据《中华人民共和国药品管理法》处理。

（13）对未经许可占道从事食品生产经营活动的处罚，依据《中华人民共和国食品安全法》处理。

（14）对未经许可占道从事食品添加剂生产经营活动的处罚，依据《中华人民共和国食品安全法》处理。

第五项

群　租

一、违法行为概述

（一）基本概念

该违法行为是指在住房租赁活动中，房屋出租人将改变房屋原始设计和用途的房屋进行出租，或者出租的每个房间居住人数和人均居住面积不符合本市相关规定。

（二）违法形态

（1）将一间原始设计①或者经有关部门批准改建②为居住空间的房间分隔搭建后出租。如在原有的房屋设计上进行分隔，增设房间数的行为。

（2）按照床位出租。如在房间内、客厅内按照床位进行出租。

（3）房间内居住人数超过2人，且人均居住面积低于5平方米（有法定赡养、抚养、扶养义务关系的除外）。

（4）出租"其他空间"供人居住。如将原始设计为厨房、卫生间、阳台和贮藏室以及其他的非居住空间出租供人居住。

（三）适用法律条款

《上海市住房租赁条例》

---

① 《城市房地产开发经营管理条例》

第十七条：房地产开发项目竣工，经验收合格后，方可交付使用；未经验收或者验收不合格的，不得交付使用。

房地产开发项目竣工后，房地产开发企业应当向项目所在地的县级以上地方人民政府房地产开发主管部门提出竣工验收申请。房地产开发主管部门应当自收到竣工验收申请之日起30日内，对涉及公共安全的内容，组织工程质量监督、规划、消防、人防等有关部门或者单位进行验收。

第三十一条：房地产开发企业应当在商品房交付使用时，向购买人提供住宅质量保证书和住宅使用说明书。住宅质量保证书应当列明工程质量监督单位核验的质量等级、保修范围、保修期和保修单位等内容。房地产开发企业应当按照住宅质量保证书的约定，承担商品房保修责任。保修期内，因房地产开发企业对商品房进行维修，致使房屋原使用功能受到影响，给购买人造成损失的，应当依法承担赔偿责任。

原始设计以相关房屋的竣工预验收材料（图纸等）或房地产开发企业提供的住宅使用说明书为准。

② 详见"随申办"：《建设工程规划许可证（房屋建筑工程）（依申请变更）办事指南》，实施主体：规划和自然资源部门。

第十五条：出租住房应当遵守下列规定：

（1）房屋符合国家和本市建筑、消防、治安、防灾、卫生、环保等方面的标准和要求。

（2）具备供水、供电等必要的生活条件。

（3）以原始设计或者经有关部门批准改建的房间为最小出租单位。

（4）厨房、卫生间、阳台、贮藏室以及其他非居住空间不得单独出租用于居住。

（5）每个房间的居住人数和人均居住面积符合本市相关规定。

（6）法律、法规、规章的其他规定。

禁止违反前款第三项至第五项规定，将住房用于群租。

第五十二条：违反本条例第十五条第二款、第三款规定，出租住房不符合相关规定的，由区房屋管理部门责令限期改正，处1万元以上5万元以下罚款；逾期不改正的，处5万元以上20万元以下罚款。

二、执法检查与证据收集

（一）现场检查要点

（1）拍摄：出租居住房屋所处的地理位置、目前的出租情况及人员居住状态、房间内床位的设置情况、房间隔断情况等。

（2）现场实地测量：绘制检查地点具体四至方位图、绘制房屋内部实际户型图。

（3）询问：现场向在场人进行调查询问，了解居住房屋租赁情况、房屋产权信息等。

（4）文书制作：对现场调查、测量、询问、核实等经过进行记录，制作现场检查（勘验）笔录，绘制现场勘验图，请在场当事人签字；如现场未见当事人的，如实记录并可以请在场人作为见证人签字。

（5）其他：收集当事人身份信息、租赁合同、付款凭证等信息，相关的书证、物证等。

（二）调查询问要点

1. 询问当事人的要点

现场检查时，可以确定当事人的且当事人在场的，可当场询问并制作询问笔录；当事人不在场或不具备当场询问条件的，应送达调查（询问）通知书，载明要求当事人或委托代理人于指定时间、地点接受调查询问。询问当事人时，应以提问—回答的方式制作询问笔录，并同时音视频记录。

(1) 确认当事人、委托人身份信息,要求被询问人提供身份证、营业执照、法定代表人身份证明等,委托他人代为履行被调查义务的,提交授权委托人的身份证、由委托人签名或者盖章的授权委托书,授权委托书必须记明委托事项和权限,核实收集。

(2) 确认出租住房不符合相关规定的实施时间、具体违法形态以及是否获得批准等情况,并请被询问人提供相关租赁合同、付款凭证等。

(3) 出示现场检查(勘验)笔录及视听资料、现场勘验图等现场检查勘验证据,要求被询问人核实。

(4) 记录被询问人想要补充说明和反映的其他相关情况。

2. 询问证人的要点

证人可能涉及出租房屋的房屋产权人、实际居住人、物业服务企业、村居委等。询问证人,可以提问—回答的方式制作询问笔录,并同时音视频记录。

(1) 询问前,应核实确认证人的身份,并就需要了解的情况进行调查或者核实,如出租住房不符合相关规定的实施时间、具体违法形态以及是否获得批准等情况等。

(2) 对房屋产权人或实际居住人进行调查时,应调查了解出租房屋的具体租赁情况、人员入住情况及房屋分隔情况,收集房屋租赁合同、付款凭证等证据。

对村、居委会进行调查时,着重在于取得村委会、居委会对被调查房屋内外来人员登记的书面材料,该书面材料为人口管理部门对外来人员的第一手资料,便于锁定实际居住人员和数量。

(3) 可要求证人对证明的相关情况提供书面证明或其他证据材料。

(三) 证据采集列表

证据种类	证据明细	证据收集方法
书 证	当事人身份证明材料	当事人提供、相关部门协查
	不动产登记簿或不动产产权登记证、房屋租赁合同、房屋结构图、建筑平面图、单线图、住宅使用说明书、支付凭证、税务材料、相关部门批准改建的材料等	
	案件受理材料(全部案件来源)	检查发现、投诉举报、部门移送等

续 表

证据种类	证据明细	证据收集方法
物 证	隔断材料、床、被褥、灶具(有生活痕迹的物品)等	现场取证
视听资料	执法音视频、照片	现场取证
证人证言	证人询问笔录或陈述笔录	询问调查
当事人的陈述	当事人询问笔录、陈述笔录	询问调查
电子数据	网上招租广告等	在线收集
勘验笔录、现场笔录	现场勘验(检查)笔录、复查记录	现场检查

三、参考案例解析

(一) 基本案情

202×年××月××日××中队接投诉举报,××路××号××室有群租的现象。202×年××月××日××时××分,上海市浦东新区城市管理综合行政执法局执法人员李某(执法证号)、王某(执法证号)到上述地址进行检查,××物业公司工作人员赵某、××居委工作人员马某在场见证。执法队员现场拍摄取证。经向物业了解,该处房屋业主为刘某,现该房屋在居委、物业处登记的使用人是张某,现场检查时张某不在现场,房屋建筑面积171.43平方米,原始房型为3室1厅2卫。经查,现场情况如下:根据物业提供的房屋结构图,原始房型为3室1厅2卫,现发现其室内有5间卧室,其中北侧有1间卧室做单间出租;南侧有4间卧室,东南卧室与西南卧室各做单间出租;中间2间卧室原始户型图为客厅,现用砖墙进行分隔,内有床、被褥、桌椅等家具和生活用品,形成居住空间,现场检查发现南侧中间2间卧室内分别住×人,其中1间内居住人员钱某称自己是租户,向张某承租的卧室。

(二) 调查取证

(1) 202×年××月××日,执法人员制作现场检查(勘验)笔录,由于当事人不在场,××物业公司工作人员赵某、××居委工作人员马某作为见证人签字。执法队员现场拍摄取证。

(2) 202×年××月××日,执法人员向实际居住人钱某进行询问调查,制作询问笔录,收集租赁合同及付款凭证等证据材料。

(3) 202×年××月××日,执法人员向业主刘某进行询问调查,制作询问笔录,明确刘某与承租人张某签署的个人租赁合同,同时并不知情张某用于群租等事宜,收集房屋产权证明、租赁合同及付款凭证等证据材料。

(4) 202×年××月××日,执法人员向承租人张某进行询问调查,制作询问笔录,收集承租人张某与业主的租赁合同及付款凭证、核对承租人张某与实际居住人的租赁合同及付款凭证、涉事房屋房型图、承租人张某身份证明等证据材料。

(5) 202×年××月××日,执法人员现场复查发现,当事人张某清退了租户,并恢复了房屋原状,执法人员现场复查,并拍摄取证。

(三) 违法事实认定

通过现场检查及上述证据,认定事实如下:

××路××号××室房屋业主为刘某,现该房屋在居委、物业处登记的承租人是张某,房屋建筑面积171.43平方米。根据物业提供的房屋结构图,原始房型为3室1厅2卫,现发现其室内有5间卧室,其中北侧有1间卧室做单间出租;南侧有4间卧室,东南卧室与西南卧室各做单间出租;中间2间卧室原始户型图为客厅,现用砖墙进行分隔,内有床、被褥、桌椅等家具和生活用品,形成居住空间,现场检查发现南侧中间2间卧室内分别住×人,其中1间内居住人员钱某称自己是实际居住人,向张某承租的卧室。通过钱某与张某的租赁合同与付款凭证,确认张某将隔断的房屋出租给钱某;通过张某与业主方刘某的租赁合同与付款凭证,证明张某通过个人名义与刘某签署租赁合同,并不具备代理经租资质;通过刘某的询问笔录,明确刘某并不知情张某隔断房间用于群租等事宜;通过张某的询问笔录,确认承租人张某将客厅进行隔断,租赁给实际居住人钱某的行为。

202×年××月××日,执法人员现场复查发现,当事人张某已清退了租户,并恢复了房屋原状。

(四) 作出处罚决定

根据《上海市住房租赁条例》第五十二条的规定,出租住房不符合相关规定的,由区房屋管理部门责令限期改正,处1万元以上5万元以下罚款;逾期不改正的,处5万元以上20万元以下罚款。鉴于当事人能够积极配合调查并及时整改,拟对当事人张某作出罚款1万元的处罚决定。

在作出处罚决定前,执法人员告知当事人拟作出行政处罚决定的事实、理由、依据及内容,送达听证告知书,并告知当事人依法享有的权利。

当事人张某放弃听证、放弃陈述申辩权;经重大案件法制审核,执法部门作出行政处罚决定,当事人张某在规定时间内缴纳了罚款。

四、文书制作示例

(一) 现场检查(勘验)笔录

上海市浦东新区城市管理综合行政执法局
现场检查(勘验)笔录

检查(勘验)地点：_____××路××号××室_____ 天气：__晴__
检查(勘验)时间：__202×__年__××__月__××__日__××__时__××__分至__××__时__××__分
被检查(勘验)人：_____××路××号××室业主/张某(单位全称或个人)_____
身份证号码(统一社会信用代码)：_____123456789876543210_____
住址或住所：____××区××路××号____ 联系电话：____12345678901____
现场负责人：__/__ 职务：__/__ 联系电话：__/__
检查(勘验)人：____李某、王某____ 记录人：____王某____

　　表明身份及告知记录：我们是上海市浦东新区城市管理综合行政执法局的执法人员(出示证件)，现依法进行现场检查(勘验)。你(单位)享有以下权利：执法人员少于2人或者所出示的执法证件与其身份不符的，有权拒绝调查；依法享有申请回避以及陈述和申辩的权利。同时，你(单位)具有协助行政机关检查的义务。

　　现场检查(勘验)情况：接投诉举报，××路××号××室有群租的现象。202×年××月××日××时××分，上海市浦东新区城市管理综合行政执法局执法人员李某、王某到上述地址进行检查。××物业公司工作人员赵某、浦东××居委工作人员马某在场陪同检查。经向物业了解，该处房屋业主为刘某，现该房屋在居委、物业处登记的承租人是张某，现场检查时张某不在现场。现场情况如下：根据物业提供的房屋结构图，房屋建筑面积171.43平方米，原始房型为3室1厅2卫，现发现其室内有5间卧室，其中北侧有1间卧室做单间出租；南侧有4间卧室，东南卧室与西南卧室各做单间出租；中间2间卧室原始户型图为客厅，现用砖墙进行分隔，内有床、被褥、桌椅等家具和生活用品，形成居住空间，现场检查发现南侧中间2间卧室内分别住×人，其中1间内居住人员钱某称自己向张某承租的卧室。执法队员现场拍照、摄摄取证。

　　(以下空白)

　　附件：1. 现场附图；
　　　　　2. 现场照片×张；
　　　　　3. 现场摄像××分钟。
　　　　以上记录已阅，属实，无异议(手写)

被检查(勘验)人签名：/　　　　　见证人签名：赵某(××物业公司)
　　　　　　　　　　　　　　　　　　　　　　马某(属地××居委)
检查(勘验)人签名：李某、王某　　记录人签名：王某

（二）调查（询问）笔录

上海市浦东新区城市管理综合行政执法局
调查（询问）笔录

时间：___202×___年___××___月___××___日___××___时___××___分至___××___时___××___分
地点：___××路××号××室___
被调查（询问）人：___钱某___　　性别：___×___　年龄：___××___
身份证号码：___123456789876543210___
工作单位：___××公司___　　　　　　　　　　职务：___部门经理___
联系地址：___××区××路××号××室___
邮编：___/___　　　　　　　　联系电话：___12345678901___
调查（询问）人：___李某、王某___　　　记录人：___王某___

告知：我们是上海市浦东新区城市管理综合行政执法局的执法人员（出示执法证），根据《中华人民共和国行政处罚法》第五十五条的规定，依法进行调查。执法人员少于2人或身份与执法证件不符的，你有权拒绝调查询问；在接受调查（询问）之前，你有申请我们回避的权利；在调查（询问）过程中，你有陈述、申辩的权利；同时，你应当如实提供证据并协助调查，不得作伪证，否则将承担法律责任。你是否听清楚了？
答：听清楚了。
问：你是否申请回避？
答：不需要。
问：请你介绍下你的姓名、身份、联系方式，并请出示一下身份证件及谈话通知书要求携带的有关材料。
答：我叫钱某，现在××公司担任部门经理，联系电话12345678901，身份证号123456789876543210。这是我的身份证，请核对。（递上身份证原件）
问：我中队于202×年××月××日××时××分在××路××号××室进行检查，发现有群租情况。现场室内北侧有1间卧室；南侧有4间卧室，东南卧室与西南卧室各做单间出租，中间2间卧室为砖墙分隔，内有床、被褥、桌椅等家具和生活用品，形成居住空间，现场检查发现南侧中间2间卧室内住×人。请问这个情况你是否知情？
答：我知道这个情况的。我今天就是配合调查××路××号××室内原始的客厅用砖被分隔成2间房出租供人居住的情况。
问：请问你现在居住在哪里？
（接下页）

被调查（询问）人签名：___钱某___　　调查（询问）人签名：___李某、王某___
时间：___202×年××月××日___　　　时间：___202×年××月××日___

第1页（共2页）

调查(询问)笔录(续页)

(续上页)

答：我现在租住在××路××号××室内由原始客厅分隔搭建成的北侧房间内。

问：请问你租住的××路××号××室内由原始客厅分隔搭建成的北侧房间是否有室号？

答：没有室号。

问：请问你是否清楚××路××号××室内你租住房间的结构布局情况？

答：清楚，是由原始客厅分隔搭建成的。

问：请问你是否清楚你租住这间由原始客厅分隔搭建成的房间是谁分隔的？

答：不清楚，我付款租赁并入住的时候就是这样的。

问：请问你租住的这间由原始客厅分隔搭建成的房间有几人居住？

答：就我一人居住。

问：请问你是否清楚××路××号××室的业主是谁？是向谁承租的？有没有租赁合同？

答：应该是张某吧。我是通过××中介和张某签订的房屋租赁合同。租金每月3 000元，付三押一，租期为三年，从202×年××月××日起至202×年××月××日止(递上房屋租赁合同)。

问：租金如何支付？

答：通过微信转账给张某(出示微信支付转账记录)。

问：请问你租住期间的水电煤和宽带费用如何结算？

答：用水免费，用电按房间内分电表计算，每度1元。没有燃气和宽带。

问：请问你是否了解××路××号××室其他房间内人员的居住情况？

答：不了解，彼此都不认识。

问：这是执法人员于202×年××月××日××时××分在××路××号××室内现场检查勘验的笔录及照片，请你确认记录内容是否属实？

答：属实的。

问：你还有什么需要补充说明的？

答：没有了。

(以下笔录无正文)

问：你是否有阅读能力，若阅读有困难，我们可以读给你听。请你仔细核对以上笔录，若笔录有误请指出来，我们将给予更正，若笔录与你说的一致，请你确认无误后在笔录上逐页签名确认。

答：以上笔录与本人口述一致(手写)

被调查(询问)人签名：___钱某___　　调查(询问)人签名：___李某、王某___
时间：___202×年××月××日___　　时间：___202×年××月××日___

上海市浦东新区城市管理综合行政执法局
调查(询问)笔录

时间：202×年××月××日××时××分至××时××分
地点：××路××号××室
被调查(询问)人：张某　　　　性别：×　　年龄：××
身份证号码：123456789876543210
工作单位：／　　　　　　　　职务：／
联系地址：××区××路××号××室
邮编：／　　　　　　　联系电话：12345678901
调查(询问)人：李某、王某　　记录人：王某

告知：我们是上海市浦东新区城市管理综合行政执法局的执法人员(出示执法证)，根据《中华人民共和国行政处罚法》第五十五条的规定，依法进行调查。执法人员少于2人或身份与执法证件不符的，你有权拒绝调查询问；在接受调查(询问)之前，你有申请我们回避的权利；在调查(询问)过程中，你有陈述、申辩的权利；同时，你应当如实提供证据并协助调查，不得作伪证，否则将承担法律责任。你是否听清楚了？

答：听清楚了。

问：你是否申请回避？

答：不需要。

问：请你介绍下你的姓名、身份、联系方式，并请出示一下身份证件及谈话通知书要求携带的有关材料。

答：我叫张某，是××路××号××室的承租人，联系电话12345678901，身份证号123456789876543210。这是我的身份证，请核对。(递上身份证原件)

问：我中队于202×年××月××日××时××分在××路××号××室进行检查，发现有群租情况。现场室内北侧有1间卧室，南侧有4间卧室，东南卧室与西南卧室各做单间出租，中间2间卧室为砖墙分隔，内有床、被褥、桌椅等家具和生活用品，形成居住空间，现场检查发现南侧中间2间卧室内分别入住×人。请问这个情况你是否知情？

答：我知道的，上述房屋就是我从业主刘某处承租的。今天，我就是因××路××号××室内被你们发现存在群租行为，来配合调查的。

问：你是否具有房地产经纪行业从业资格或在房地产经纪机构从事房地产经纪业务？

答：没有。

(接下页)

被调查(询问)人签名：张某　　　调查(询问)人签名：李某、王某
时间：202×年××月××日　　　　时间：202×年××月××日

调查(询问)笔录(续页)

(续上页)

问：××路××号××室的房屋所有权人是谁？你是如何承租该套房屋的？
答：是刘某。我通过中介与房屋所有权人签的合同。（递上房屋租赁合同）
问：租金多少？租期多长？租金如何支付？
答：租金每月2万元，付三押一。租期五年，从2019年××月××日起至2024年××月××日止。租金通过微信转账给房屋所有权人。（出示微信支付转账记录）
问：你承租该房屋的用途是什么？
答：转租他人赚取差价。
问：××路××号××室的房屋所有权人是否同意你将该房屋转租他人赚取差价？
答：他不知道。
问：你是通过何种途径招揽到租客的？
答：通过把租房信息刊登在××网站上。
问：目前该房屋共有多少居住人居住其中？你与他们签订房屋租赁合同吗？
答：有××人。和他们都签订合同的。（递上××份房屋租赁合同）
问：该房屋原始设计结构是什么？
答：原始设计结构是有3间居住空间的房间。我把客厅分隔搭建成南、北2个房间出租。
问：该房屋原始设计为非居住空间的是否也有人员居住？
答：没有。该房屋原始设计为厨房、卫生间、阳台和储藏室等非居住空间都没有出租供人员居住。
问：你是如何收取租金的？
答：租客是通过微信支付转账给我的。（出示微信支付转账记录）
问：租客的水电煤和宽带费用如何结算？
答：用水免费，用电按房间内分电表计算，每度1元。没有燃气和宽带。
问：你从何时开始将该房屋原始的客厅分隔搭建成南、北2间房间后出租供人员居住的？
答：我从2024×年××月××日起开始出租分隔的客厅房间的。
问：这是执法人员于202×年××月××日××时在××路××号××室内现场检查勘验的笔录及照片，请你仔细阅读并确认记录内容是否属实？
答：属实的，那天我不在，房客跟我说了。

(接下页)

被调查(询问)人签名：___张某___　　调查(询问)人签名：___李某、王某___
时间：___202×年××月××日___　　时间：___202×年××月××日___

调查（询问）笔录（续页）

（续上页）

问：你是否已经整改了？

答：我目前已经清退了租户，这几天尽快把隔断拆除，恢复房屋原状。

问：你在××路××号××室内因出租房屋不符合相关规定，违反了《上海市住房租赁条例》第十五条的规定，我机关将依法对你进行处罚，你是否明白？

答：我明白了。

问：你最近两年内是否因"群租"行为受过行政处罚？

答：没有，这是第一次。

问：请问后续的法律文书怎么送达给你？

答：你们可以打我电话，我来你们这里领取，或者你们可以寄到××路××号，这是我家的地址，我可以收到。

问：你还有什么需要补充说明的？

答：没有了。

（以下笔录无正文）

问：你是否有阅读能力，若阅读有困难，我们可以读给你听。请你仔细核对以上笔录，若笔录有误请指出来，我们将给予更正，若笔录与你说的一致，请你确认无误后在笔录上逐页签名确认。

答：以上笔录与本人口述一致（手写）

被调查（询问）人签名：___张某___　　调查（询问）人签名：___李某、王某___

时间：___202×年××月××日___　　时间：___202×年××月××日___

五、常见问题解答

问：员工宿舍涉嫌"群租"如何认定？

答：物业管理区域内的居住房屋，不得出租用作单位的集体宿舍。现场实际居住人数较多、入住的绝大多数人是同一家单位的、租赁房屋的是这家单位的主要负责人、实际居住人不支付房租，即可认定为员工宿舍，员工宿舍属于"集中出租"。按照《上海市居住房屋租赁管理办法》第十一条及第三十一条的规定处理。

问：代理经租房内有隔断是否能定性为"群租"？

答：在《上海市房屋管理局关于进一步规范本市住房租赁企业代理经租房屋行为的通知》（沪房规范〔2019〕5号）（有效期至2024年9月30日）中关于群租的特殊规定：住房租赁企业代理经租居住房屋，应当符合《上海市居住房屋租赁管理办法》的规定。单套住房内客厅（起居室）使用面积在12平方米以上，且按本市代理经租企业房源信息双记载相关要求报备的，可以且仅可隔断出一间房间出租供人员居住。

问：保障房内发现"群租"形态是否适用"群租"的相关处罚规定？

答：《上海市住房租赁条例》第四章：保障性租赁住房

第三十二条：市住房城乡建设管理、房屋管理部门会同市规划资源部门编制本市保障性租赁住房专项规划，明确发展目标和规模、空间布局、房源筹措渠道、建设要求、保障措施等内容。

保障性租赁住房重点在新城等人口导入区域、高校园区、产业和商务商业集聚区、轨道交通站点周边等租赁需求集中、生产生活便利、交通便捷的区域进行布局。

商业办公、旅馆、厂房、仓储、科研教育等非居住存量房屋改建为保障性租赁住房的，按照国家和本市有关规定实施。

第三十五条：租赁保障性租赁住房，应当遵守下列规定：

（1）申请人按照本市有关规定提交申请材料，不得提交虚假材料。

（2）租赁合同终止时，承租人及时将房屋返还出租人。

（3）不得将保障性租赁住房转租、出借。

任何单位和个人不得为保障性租赁住房申请人出具虚假证明材料。

保障性租赁住房不得销售、变相销售。

第五十九条：违反本条例第三十五条第一款第二项规定，承租人未及时返还房屋的，由区房屋管理部门责令限期改正；逾期不改正的，处1万元以上5万元以下罚款。

违反本条例第三十五条第一款第三项规定，承租人转租、出借保障性租赁住房的，由区房屋管理部门责令限期改正，处1万元以上5万元以下罚款，并禁止五年内再次申请本市各类保障性住房。

《上海市共有产权保障住房管理办法》

第三十二条（使用规定）：共有产权保障住房的购房人和同住人应当按照房屋管理有关规定和供后房屋使用管理协议的约定使用房屋，并且在取得完全产权前不得有下列行为：

（1）擅自转让、赠予共有产权保障住房。

（2）擅自出租、出借共有产权保障住房。

（3）设定除共有产权保障住房购房贷款担保以外的抵押权。

（4）违反其他法律、法规、规章的情形。

第四十八条（违反协议约定的法律责任）：购房人、同住人违反供后房屋使用管理协议的约定，有本办法第三十二条规定的擅自转让、赠予、出租、出借共有产权保障住房，或者设定除共有产权保障住房购房贷款担保以外的抵押权以及其他违反约定的行为的，房屋所在地的区住房保障实施机构可以按照协议约定，要求其改正，并追究其违约责任。

第五十一条（违规使用房屋的法律责任）：违反本办法第三十二条第一项、第二项、第三项规定，购房人、同住人违规使用房屋的，房屋所在地的区住房保障行政管理部门应当责令限期改正；逾期未改正的，处1万元以上10万元以下罚款。

购房人、同住人有违法搭建建（构）筑物、损坏承重结构、擅自改变使用性质、擅自占用物业共用部分等其他违反房屋管理规定的行为的，按照国家和本市物业管理等相关规定处理。

购房人、同住人违反本办法第三十二条规定使用房屋且逾期未改正的，房屋所在地的区住房保障行政管理部门可以责令其腾退住房，并禁止五年内再次申请本市各类保障性住房。

结合《上海市住房租赁条例》《上海市保障性租赁住房租赁管理办法（试行）》《上海市共有产权保障住房管理办法》《上海市共有产权保障住房供后管理实施细则》等法规、政策的规定，在保障性共有产权房和保障性租赁房屋、公租房等保障房内发现"群租"形态的，应按照保障房相关规定查处。

第六项
擅自改建、占用物业共用部分

一、违法行为概述

（一）基本概念

该违法行为是指在住宅物业管理中，业主、使用人违反法律法规以及临时管理规约、管理规约，改建、占用部分或全体业主共同使用、管理的物业部位、设施设备及场地等部分的行为。[①]

（二）违法形态

（1）擅自占用物业共用部分：业主、使用人将原本属于部分或全体业主共同使用、管理的物业部位擅自占用。

（2）擅自改建物业共用部分：业主、使用人擅自将部分或全体业主共同使用、管理的物业部位进行改建。

（三）法律依据

《上海市住宅物业管理规定》

第五十六条第二款第四项：禁止下列损害公共利益及他人利益的行为：

擅自改建、占用物业共用部分。

第八十五条：业主、使用人违反本规定第五十六条第二款第三项、第四项、第五项规定，破坏房屋外貌，擅自改建、占用物业共用部分，损坏或者占用、移装共用设备设施的，由区房屋行政管理部门责令改正，恢复原状，可处1 000元以上1万元以下的罚款；情节严重的，可处1万元以上10万元以下的罚款。

[①] 根据《上海市住宅物业管理规定》第九十二条：
专有部分，是指在构造上及利用上具有独立性，由单个业主独立使用、处分的物业部位。
部分共用部分，是指由部分业主共同使用、管理的物业部位、设施设备及场地等部分。
全体共用部分，是指由全体业主共同使用、管理的物业部位、设施设备及场地等部分。

二、执法检查与证据收集

（一）现场检查要点

（1）拍摄：涉案的改建、占用物业共用部位物品的位置、形状、大小、数量、特征等。

（2）现场实地测量或委托有资质的第三方测绘：被改建、占用物业共用部分的四至方位图、面积等。

（3）询问：现场向相关人员进行调查询问，了解改建、占用物业共用部分的当事人情况、持续时间等。

（4）文书制作：对现场调查、测量、询问、核实等经过进行记录，制作现场检查（勘验）笔录，绘制现场勘验图，请在场当事人签字；如现场未见当事人的，如实记录并可以请见证人签字。

（5）其他：收集当事人身份信息、相关的书证、物证等。

（二）调查询问要点

1. 询问当事人的要点

现场检查时，当事人在场的，可当场询问并制作询问笔录；当事人不在场或不具备当场询问条件的，应按照规定送达调查（询问）通知书，载明要求当事人或委托代理人于指定时间、地点接受调查询问。询问当事人时，应以提问—回答的方式制作询问笔录，并同时音视频记录。

（1）确认当事人、委托人身份信息，要求被询问人提供身份证、营业执照、法定代表人身份证明等，委托他人代为履行被调查义务的，提交授权委托人的身份证、由委托人签名或者盖章的授权委托书，授权委托书必须记明委托事项和权限，核实收集。

（2）确认被改建、占用物业共用部分的具体位置、结构、形态以及实施时间等情况，并请被询问人提供相关图纸、相关审批等。

（3）出示现场检查（勘验）笔录及视听资料、现场勘验图等现场检查勘验证据，要求被询问人核实。

（4）记录被询问人想要补充说明和反映的其他相关情况。

2. 询问证人的要点

证人可能是被改建、占用物业共用部分的利益相关人、了解情况的相邻方、村居委、物业工作人员等。询问证人，可以提问—回答的方式制作询问笔录，并同时音视频记录。

（1）询问前,应核实确认证人的身份,并就需要了解的情况进行调查或者核实。

（2）进行询问时,应调查了解改建、占用物业共用部分是何时何地由何人进行,同时收集相关审批资料、音视频等证据。

（3）可要求证人对证明的相关情况提供书面证明或其他证据材料。

（三）证据采集列表

证据种类	证据明细	证据收集方法
书　证	当事人身份证明材料	当事人提供、相关部门协查
	不动产登记簿或不动产产权登记证、房屋租赁合同、建筑平面图、支付凭证、税务材料等	
	案件受理材料(全部案件来源)	检查发现、投诉举报、部门移送等
物　证	相关涉案物品、被改建或占用的物业共用部分	现场取证
视听资料	执法音视频、照片	现场取证
证人证言	证人询问笔录或陈述笔录	询问调查
勘验笔录、现场笔录	现场检查(勘验)笔录、复查记录	现场检查

三、参考案例解析

（一）基本案情

202×年××月××日××时××分,执法队员周某(执法证号)、林某(执法证号)根据编号为×××的投诉前往××路××号楼道进行现场检查。经查,现场楼道内放置了一个木制双开门原木色的衣柜,经测量,衣柜长2米,宽0.6米,高2米,共占地1.2平方米。据物业负责人李某所说,该物品为××号××室业主陈某所有。后陈某到场承认现场事实,并承诺自行整改。该小区物业负责人李某、所属居委工作人员张某全程陪同检查。

（二）调查取证

（1）202×年××月××日，执法人员制作现场检查（勘验）笔录，陈某作为当事人签字，上海××物业管理有限公司李某作为见证人签字，执法队员现场拍摄取证。

（2）202×年××月××日，执法人员向涉嫌占用物业共用部分的当事人陈某进行询问调查，制作询问笔录，收集陈某身份证复印件，并送达责令改正通知书要求当事人改正违法行为。

（3）202×年××月××日，执法人员向上海××物业管理有限公司工作人员李某进行询问调查，制作询问笔录，收集小区相关图纸，上海××物业管理有限公司法定代表人身份证明、委托代理书、受委托人身份证明等证据材料。

（4）202×年××月××日，执法人员现场复查发现，当事人陈某已自行将衣柜搬离，执法人员制作现场复查记录并拍摄取证。

（三）违法事实认定

通过现场检查及上述证据，认定事实如下：

投诉人所称占用物业共用部分的情形发生地为××路××号楼道。经过与物业的沟通了解，并现场问询陈某，确认当事人为××号楼业主陈某。陈某表示为了方便使用及节省户内空间，故将衣柜堆放在楼道内。××月××日，经小区业委会负责人确认，陈某擅自占用物业共用部位。××月××日，执法人员至××路××号楼道进行复查，当事人已自行搬离衣柜，整改完毕。

（四）作出处罚决定

根据《上海市住宅物业管理规定》第八十五条：业主、使用人违反本规定第五十六条第二款第三项、第四项、第五项规定，破坏房屋外貌，擅自改建、占用物业共用部分，损坏或者占用、移装共用设备设施的，由区房屋行政管理部门责令改正，恢复原状，可处1000元以上1万元以下的罚款；情节严重的，可处1万元以上10万元以下的罚款。该违法行为擅自占用物业共用部分，鉴于当事人能够积极配合调查并及时清除擅自堆放的物品，拟对当事人陈某不予行政处罚。

执法人员事先告知当事人拟作出不予行政处罚的事实、理由、依据，并告知当事人依法享有的权利。当事人未在规定期限内进行陈述申辩，执法人员开具不予处罚决定书并送达当事人。

四、文书制作示例

（一）现场检查（勘验）笔录

上海市浦东新区城市管理综合行政执法局
现场检查（勘验）笔录

检查（勘验）地点：_____××路××号楼道_____ 天气：__晴__
检查（勘验）时间：__202×__年__××__月__××__日__××__时__××__分至__××__时__××__分
被检查（勘验）人：_____陈某（单位全称或个人）_____
身份证号码（统一社会信用代码）：_____123456789876543210_____
住址或住所：____××区××路××号____ 联系电话：__12345678901__
现场负责人：__李某__ 职务：__物业经理__ 联系电话：__98765432109__
检查（勘验）人：_____周某、林某_____ 记录人：_____林某_____

  表明身份及告知记录：我们是上海市浦东新区城市管理综合行政执法局的行政执法人员（出示证件），现依法进行现场检查（勘验）。你（单位）享有以下权利：执法人员少于2人或者所出示的执法证件与其身份不符的，有权拒绝调查；依法享有申请回避以及陈述和申辩的权利。同时，你（单位）具有协助行政机关检查的义务。
  现场检查（勘验）情况：202×年××月××日××时××分，执法队员周某（执法证号）、林某（执法证号）根据编号为×××的投诉前往××路××号楼道内进行现场检查。经查，现场楼道内放置了一个木制双开门原木色的衣柜，经测量，该处占用面积为长2米，宽0.6米，高2米，占地共1.2平方米。据物业负责人李某所说，该物品为××号××室业主陈某所有。后陈某到场承认现场事实。该小区物业负责人李某、所属居委工作人员张某全程陪同检查。物业李某、居委张某作为见证人在笔录上签字。执法队员现场拍照、摄像取证。
  （以下空白）
  附件：1. 现场附图；
     2. 现场照片×张；
     3. 现场摄像××分钟。
    以上记录已阅，属实，无异议（手写）

被检查（勘验）人签名：陈某   见证人签名：张某、李某
检查（勘验）人签名：周某、林某   记录人签名：林某

(二)调查(询问)笔录

上海市浦东新区城市管理综合行政执法局
调查(询问)笔录

时间：_202×_年_××_月_××_日_××_时_××_分至_××_时_××_分
地点：_××路××号_
被调查(询问)人：_陈某_ 性别：_×_ 年龄：_××_
身份证号码：_123456789876543210_
工作单位：_上海××公司_ 职务：_/_
联系地址：_××区××路××号_
邮编：_/_ 联系电话：_12345678901_
调查(询问)人：_周某、林某_ 记录人：_林某_

告知：我们是上海市浦东新区城市管理综合行政执法局的执法人员(出示执法证)，根据《中华人民共和国行政处罚法》第五十五条的规定，依法进行调查。执法人员少于2人或身份与执法证件不符的，你有权拒绝调查询问；在接受调查(询问)之前，你有申请我们回避的权利；在调查(询问)过程中，你有陈述、申辩的权利；同时，你应当如实提供证据并协助调查，不得作伪证，否则将承担法律责任。你是否听清楚了？

答：听清楚了。
问：你是否申请回避？
答：不申请回避。
问：请介绍你的姓名、身份、联系方式，并请出示一下身份证件及调查(询问)通知书要求携带的有关材料。
答：我叫陈某，是××路××号××室的业主，电话号码是12345678901，这是我的身份证。
问：202×年××月××日××时××分，执法人员在××路××号检查时发现楼道内放了一个衣柜，请问这物品是你放在此处的吗？
答：是我放的。
问：请你说明一下你为何要把衣柜放在此处？什么时候放的？
答：我是楼栋内的业主。家里空间比较小，家中衣柜没空间放，同时也舍不得扔掉，想继续利用，所以想先放在楼道内。大概半年前放在这里的。
(接下页)

被调查(询问)人签名：_陈某_ 调查(询问)人签名：_周某、林某_
时间：_202×年××月××日_ 时间：_202×年××月××日_

调查(询问)笔录(续页)

(续上页)

问：经过我们执法队员现场测量，你家衣柜占用楼内公共通道面积为1.2平方米，你是否认可？

答：我认可。我们家的衣柜大概是长2米，宽0.6米，高2米左右，在现场的时候是你们队员与我一起测量的。家里地方真的不够用了，所以放在楼道内。

问：你在该处放物品是否经过批准？

答：没有。你们来检查后我就立刻搬走清除了。

问：你是否还有其他需要补充说明的？

答：没有了。

(以下笔录无正文)

问：你是否有阅读能力，若阅读有困难，我们可以读给你听。请你仔细核对以上笔录，若笔录有误请指出来，我们将给予更正，若笔录与你说的一致，请你确认无误后在笔录上逐页签名确认。

答：以上笔录与本人口述一致(手写)

被调查(询问)人签名：___陈某___　　调查(询问)人签名：___周某、林某___

时间：___202×年××月××日___　　时间：___202×年××月××日___

五、常见问题解答

问：违法标的物位于公共区域时，如何确定当事人？

答：首先应向物业及周边居民走访询问，判断是否能确定当事人。如无法确定，则调取物业监控录像查询。依旧无法确定当事人的，由小区物业公司或业委会根据《业主公约》、《临时业主公约》、业主大会或业委会的授权书和《物业服务合同》的约定，在违法标的物附近以及小区公告栏中张贴告示（注明标的物地点、形态、数量等要素），要求涉案物品所有人进行认领。告示应说明代为保管的期限，逾期无人认领的，将按照上述小区自治文件的约定处理。

问：居民私装铁门的行为是否属于擅自占用物业共用部分？

答：物业共用部分一般是指住宅主体承重结构（包括基础、内外承重墙体、柱、梁、楼板、屋顶等）、户外墙面、门厅、楼梯间、走廊通道及住宅物业区域内的公共活动空间等。居民若占用门厅、楼梯间、走廊通道等部位私装铁门，则涉嫌擅自占用物业共用部分。如果铁门向上形成封闭空间，增加使用面积的，则涉嫌擅自搭建构筑物。

问：当事人拒不整改如何处理？

答：如果当事人拒不整改，城管应当依照法定职权对其进行罚款，同时责令当事人进行整改。如果当事人拒不整改，要具体问题具体分析：

（1）被改建、占用的物业公共部分属于公共场所，如涉案范围内存在涉及居民正常生活必需的供水（公共水表间）、排水（阀门间、观察井等）、供电（公共电表间）、供热（锅炉房区域、阀门间、加压室等区域）、供燃气设施（公共阀门、总表房等）以及《消防法》规定的公共消防安全设施（楼道消防栓、小区消防龙头、地库消防喷淋等）的，可以依据相关专门规定移送职能部门处理。

（2）常见的小区公共空间堆物、小区内停放僵尸车等行为，出于事实不清、现场情况不符合代履行的规定等原因，整改无法进行，也就导致了相关权利人的利益仍旧被侵害的事实。这种情况下，可以通过社区自治、联勤联动等模式处理；也可建议相关权利人进行民事诉讼。

问：如何通过合法途径改建、占用物业共用部分？

答：在不违反规划、绿化等国家和本市法律法规的前提下，按照《中华人民共和国民法典》《物业管理条例》《上海市住宅物业管理规定》的规定，改建、占用物业共用部分应当召开业主大会，经参与表决专有部分面积四分之三以上的业主且参与表决人数四分之三以上的业主同意后实施改建、占用行为；或者根据业主大会对业主委员会的授权，由业主委员会书面同意，拟订物业共用部分经营管理方案以及收益的管理、使用和分配方案，并报规划部门审批或备案后，实施改建、占用行为。详见《沪规划资源建〔2020〕377号文件》的规定。

第七项

物业服务企业未及时报告业主、使用人的违法行为

一、违法行为概述

（一）基本概念

该违法行为是指物业服务企业对业主、使用人在物业使用、装饰装修过程中的相关违法违规行为，未及时进行劝阻、制止，或在劝阻、制止无效的情况下未在二十四小时内报告业主委员会和有关行政管理部门。

（二）违法形态

（1）未及时劝阻、制止业主、使用人在物业使用、装饰装修房屋过程中损害公共利益的行为。

（2）对发现业主、使用人在物业使用、装饰装修房屋过程中损害公共利益的行为劝阻、制止无效的，未在二十四小时内报告业主委员会和有关行政管理部门。

（三）法律依据

《上海市住宅物业管理规定》

第五十九条：物业服务企业发现业主、使用人在物业使用、装饰装修过程中有违反国家和本市有关规定以及临时管理规约、管理规约行为的，应当依据有关规定或者临时管理规约、管理规约予以劝阻、制止；劝阻、制止无效的，应当在二十四小时内报告业主委员会和有关行政管理部门。有关行政管理部门在接到物业服务企业的报告后，应当依法对违法行为予以制止或者处理。

第八十七条：物业服务企业违反本规定第五十九条规定，对业主、使用人的违法行为未予以劝阻、制止或者未在规定时间内报告有关行政管理部门的，由区房屋行政管理部门责令改正，可处1000元以上1万元以下的罚款。

二、执法检查与证据收集

（一）现场检查要点

（1）拍摄：对物业服务企业未予制止仍存在的违法行为，拍照摄像取证。必要时请物业服务企业提供相关工作视频或照片。

（2）询问：确认违法当事人身份。至小区物业服务企业处调阅该小区物业营业执照，当事人身份以营业执照名称为准。通过询问当事人、小区居民、其他见证人等，收集当事人身份信息、收集物业服务企业对小区内违法行为未予以劝阻、制止或者未在规定时间内报告相关行政部门的证据，如是否开具整改通知单等。

（3）文书制作：对现场调查、询问、核实等经过进行记录，制作现场检查（勘验）笔录，绘制现场勘验图，请在场当事人签字；如现场未见当事人的，如实记录并可以请在场人作为见证人签字。执法视频全记录。

（二）调查询问要点

1. 询问当事人的要点

现场检查时，当事人在场的，可当场询问并制作询问笔录；当事人不在场或不具备当场询问条件的，应送达调查（询问）通知书，载明要求当事人或委托代理人于指定时间、地点接受调查询问。询问当事人时，应以提问—回答的方式制作询问笔录，并同时对执法过程视频记录。

（1）确认当事人、委托人身份信息，要求被询问人提供身份证、营业执照、法定代表人身份证明等，委托他人代为履行被调查义务的，提交授权委托人的身份证、由委托人签名或者盖章的授权委托书，授权委托书必须记明委托事项和权限，核实收集。

（2）对物业服务企业的调查询问需要尽量明确其是否按照物业服务合同或前期物业服务合同的约定，制定相关巡查制度，是否按照规定上报。

（3）出示现场检查（勘验）笔录及视听资料、现场勘验图等现场检查勘验证据，要求被询问人核实。

（4）记录被询问人想要补充说明和反映的其他相关情况。

2. 询问证人的要点

证人可能涉及了解情况的小区居民、违法业主或使用人、居委工作人员等。询问证人，可以提问—回答的方式制作询问笔录，并同时音视频记录。

（1）询问前，应核实确认证人的身份，并就需要了解的情况进行调查或者核实，如小区内业主的违法行为，物业服务企业是否劝阻等情况。

（2）可要求证人对证明的相关情况提供书面证明或其他证据材料。

（3）对违法业主或使用人的调查询问，属于另案查处。询问时不仅要符合该案的相关要素，更要着重询问物业服务企业是否有劝阻、制止等行为。

（三）证据采集列表

证据种类	证据明细	证据收集方法
书证	当事人身份证明材料	当事人提供
	物业公司营业执照、物业服务合同、举报记录、物业门岗检查记录、小区巡查记录、物业开具的整改单等	物业提供；违法业主、使用人提供
	案件受理材料（全部案件来源）	检查发现、投诉举报、部门移送等
物证	相关未抄送行为的涉案物等	现场取证
视听资料	执法音视频、照片	现场取证
证人证言	证人询问笔录或陈述笔录	询问调查
当事人陈述	当事人询问笔录、陈述笔录	询问调查
电子数据	线上小程序上报记录等	物业提供；管理部门后台调取
勘验笔录、现场笔录	现场检查（勘验）笔录、复查记录	现场检查

三、参考案例解析

（一）基本案情

202×年××月××日××时××分，上海市浦东新区城市管理综合行政执法局执法队员申某（执法证号）、沈某（执法证号）巡查至××路××号时，发现该房屋正在违法搭建建筑物，执法队员在对违法搭建行为制止并调查取证后，因未收到过小区物业公司的相关报告，遂至该小区物业公司进行调查询问。该小区物业为上海××物业管理服务有限公司,物业经理潘某现场出示编号为×××号的违章行为整改通知书,开具日期为3日前。潘某称自发现违法搭建以来,物业每日都会进行劝阻,但××号业主并未停工。为避免激化矛盾,物业公司一直未将此违法行为报告相关部门。

（二）调查取证

（1）202×年××月××日,执法人员制作现场检查（勘验）笔录,由上海××物业服务有限公司物业经理潘某作为当事人签字,执法队员现场拍摄取证,收集潘某身份证复印件。

（2）202×年××月××日,制作××物业公司经理潘某询问笔录,确认违建房屋属于××小区,该小区物业是上海××物业管理服务有限公司。确认该物业公司对××路××号违法搭建的行为在制止无效的情况下未在规定时间内向有关行政管理部门报告。收集违章行为整改通知书、公司营业执照、法人身份证件、委托代理书等证据材料。

（3）202×年××月××日,制作××路××号业主询问笔录,确认其搭建行为的具体时间及物业公司开具违章行为整改通知书的具体时间。

（4）202×年××月××日,当事人上海××物业管理服务有限公司按照规定流程向有关行政管理部门上报了所掌握的违法线索。

（三）违法事实认定

通过现场检查及上述证据,认定事实如下：

当事人上海××物业管理服务有限公司作为××小区的物业服务企业,202×年××月××日,在发现××路××号业主正在违法搭建时,开具了编号为××××号的违章行为整改通知书予以制止,但制止无效后,该物业服务公司未按规定向有关行政管理部门报告,导致违法行为未得到及时有效制止。202×年××月××日,当事人按照规定流程向有关行政管理部门上报了所掌握的违法线索。

（四）作出处罚决定

依据《上海市住宅物业管理规定》第八十七条的规定,物业服务企业违反本规定第五十九条规定,对业主、使用人的违法行为未予以劝阻、制止或者未在规定时间内报告有关行政管理部门的,由区房屋行政管理部门责令改正,可处1 000元以上1万元以下的罚款。鉴于当事人能够积极配合调查并及时整改违法行为,拟对当事人上海××物业管理服务有限公司作出罚款2 000元的行政处罚。

在作出处罚决定前,执法人员事先告知当事人拟作出行政处罚决定的事实、理由、依据及内容,并告知当事人依法享有的权利。当事人上海××物业管理服务有限公司放弃陈述申辩权利,执法机构依法对当事人上海××物业管理服务有限公司作出罚款2 000元的处罚决定。

四、文书制作示例

（一）现场检查（勘验）笔录

上海市浦东新区城市管理综合行政执法局
现场检查（勘验）笔录

检查（勘验）地点：＿＿＿××路××号＿＿＿　　天气：＿晴＿
检查（勘验）时间：＿202×＿年＿××＿月＿××＿日＿××＿时＿××＿分至＿××＿时＿××＿分
被检查（勘验）人：＿＿××物业管理服务有限公司（单位全称或个人）＿＿
身份证号码（统一社会信用代码）：＿＿123456789876543210＿＿
住址或住所：＿××区××路××号＿　联系电话：＿12345678901＿
现场负责人：＿潘某＿　职务：＿物业经理＿　联系电话：＿98765432109＿
检查（勘验）人：＿申某、沈某＿　　记录人：＿沈某＿

　　表明身份及告知记录：我们是上海市浦东新区城市管理综合行政执法局的行政执法人员（出示证件），现依法进行现场检查（勘验）。你（单位）享有以下权利：执法人员少于2人或者所出示的执法证件与其身份不符的，有权拒绝调查；依法享有申请回避以及陈述和申辩的权利。同时，你（单位）具有协助行政机关检查的义务。

　　现场检查（勘验）情况：202×年××月××日××时××分，执法队员申某（执法证号）、沈某（执法证号）巡查至××路××号时发现该处正在违法搭建建筑，遂出示执法证件后依法进行检查。在检查时，××小区物业经理潘某陪同。执法队员现场确认了该处搭建违法建筑的行为。经查，该违法行为发生于202×年××月××日，物业工作人员潘某现场不能提供二十四小时内向城管部门上报该处违法行为的相关信息。该物业公司全称为上海××物业管理服务有限公司。执法队员现场拍照并摄像取证。

　　（以下空白）

　　附件：1. 现场附图；
　　　　　2. 现场照片×张；
　　　　　3. 现场摄像××分钟。
　　以上记录已阅，属实，无异议（手写）

被检查（勘验）人签名：潘某　　　　　见证人签名：/
检查（勘验）人签名：申某、沈某　　　记录人签名：沈某

（二）调查（询问）笔录

上海市浦东新区城市管理综合行政执法局
调查（询问）笔录

时间：__202×__年__××__月__××__日__××__时__××__分至__××__时__××__分
地点：__××路××号__
被调查（询问）人：__潘某__　　　　性别：__×__　　年龄：__××__
身份证号码：__123456789876543210__
工作单位：__上海××物业管理服务有限公司__　　职务：__物理经理__
联系地址：__××区××路××号__
邮编：__/__　　　　　　　　　联系电话：__12345678901__
调查（询问）人：__沈某、申某__　　　记录人：__沈某__

告知：我们是上海市浦东新区城市管理综合行政执法局的执法人员（出示执法证），根据《中华人民共和国行政处罚法》第五十五条的规定，依法进行调查。执法人员少于2人或身份与执法证件不符的，你有权拒绝调查询问；在接受调查（询问）之前，你有申请我们回避的权利；在调查（询问）过程中，你有陈述、申辩的权利；同时，你应当如实提供证据并协助调查，不得作伪证，否则将承担法律责任。你是否听清楚了？
答：听清楚了。
问：你是否申请回避？
答：不申请回避。
问：请你介绍下你的姓名、身份、联系方式，并请出示一下身份证件及谈话通知书要求携带的有关材料。
答：我叫潘某，是××小区的物业经理，是受上海××物业管理服务有限公司委托，就没有及时上报小区内业主的违法行为来接受调查。我的身份证号码是123456789876543210，我的联系电话是12345678901。
问：××号擅自违法搭建建筑你们是何时发现的？是否进行了制止？请你将事情详细说一下。
答：××号业主在原有房屋北侧搭建出一处砖混结构房屋，占地面积约15平方米。××月××日执法人员发现的时候该处违法搭建正在封顶。我公司具体不知道该业主是何时开始搭建的，202×年××月××日公司保安在巡查中发现后，就立即向该业主开具了违章行为整改通知书。之后我公司虽一直督促劝阻，但因担心激化矛盾，没有及时上报城管部门和有关行政管理部门。

（接下页）

被调查（询问）人签名：__潘某__　　　调查（询问）人签名：__沈某、申某__
时间：__202×年××月××日__　　　时间：__202×年××月××日__

第1页（共2页）

调查(询问)笔录(续页)

(续上页)
问：你公司是否因相同行为受到过行政处罚？
答：没有。
问：是否还有补充？
答：没有了。
(以下笔录无正文)

问：你是否有阅读能力，若阅读有困难，我们可以读给你听。请你仔细核对以上笔录，若笔录有误请指出来，我们将给予更正，若笔录与你说的一致，请你确认无误后在笔录上逐页签名确认。
答：以上笔录与本人口述一致(手写)
被调查(询问)人签名：＿＿＿潘某＿＿＿　　调查(询问)人签名：＿＿沈某、申某＿＿
时间：＿＿202×年××月××日＿＿　　时间：＿＿202×年××月××日＿＿

五、常见问题解答

问：如何认定该案件的当事人？

答：一般而言，案件当事人即该小区的物业服务企业，但存在以下可能情况：许多小区物业公司属于大型物业集团的全资子公司或控股公司，对外以大型物业集团为名进行管理，实际是子公司或控股公司全权负责对小区的物业管理。可调取相关物业收费证明、营业执照等书证，最终确定当事人信息。

第八项
房地产经纪机构未办理租赁登记备案

一、违法行为概述

（一）基本概念

该违法行为是指房屋租赁当事人通过房地产经纪机构订立租赁合同，在租赁合同订立后三十日内，房地产经纪机构没有按照法律规定办理租赁合同登记备案。

（二）违法形态

（1）订立租赁合同后未办理登记备案。通过房地产经纪机构订立租赁合同，订立租赁合同后三十日内，房地产经纪机构未按规定到租赁房屋所在地社区事务受理服务机构或者上海市住房租赁公共服务平台办理租赁合同登记备案的情形。

（2）通过房地产经纪机构提供经纪服务，租赁合同内容发生变化后，未按规定办理变更等租赁合同登记备案。

（3）租赁合同中明确房屋租赁事项从始至终全权委托房地产经纪机构居间代理的，在代理期间若存在租赁合同登记备案内容发生变化、续租或者租赁关系终止等情况，房地产经纪机构未按规定到原登记备案部门办理租赁合同登记备案的变更、延续或者注销手续的情形。

（三）适用法律条款

《上海市住房租赁条例》

第十七条第一款：出租人应当在自住房租赁合同订立后三十日内，向区房屋管理部门办理登记备案。登记备案也可以通过社区事务受理服务机构或者住房租赁平台办理。登记备案内容发生变化的，出租人应当在三十日内办理变更手续。

第二十八条第二款：租赁当事人通过房地产经纪机构订立住房租赁合同

的,应当由房地产经纪机构通过住房租赁平台,完成网上签约和登记备案。

第五十三条:违反本条例第十七条第一款、第二十八条规定,住房租赁企业、房地产经纪机构未办理登记备案的,由区房屋管理部门责令限期改正,可以处1000元以上5000元以下罚款;逾期不改正的,处5000元以上2万元以下罚款。

二、执法检查与证据收集

(一)现场检查要点

(1)拍摄:房地产经纪机构的店招、门牌号,房地产经纪机构营业执照上的注册登记信息、房屋租赁合同等现场照片和视频。

(2)询问:向该经纪机构负责人员进行调查询问,了解该房地产经纪机构的租赁合同签订情况,是否办理房屋租赁合同登记备案;对涉及未登记备案的房屋租赁情况,应详细询问原因,并翔实记录房屋租赁时间、租赁合同编号、租赁双方当事人、是否通过房地产经纪机构签订合同等情况。

(3)文书制作:对现场调查、询问、核实等经过进行记录,制作现场检查(勘验)笔录,绘制现场勘验图,请现场负责人签字;如现场未见负责人的,如实记录并可以请在场人作为见证人签字。

(4)其他:收集房地产经纪机构身份信息、涉案房屋信息等相关的书证、物证等。

(二)调查询问要点

1. 询问当事人的要点

询问当事人时,应以提问—回答的方式制作询问笔录,并同时音视频记录。

(1)确定当事人的主体资格及相关身份信息,房屋租赁合同是通过房地产经纪机构订立的,该违法行为当事人应该是房地产经纪机构,除非有明确的证据证明违法行为另有其人。询问的对象应是房地产经纪机构的法人、法定代理人或者委托人。要求被询问人提供身份证、营业执照、法定代表人身份证明等,委托他人代为履行被调查义务的,提交授权委托人的身份证、由委托人签名或者盖章的授权委托书,授权委托书必须记明委托事项和权限,核实收集。

(2)确认是否存在通过房地产经纪机构订立租赁合同后三十日内未办理登记备案的情形;或是否存在租赁合同发生变更、续期、注销等情况时,房地产经纪机构为该租赁合同的全过程居间代理人,三十日内未去办理更改、续期、注销手续的情形。

（3）确定逾期未办理的原因，是否存在法定条件外的其他因素。

（4）出示现场检查（勘验）笔录及视听资料、现场勘验图等证据，要求被询问人核实。

（5）记录被询问人想要补充说明和反映的其他相关情况。

2. 询问证人的要点

证人可能涉及该租赁房屋的产权人、承租人、办理住房租赁合同登记平台的工作人员等。询问证人，可以提问—回答的方式制作询问笔录，并同时音视频记录。

（三）证据采集列表

证据种类	证据明细	证据收集方法
书　证	身份证明材料如身份证、营业执照等	当事人提供、相关部门协查
	房屋租赁合同、不动产登记簿或不动产产权登记证、房屋租赁合同备案登记情况等	
	案件受理材料（全部案件来源）	检查发现、投诉举报、部门移送等
视听资料	执法音视频、照片	现场取证
证人证言	证人询问笔录或陈述笔录	询问调查
当事人的陈述	当事人询问笔录、陈述笔录	询问调查
勘验笔录、现场笔录	现场检查（勘验）笔录、复查记录	现场检查

三、参考案例解析

（一）基本案情

202×年××月××日，上海市浦东新区城市管理综合行政执法局执法队员谢某（执法证号）、苏某（执法证号）在对××路××号的上海××房屋服务有限公司××店进行检查时发现，该店内一份签订日期为202×年××月××日的已成交租赁合同未随附备案通知书，存在涉嫌房地产经纪机构未按规定办理登记备案的情况。该店长代某陪同检查。据代某表示,客户是通过其公司订立租赁合同的,目前还未给该客户办理租赁合同登记备案。

(二)调查取证

(1) 202×年××月××日,执法人员制作现场检查(勘验)笔录,上海××房屋服务有限公司××店店长代某签字,执法队员现场拍摄取证,收集代某的身份证复印件。

(2) 202×年××月××日,执法人员向代某进行询问调查,制作询问笔录,核实租赁合同签订日期,询问逾期未办理备案登记的具体原因,收集上海××房屋服务有限公司××店营业执照、法定代表人身份证明、委托代理书等证据材料。

(3) 202×年××月××日,执法人员开具责令改正通知书,并在三日后上门复查发现,当事人上海××房屋服务有限公司××店已按照要求补办了租赁合同备案,执法人员制作现场复查记录并拍摄取证。

(三)违法事实认定

通过现场检查及上述证据,认定事实如下:

202×年××月××日,当事人上海××房屋服务有限公司××店在城管例行检查中,被发现一份其公司居间代理的租赁合同中有未办理登记备案的情况,经当事人确认,该房屋租赁合同未向所在地社区事务受理服务机构或者住房租赁平台办理租赁合同登记备案。202×年××月××日,当事人上海××房屋服务有限公司××店按要求完成整改,补办了租赁合同备案手续。

(四)作出处罚决定

根据《上海市住房租赁条例》第五十三条:违反本条例第十七条第一款、第二十八条规定,住房租赁企业、房地产经纪机构未办理登记备案的,由区房屋管理部门责令限期改正,可以处1 000元以上5 000元以下罚款;逾期不改正的,处5 000元以上2万元以下罚款。按照现行自由裁量的规定,首次发现违法行为,责令限期改正后及时改正的,不予处罚。本案中,当事人积极配合,按照期限完成了租赁合同备案,故对当事人作出不予行政处罚决定。

四、文书制作示例

（一）现场检查（勘验）笔录

上海市浦东新区城市管理综合行政执法局
现场检查（勘验）笔录

检查（勘验）地点：__××路××号__　　　　　　天气：__晴__
检查（勘验）时间：__202×　年××月××日××时××分至××时××分__
被检查（勘验）人：__上海××房屋服务有限公司××店__（单位全称或个人）
身份证号码（统一社会信用代码）：__123456789876543210__
住址或住所：__××区××路××号__　　联系电话：__12345678901__
现场负责人：__代某__　职务：__店长__　联系电话：__98765432109__
检查（勘验）人：__谢某、苏某__　　　　记录人：__谢某__

　　表明身份及告知记录：我们是上海市浦东新区城市管理综合行政执法局的行政执法人员（出示证件），现依法进行现场检查（勘验）。你（单位）享有以下权利：执法人员少于2人或者所出示的执法证件与其身份不符的，有权拒绝调查；依法享有申请回避以及陈述和申辩的权利。同时，你（单位）具有协助行政机关检查的义务。

　　现场检查（勘验）情况：202×年××月××日××时××分，上海市浦东新区城市管理综合行政执法局执法队员谢某（执法证号）、苏某（执法证号）对××路××号的上海××房屋服务有限公司××店进行检查，检查时有店长代某陪同，执法队员现场拍摄取证。经查，该店有已成交的一份住房租赁合同（合同号××××）签订日期为202×年××月××日（距离案发时间超过三十日），未随附上海市住房租赁管理部门的上海市住房租赁合同备案通知书。据现场自称店长的代某表示，客户是通过上海××房屋服务有限公司订立租赁合同的，因员工疏忽，还未给该客户办理租赁合同登记备案手续。执法队员现场拍照、摄像取证。

　　（以下空白）

　　附件：1. 现场附图；
　　　　　2. 现场照片×张；
　　　　　3. 现场摄像××分钟。
　　　　以上记录已阅，属实，无异议（手写）

被检查（勘验）人签名：代某　　　　见证人签名：/
检查（勘验）人签名：谢某、苏某　　记录人签名：谢某

(二)调查(询问)笔录

上海市浦东新区城市管理综合行政执法局
调查(询问)笔录

时间：___202×___年___××___月___××___日___××___时___××___分至___××___时___××___分
地点：___××路××号___
被调查(询问)人：___代某___ 性别：___×___ 年龄：___××___
身份证号码：___123456789876543210___
工作单位：___上海××房屋服务有限公司××店___ 职务：___店长___
联系地址：___××区××路××号___
邮编：___/___ 联系电话：___12345678901___
调查(询问)人：___谢某、苏某___ 记录人：___谢某___

告知：我们是上海市浦东新区城市管理综合行政执法局的执法人员(出示执法证)，根据《中华人民共和国行政处罚法》第五十五条的规定，依法进行调查。执法人员少于2人或身份与执法证件不符的，你有权拒绝调查询问；在接受调查(询问)之前，你有申请我们回避的权利；在调查(询问)过程中，你有陈述、申辩的权利；同时，你应当如实提供证据并协助调查，不得作伪证，否则将承担法律责任。你是否听清楚了？
答：听清楚了。
问：你是否申请回避？
答：不申请回避。
问：请你介绍下你的姓名、身份、联系方式，并请出示一下身份证件及谈话通知书要求携带的有关材料。
答：我叫代某，我是××路××号上海××房屋服务有限公司××店店长，我的身份证号码是123456789876543210。我的联系电话是12345678901。
问：202×年××月××日××时××分，我们城管队员到你店检查时发现未按规定办理房屋租赁合同登记备案一事，你是否知情？
答：知道的，我受上海××房屋有限公司的法定代表人(负责人)××委托前来配合调查我店未按规定办理房屋租赁合同登记备案的事情。
问：202×年××月××日，我们在检查中发现你店有一份租赁合同(合同号××××)，未随附上海市住房租赁合同备案通知书。这个情况是否属实？
答：属实，此项房屋租赁合同目前没有办理租赁备案手续。
(接下页)

被调查(询问)人签名：___代某___ 调查(询问)人签名：___谢某、苏某___
时间：___202×年××月××日___ 时间：___202×年××月××日___

调查(询问)笔录(续页)

(续上页)

问：这套房屋租赁合同是何时签署的，你店在合同中是代表什么身份？

答：这套房屋租赁合同是202×年××月××日签署的，我们作为中介方，居间促成了房屋业主和租客签署了这份租赁合同。

问：是否收取了中介费用？

答：收取了中介费用。

问：为何在签署涉案租赁合同后三十日内，未按照规定去办理租赁备案手续？

答：最近我们公司业务较忙，所以就疏忽了及时办理租赁合同登记备案手续的事情。

问：这是我们执法人员现场拍摄的照片和现场检查(勘验)笔录，请你确认下并阐述下具体情况。

答：照片和笔录我都认可，当时我也在现场。

问：你还有其他需要补充的吗？

答：没有了。

(以下笔录无正文)

问：你是否有阅读能力，若阅读有困难，我们可以读给你听。请你仔细核对以上笔录，若笔录有误请指出来，我们将给予更正，若笔录与你说的一致，请你确认无误后在笔录上逐页签名确认。

答：以上笔录记载与本人口述无误(手写)

被调查(询问)人签名：___代某___　　调查(询问)人签名：___谢某、苏某___

时间：___202×年××月××日___　　时间：___202×年××月××日___

五、常见问题解答

问：当事人拒绝提供房屋租赁合同登记备案信息如何处理？

答：当事人拒绝提供房屋租赁合同登记备案相关信息的，可以向相关房屋行政管理部门或社区事务服务中心提出进行协查，由房屋行政管理部门或社区事务服务中心进行相关信息复印，并由房屋行政管理部门或社区事务服务中心在信息资料复印件上盖章确认。

第九项
房地产经纪机构擅自对外发布房源信息

一、违法行为概述

（一）基本概念

该违法行为是指房地产经纪机构未经委托人书面同意，便将相应出售、出租的房源予以对外发布，开展不动产经纪业务的行为。

（二）违法形态

（1）委托发布房源人未取得不动产权利人的授权。房地产经纪机构与委托人签订房屋出售、出租经纪服务合同前，未查看或未仔细查看、核对委托出售、出租的房屋及房屋权属证书，委托人的身份证明等有关资料。

（2）未经产权人同意便向社会公众发布相对应的房源信息。房地产经纪机构未和委托人签署经纪服务合同成为被委托人，便开始向社会公众发布相对应的房源信息。

（三）适用法律条款

《房地产经纪管理办法》

第二十二条：房地产经纪机构与委托人签订房屋出售、出租经纪服务合同，应当查看委托出售、出租的房屋及房屋权属证书，委托人的身份证明等有关资料，并应当编制房屋状况说明书。经委托人书面同意后，方可以对外发布相应的房源信息。

房地产经纪机构与委托人签订房屋承购、承租经纪服务合同，应当查看委托人身份证明等有关资料。

第三十五条：违反本办法第二十二条，房地产经纪机构擅自对外发布房源信息的，由县级以上地方人民政府建设（房地产）主管部门责令限期改正，记入信用档案，取消网上签约资格，并处以1万元以上3万元以下罚款。

二、执法检查与证据收集

（一）现场检查要点

（1）拍摄：擅自对外发布房源的照片，需要清晰显示发布房源的内容，房地产经纪公司网站上显示的相对应的房源具体信息。

（2）询问：现场向在场人员进行调查询问，了解房地产经纪公司网站上查询到的对应房源的具体信息、核验状态、核验编码及房源发布经纪人情况等。

（3）查看房地产经纪机构留存留档的相关房源委托出租、出售的房屋及房屋权属证书，委托人的身份证明、房屋核验情况等有关资料。

（4）查看房地产经纪机构是否与委托人签订房地产经纪服务合同，并现场联系委托人确认情况。

（5）文书制作：对现场调查、测量、询问、核实等经过进行记录，制作现场检查（勘验）笔录，绘制现场勘验图，请在场当事人签字；如现场未见当事人的，如实记录并可以请在场人作为见证人签字。

（6）其他：收集当事人身份信息等相关的书证、物证。

（二）调查询问要点

对房地产经纪机构进行调查询问，查看、收集相关材料并制作询问笔录。

（1）问询当事人的相关身份信息及基本情况，确认违法当事人、房地产经纪机构的基本情况：如房地产经纪机构的名称、地址、营业执照及备案证书等。

（2）确认违法事实。涉案房源发布的方式；发布房源信息的具体时间；发布房源信息的真实性及房屋权属、房屋状况等情况；是否接受过委托，向被询问人确认现场的检查情况（有关的物证、书证等情况）。

（3）是否有历史同类违法行为。

（4）出示现场检查（勘验）笔录及视听资料、现场勘验图等现场检查勘验证据，要求被询问人核实。

（5）记录被询问人想要补充说明和反映的其他相关情况。

第九项 房地产经纪机构擅自对外发布房源信息

（三）证据采集列表

证据种类	证据明细	证据收集方法
书　证	当事人身份证明材料,包括居民身份证、营业执照、授权委托书等	当事人提供、相关部门调查
	不动产登记簿或不动产产权登记证、房屋状况说明书等	
	案件受理材料（全部案件来源）	检查发现、投诉举报、部门移送等
物　证	相关涉案物品	现场取证
视听资料	执法音视频、照片	现场取证
证人证言	证人询问笔录或陈述笔录	询问调查
当事人陈述	当事人询问笔录、陈述笔录	询问调查
勘验笔录、现场笔录	现场检查（勘验）笔录、复查记录	现场检查

三、参考案例解析

（一）基本案情

202×年××月××日××时××分,上海市浦东新区城市管理综合行政执法局执法队员周某(执法证号)、林某(执法证号)日常巡查至××路××号的上海××房地产管理咨询有限公司进行检查,现场该店负责人卢某陪同检查。经查,发现该店外墙玻璃窗上张贴有一套房源：××小区××平方米××万元。通过上述公司网站查询到该房源具体信息为：××小区××号××室,共××层,××平方米,售价××万元。该房源发布的经纪人××,从业人员信息卡编码为：×××××××,是该公司员工。该店负责人卢某现场无法提供该套房源相对应的房屋出售房产经纪委托合同。

（二）调查取证

（1）202×年××月××日,执法人员制作现场检查（勘验）笔录,由上海××房地产管理咨询有限公司负责人卢某作为当事人签字,执法队员现场拍摄取证。

（2）202×年××月××日现场检查时，执法队员对上海××房地产管理咨询有限公司××店负责人卢某询问调查，其承认未取得委托人签订的房屋出售经纪服务合同等证明材料，擅自对外发布房源。执法人员制作询问笔录，收集卢某及该公司法定代表人身份证明复印件、授权委托书，以及该店铺具备营业资质的相关书面材料（营业执照、备案证书）等。

（3）202×年××月××日，执法人员现场复查，当事人上海××房地产管理咨询有限公司已清除擅自对外发布的房源信息，执法人员制作现场复查记录并拍摄取证。

（三）违法事实认定

通过现场检查及上述证据，认定事实如下：

当事人上海××房地产管理咨询有限公司于202×年××月××日在浦东新区××路××号外墙玻璃窗上张贴有一套房源：××小区××平方米××万元。通过公司网站查询到该房源具体信息为：××小区××号××室，共××层，××平方米，售价××万元，该房源发布的经纪人××，从业人员信息卡编码为：×××××××，是该公司员工。该店负责人卢某现场无法提供该套房源相对应的房屋出售房产经纪委托合同。经查，该房源信息未取得业主出具的房屋出售委托书。202×年××月××日，执法人员现场复查发现，当事人上海××房地产管理咨询有限公司已及时清除对外发布的相关房源信息。经平台查询，当事人为首次从事擅自发布房源信息的违法行为。

（四）作出处罚决定

根据《房地产经纪管理办法》第三十五条：违反本办法第二十二条，房地产经纪机构擅自对外发布房源信息的，由县级以上地方人民政府建设（房地产）主管部门责令限期改正，记入信用档案，取消网上签约资格，并处以1万元以上3万元以下罚款。依据《上海市城市管理轻微违法违规行为免罚清单》，该违法行为首次被发现，鉴于当事人积极配合调查并及时清除对外发布房源相关信息，依据自由裁量规定，拟对当事人不予行政处罚。

执法人员事先告知当事人拟作出不予行政处罚的事实、理由、依据，并告知当事人依法享有的权利。当事人未在规定期限内进行陈述申辩，执法人员开具不予处罚决定书并送达当事人。

四、文书制作示例

(一) 现场检查(勘验)笔录

上海市浦东新区城市管理综合行政执法局
现场检查(勘验)笔录

检查(勘验)地点：＿＿＿×× 路 ×× 号＿＿＿　　天气：＿晴＿
检查(勘验)时间：＿202×＿年＿××＿月＿××＿日＿××＿时＿××＿分至＿××＿时＿××＿分
被检查(勘验)人：＿上海××房地产管理咨询有限公司(单位全称或个人)＿
身份证号码(统一社会信用代码)：＿123456789876543210＿
住址或住所：＿××区××路××号＿　联系电话：＿12345678901＿
现场负责人：＿卢某＿　职务：＿负责人＿　联系电话：＿98765432109＿
检查(勘验)人：＿周某、林某＿　　记录人：＿林某＿

　　表明身份及告知记录：我们是上海市浦东新区城市管理综合行政执法局的行政执法人员(出示证件)，现依法进行现场检查(勘验)。你(单位)享有以下权利：执法人员少于2人或者所出示的执法证件与其身份不符的，有权拒绝调查；依法享有申请回避以及陈述和申辩的权利。同时，你(单位)具有协助行政机关检查的义务。

　　现场检查(勘验)情况：202×年××月××日××时××分，上海市浦东新区城市管理综合行政执法局执法队员周某(执法证号)、林某(执法证号)日常巡查至××路××号，发现该店外墙玻璃窗上张贴有一套房源：××小区××平方米××万元，遂进行检查。经查，该店营业执照名称显示：上海××房地产管理咨询有限公司。通过公司网站查询到该房源具体信息为：××小区××号××室，共××层，××平方米，售价××万元。该房源发布的经纪人××，是该公司员工，从业人员信息卡编码为：××××××。该公司现场无法提供该套房源相对应的房屋出售房产经纪委托合同，该店负责人卢某陪同检查，执法人员拍照、摄像取证。
　　(以下空白)
　　附件：1. 现场附图；
　　　　　2. 现场照片×张；
　　　　　3. 现场摄像××分钟。
　　　　以上记录已阅，属实，无异议(手写)

被检查(勘验)人签名：＿卢某＿　　　　　见证人签名：／
检查(勘验)人签名：＿周某、林某＿　　　记录人签名：＿林某＿

（二）调查（询问）笔录

上海市浦东新区城市管理综合行政执法局
调查（询问）笔录

时间：_202×_年_××_月_××_日_××_时_××_分至_××_时_××_分
地点：　　　　　　　　　　××路××号
被调查（询问）人：　　　卢某　　　　性别：_×_　年龄：_××_
身份证号码：　　　　123456789876543210
工作单位：　上海××房地产管理咨询有限公司　　职务：××店负责人
联系地址：　　　　　××区××路××号
邮编：　　　　/　　　　　　联系电话：　12345678901
调查（询问）人：　　周某、林某　　　记录人：　　林某

告知：我们是上海市浦东新区城市管理综合行政执法局的执法人员（出示执法证），根据《中华人民共和国行政处罚法》第五十五条的规定，依法进行调查。执法人员少于2人或身份与执法证件不符的，你有权拒绝调查询问；在接受调查（询问）之前，你有申请我们回避的权利；在调查（询问）过程中，你有陈述、申辩的权利；同时，你应当如实提供证据并协助调查，不得作伪证，否则将承担法律责任。你是否听清楚了？
答：听清楚了。
问：你是否申请回避？
答：不申请回避。
问：请你介绍下你的姓名、身份、联系方式，并请出示一下身份证件及谈话通知书要求携带的有关材料。
答：我叫卢某，是上海××房地产管理咨询有限公司××店的负责人，身份证号码是123456789876543210，电话号码是12345678901，今天是受公司委托处理我店涉嫌擅自对外发布房源信息一事的。
问：我中队执法人员于202×年××月××日××时××分在××路××号的门店例行检查，发现你店外墙玻璃窗上张贴有一套向外展示的房源信息：××小区××平方米××万元。通过公司网站查询到该房源具体信息为：××小区××号××室，共××层，××平方米，售价××万元，这个情况你知晓吗？
答：我知晓的，我在现场陪同检查，情况属实。该套房源具体地址是××路××号××室。

（接下页）

被调查（询问）人签名：　　卢某　　　调查（询问）人签名：　周某、林某
时间：_202×年××月××日_　　　　时间：_202×年××月××日_

调查(询问)笔录(续页)

(续上页)

问：该套房源是否有业主出具的房屋出售委托书？
答：没有。这套房子的业主是袁某，于202×年××月××日来我店内口头委托了我们帮他出售这套房子，没有房屋出售委托书。
问：是否能提供该房屋的产权证及委托人相关信息？
答：没有。
问：你公司近两年是否有因擅自发布房源信息的情况受到处罚？
答：没有。
问：以上情况是否属实，有无补充？
答：属实，无补充。
(以下笔录无正文)

问：你是否有阅读能力，若阅读有困难，我们可以读给你听。请你仔细核对以上笔录，若笔录有误请指出来，我们将给予更正，若笔录与你说的一致，请你确认无误后在笔录上逐页签名确认。
答：以上笔录与本人口述一致(手写)
被调查(询问)人签名：___卢某___　　调查(询问)人签名：___周某、林某___
时间：___202×年××月××日___　　时间：___202×年××月××日___

五、常见问题解答

问：如何进行对违法房地产经纪机构记入信用档案、取消网上签约资格的操作？

答：依据《房地产经纪管理办法》第三十五条规定，查实房地产经纪机构擅自对外发布房源信息的，由房地产主管部门责令限期改正，记入信用档案，取消网上签约资格，并处以1万元以上3万元以下罚款。城管执法部门向涉案房地产经纪机构开具行政处罚决定书和停止网签告知书后，将相应文书抄送房屋管理部门，由管理部门对违法房地产经纪机构记入信用档案，取消网上签约资格。

第十项
施工单位未按照要求设置施工铭牌

一、违法行为概述

（一）基本概念

该违法行为是指在本市行政区域内从事建设工程和建筑物、构筑物拆除等有关活动的施工单位，未按照上海市工程建设规范《文明施工标准》(DG/TJ 08-2102-2019)的规定设置施工铭牌的行为。

（二）违法形态

(1) 施工单位未在施工现场醒目位置设置施工铭牌。

(2) 设置的施工铭牌部分内容缺失或部分内容空白。

(3) 设置的施工铭牌内容与施工许可内容不相符。

（三）适用法律条款

《上海市建设工程文明施工管理规定》

第十条：施工单位应当在施工现场醒目位置，设置施工铭牌。施工铭牌应当标明下列内容：1) 建设工程项目名称、工地四至范围和面积；2) 建设单位、设计单位和施工单位的名称及工程项目负责人姓名；3) 开工、竣工日期和监督电话；4) 夜间施工时间和许可、备案情况；5) 文明施工具体措施；6) 其他依法应当公示的内容。

第三十条第一款第一项：违反本规定，施工单位有下列行为之一的，由建设行政管理部门或者其他有关部门责令限期改正，按照下列规定予以处罚，并可以责令暂停施工：违反本规定第十条规定，未按照要求设置施工铭牌的，处 1 万元以上 5 万元以下的罚款。

二、执法检查与证据收集

（一）现场检查要点

(1) 拍摄：施工现场是否在醒目处设置施工铭牌，公示内容是否完整，是否与实际情况相符。

（2）询问：现场向在场人进行调查询问，确认违法地点和施工铭牌设置现状、铭牌内容等情况。

（3）文书制作：对现场调查、询问、核实等经过进行记录，制作现场检查（勘验）笔录，绘制现场勘验图，请在场当事人签字；如现场未见当事人的，如实记录并可以请在场人作为见证人签字。

（4）其他：收集施工单位营业执照、工程项目许可信息等相关的书证、物证。

（二）调查询问要点

1. 询问当事人的要点

现场检查时，当事人在场的，可当场询问并制作询问笔录；当事人不在场或不具备当场询问条件的，应送达调查（询问）通知书，载明要求当事人或委托代理人于指定时间、地点接受调查询问。询问当事人时，应以提问—回答的方式制作询问笔录，并同时音视频记录。

（1）确认当事人、委托人身份信息，要求被询问人提供身份证、营业执照、法定代表人身份证明等，委托他人代为履行被调查义务的，提交授权委托人的身份证、由委托人签名或者盖章的授权委托书，授权委托书必须记明委托事项和权限，核实收集。

（2）确认是否设置施工铭牌、公示内容是否缺失或空白、是否与施工许可内容相符。

（3）出示现场检查（勘验）笔录及视听资料、现场勘验图等现场检查勘验证据，要求被询问人核实。

（4）记录被询问人想要补充说明和反映的其他相关情况。

2. 询问证人的要点

证人可能涉及涉事项目施工单位现场项目负责人或专职文明施工管理员等，了解情况的相邻方、村居委、绿化市容管理部门人员、关联养护公司工作人员等。询问证人，可以提问—回答的方式制作询问笔录，并同时音视频记录。

（1）询问前，应核实确认证人的身份，并就需要了解的情况进行调查或者核实，如涉案项目建设开工情况、施工铭牌公示情况等相关内容。

（2）可要求证人对证明的相关情况提供书面证明或其他证据材料。

(三) 证据采集列表

证据种类	证据明细	证据收集方法
书　证	当事人身份证明材料、营业执照、施工许可证明等	当事人提供,相关部门协助调查
	施工合同	当事人提供
	案件受理材料(全部案件来源)	检查发现,投诉举报,部门移送等
物　证	涉案施工铭牌等	现场取证
视听资料	执法音视频、照片	现场取证
证人证言	证人询问笔录或陈述笔录	询问调查
当事人陈述	当事人询问笔录、陈述笔录	询问调查
勘验笔录、现场笔录	现场检查(勘验)笔录、复查记录	现场检查

三、参考案例解析

(一) 基本案情

202×年××月××日××时××分,上海市浦东新区城市管理综合行政执法局执法队员周某(执法证号)、林某(执法证号)巡查至××路××号××建设项目施工现场,发现有未按照要求设置施工铭牌的现象,执法队员进行现场检查。据了解,该建设项目名称为××项目,四至范围为北至××路,东至××路,南至××路,西至××路,面积为××平方米;该项目建设单位为××公司,施工单位为××公司,项目负责人为××,专职文明施工管理人员为××。××建设项目的项目经理李某在场陪同检查。经查,施工铭牌设置于项目门口公示栏处,但该施工铭牌上缺少了项目经理姓名及手机号、文明施工专管员名称及电话、开工日期、竣工日期等内容。经询问××建设项目的项目经理为李某,其表示设置的施工铭牌的确存在内容缺失的情况。

(二) 调查取证

(1) 202×年××月××日,执法人员制作现场检查(勘验)笔录,上海××

公司××建设项目的项目经理李某作为当事人签字。执法队员现场拍摄取证，并收集李某的身份证复印件及工作证明。

（2）202×年××月××日，执法人员向建设项目施工单位上海××公司××建设项目的项目经理李某进行询问调查，制作询问笔录，收集上海××公司营业执照、法定代表人身份证明、委托代理书、施工合同、施工许可证明等证据材料。

（3）202×年××月××日，执法人员现场复查发现，当事人上海××公司已制作并设置了新的施工铭牌，铭牌内容符合《上海市建设工程文明施工管理规定》要求，执法人员制作现场复查笔录并拍摄取证。

（4）202×年××月××日，执法人员经办案系统数据库查询，当事人上海××公司的行为系首次被发现。

（三）违法事实认定

通过现场检查及上述证据，认定事实如下：

当事人上海××公司于202×年××月××日起在浦东新区××路××号进行名称为××的建设项目施工，四至范围为北至××路，东至××路，南至××路，西至××路，面积为××平方米；该项目建设单位为××公司，施工单位为××公司，项目负责人为××，专职文明施工管理人员为××。施工铭牌设置于项目门口公示栏处，但该施工铭牌上缺少了项目经理姓名及手机号、文明施工专管员名称及电话、开工日期、竣工日期等内容。经执法人员核实确认，设置施工铭牌内容缺失。

202×年××月××日，执法人员现场复查发现，当事人上海××公司已制作并设置了新的施工铭牌，缺失的项目经理姓名及手机号、文明施工专管员名称及电话、开工日期、竣工日期等内容已补充完整。

（四）作出处罚决定

根据《上海市建设工程文明施工管理规定》第三十条第一款第一项：违反本规定第十条规定，未按照要求设置施工铭牌的，处1万元以上5万元以下的罚款。

因该违法行为没有造成危害后果，施工单位及时改正且违法行为为首次被发现，符合《上海市城市管理轻微违法违规行为免罚清单》的适用情形。在作出处罚决定前，执法人员事先告知当事人拟作出不予行政处罚决定的事实、理由、依据及内容，并告知当事人依法享有的权利。当事人上海××公司表示无异议，××中队依法对上海××公司作出了不予行政处罚的决定。

四、文书制作示例

(一)现场检查(勘验)笔录

上海市浦东新区城市管理综合行政执法局
现场检查(勘验)笔录

检查(勘验)地点：	××路××号××建设项目施工现场	天气：	晴

检查(勘验)时间：　202×　年××月××日××时××分至××时××分
被检查(勘验)人：　　　　　　××公司(单位全称或个人)　　　　　
身份证号码(统一社会信用代码)：　　　123456789876543210　　　
住址或住所：　××区××路××号　　联系电话：　12345678901　
现场负责人：　李某　　职务：　项目经理　联系电话：　98765432109
检查(勘验)人：　　周某、林某　　　记录人：　　　林某　　　

　　表明身份及告知记录：我们是上海市浦东新区城市管理综合行政执法局的行政执法人员(出示证件)，现依法进行现场检查(勘验)。你(单位)享有以下权利：执法人员少于2人或者所出示的执法证件与其身份不符的，有权拒绝调查；依法享有申请回避以及陈述和申辩的权利。同时，你(单位)具有协助行政机关检查的义务。

　　现场检查(勘验)情况：202×年××月××日××时××分，上海市浦东新区城市管理综合行政执法局执法队员周某(执法证号)、林某(执法证号)巡查至××路××号××建设项目施工现场，发现有未按照要求设置施工铭牌的现象，执法队员现场检查，项目经理李某在场陪同检查。据了解，该建设项目名称为××项目，四至范围为北至××路，东至××路，南至××路，西至××路，面积为××平方米；该项目建设单位为××公司，施工单位为××公司，项目负责人为××，专职文明施工管理人员为××。经查，施工铭牌设置于项目门口公示栏处，但该施工铭牌上缺少了项目经理姓名及手机号、文明施工专管员名称及电话、开工日期、竣工日期等内容。经询问项目经理李某，其表示设置的施工铭牌的确存在内容缺失的情况，执法队员现场拍摄取证。

　　(以下空白)

　　附件：1. 现场附图；
　　　　　2. 现场照片×张；
　　　　　3. 现场摄像××分钟。
　　　　以上记录已阅，属实，无异议(手写)

被检查(勘验)人签名：李某　　　　　**见证人签名**：/
检查(勘验)人签名：周某、林某　　　**记录人签名**：林某

(二)调查(询问)笔录

上海市浦东新区城市管理综合行政执法局
调查(询问)笔录

时间：__202×__年__××__月__××__日__××__时__××__分至__××__时__××__分
地点：____××路××号____
被调查(询问)人：____李某____　　性别：__×__　年龄：__××__
身份证号码：____123456789876543210____
工作单位：____上海××公司____　　职务：__项目经理__
联系地址：____××区××路××号____
邮编：____/____　　联系电话：__12345678901__
调查(询问)人：____周某、林某____　　记录人：____林某____

告知：我们是上海市浦东新区城市管理综合行政执法局的执法人员(出示执法证)，根据《中华人民共和国行政处罚法》第五十五条的规定，依法进行调查。执法人员少于2人或身份与执法证件不符的，你有权拒绝调查询问；在接受调查(询问)之前，你有申请我们回避的权利；在调查(询问)过程中，你有陈述、申辩的权利；同时，你应当如实提供证据并协助调查，不得作伪证，否则将承担法律责任。你是否听清楚了？
答：听清楚了。
问：你是否申请回避？
答：不申请回避。
问：请你介绍下你的身份、联系方式，并请出示一下身份证件及谈话通知书要求携带的相关材料。
答：我叫李某，现为××项目施工单位的项目经理。我单位的名称是上海××公司，这是我单位的营业执照、施工许可证明、法定代表人身份证明和委托书，我的身份证号码是123456789876543210，电话号码是12345678901，这是我的身份证。今天是受我单位委托来处理我单位未按照要求设置施工铭牌一事的。
问：请介绍一下××路××号××建设项目基本情况。
答：该建设项目名称为××项目，四至范围为北至××路，东至××路，南至××路，西至××路，面积为××平方米；该项目建设单位为××公司，项目负责人为××，设计单位为××公司，施工单位为我公司，监理单位为××公司。
(接下页)

被调查(询问)人签名：____李某____　　调查(询问)人签名：____周某、林某____
时间：____202×年××月××日____　　时间：____202×年××月××日____

调查(询问)笔录(续页)

(续上页)

问：请具体陈述下设置施工铭牌的情况。

答：我们工地平时都是比较规范的，但实际操作还是常有疏忽，对施工铭牌设置不够重视，故导致施工铭牌上缺少了项目经理姓名及手机号、文明施工专管员名称及电话、开工日期、竣工日期等内容，一直到202×年××月××日你执法人员前来检查，才发现我们工地设置的施工铭牌存在问题。

问：这是202×年××月××日对项目工地进行检查的现场检查笔录及照片，以及向你公司开具的行政执法行为告知书、调查(询问)通知书、责令改正通知书，对此有无异议？

答：无异议。

问：那你们现在工地的情况如何？

答：我司非常重视这件事情，施工现场也采取了相应的措施，制作了新的施工铭牌，并按要求设置完毕了。

问：你公司之前是否因未按规定设置施工铭牌被行政处罚过？

答：没有，这是第一次。

问：你还有其他需要补充的吗？

答：没有了。

(以下笔录无正文)

问：你是否有阅读能力，若阅读有困难，我们可以读给你听。请你仔细核对以上笔录，若笔录有误请指出来，我们将给予更正，若笔录与你说的一致，请你确认无误后在笔录上逐页签名确认。

答：以上笔录记载与本人口述无误(手写)

被调查(询问)人签名：___李某___　　调查(询问)人签名：___周某、林某___

时间：___202×年××月××日___　　时间：___202×年××月××日___

五、常见问题解答

问：施工铭牌的设置要求有哪些？

答：设置施工铭牌具有提醒、约束的作用，为社会监督、群众监督提供监督途径，有利于规范建筑行业施工，监督施工单位严格落实文明、安全施工，也有利于进行现场施工安全管理。故，施工铭牌设置的"醒目位置"应当以路过施工现场外围的行人可以轻松看到为标准，实际操作中，施工铭牌一般设置于施工现场的外部公示区域，如施工现场大门处。

施工现场应设置施工铭牌。施工铭牌应设置在围挡外。施工铭牌可分为固定式和移动式，具体应满足以下要求：

（1）设置围挡的工地，在其出入门一侧设置固定式施工铭牌。铭牌横向距离门墩1.0米、外径高度1.2米、宽度1.8米，边宽宜为0.03米。铭牌底色应为白色，边框和文字颜色应使用深红色，文字横向书写。

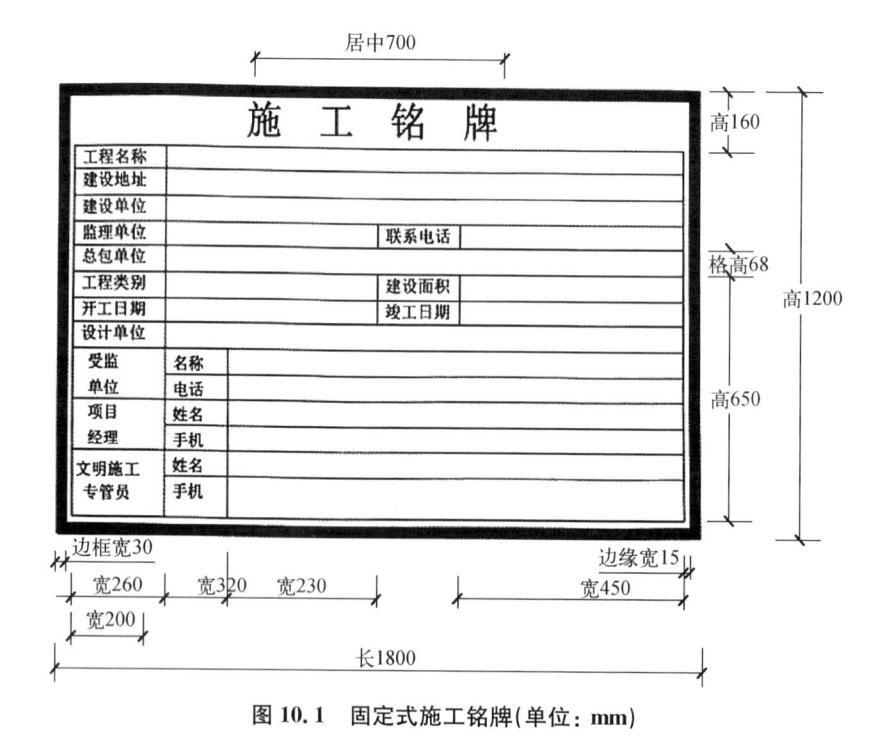

图10.1 固定式施工铭牌（单位：mm）

（2）设置路栏的工地，可设置移动式施工铭牌。铭牌外径高度0.8米、宽度1.0米，边宽宜为0.03米。铭牌底色应为白色，边框和文字颜色应使用深红色，文字横向书写,其支撑体系为直立式金属构架。

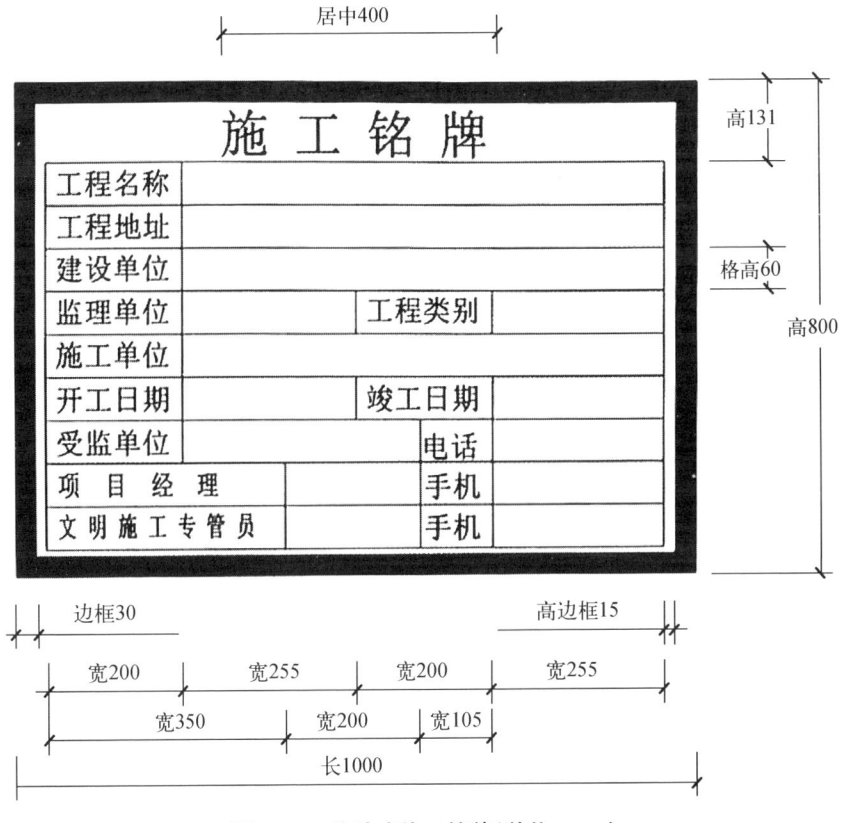

图 10.2 移动式施工铭牌(单位:mm)

选自上海市工程建设规范《文明施工标准》(DG/TJ 08-2102-2019)

问:施工单位未按照要求设置施工铭牌的行为是否适用不予行政处罚?

答:根据《上海市城市管理轻微违法违规行为免罚清单》,下列轻微违法行为及时纠正,没有造成危害后果的,不予行政处罚:

违反《上海市建设工程文明施工管理规定》第十条,施工单位未按照要求设置施工铭牌,首次被发现,责令限期改正后及时改正的,不予行政处罚。

需要注意的是,应当同时满足:首次被发现、责令限期改正后及时改正、没有造成危害后果三个前置条件,方可适用不予行政处罚。

问:道路施工铭牌设置是否适用《上海市建设工程文明施工管理规定》?

答:道路施工分为城市道路的建设工程和城市道路的养护、维修。根据《上海市建设工程文明施工管理规定》第三条"适用范围为在上海市行政区域内从事建设工程和建筑物、构筑物拆除等有关活动及其监督管理",以及上海市工程建设规范《文明施工标准》(DG/TJ 08－2102－2019)中对建设工程的释义:"本标准所称建设工程,是指土木工程、建筑工程、线性管道和设备安装工程、装饰工程、园林绿化工程等工程",城市道路的建设工程可纳入文明施工管理范畴内,适用《上海市建设工程文明施工管理规定》。

城市道路的养护、维修,可根据《城市道路管理条例》,在城市道路施工现场设置明显标志和安全防围设施。

第十一项
施工单位生活区设置不符合要求

一、违法行为概述

（一）基本概念

该违法行为是指在本市行政区域内从事建设工程和建筑物、构筑物拆除等有关活动的施工单位，在施工现场的生活区设置不符合上海市工程建设规范《文明施工标准》(DG/TJ 08-2102-2019)规定的行为。

（二）违法形态

(1) 施工单位未在生活区内设置饮用水设施。

(2) 施工单位未设置符合《文明施工标准》规定的盥洗池和淋浴间。

(3) 施工单位未设置水冲式或者移动式厕所。

(4) 施工单位的宿舍未安装窗户，或安装的窗户不是可开启式窗户。

(5) 施工单位每间宿舍的人均居住面积低于 4 平方米，或重点区域内每间宿舍的人均居住面积低于 5 平方米，或宿舍内设置通铺①。

（三）适用法律条款

《上海市建设工程文明施工管理规定》

第二十一条(施工现场生活区设置)：施工现场设置生活区的，应当符合下列规定：

(1) 生活区和作业区分隔设置。②

(2) 设置饮用水设施。

(3) 设置盥洗池和淋浴间。

---

① 相关规定详见上海市工程建设规范《文明施工标准》8.3.5。

② 相关规定详见《建筑施工现场环境与卫生标准》(JGJ146)，当事人违反此项规定的，依据消防领域和建设工程安全生产领域的法律法规处置。上海市浦东新区城市管理综合行政执法局未被授权消防领域和建设工程安全生产领域的执法事项，现场检查时发现此类行为可依据《上海市城市管理综合行政执法条例实施办法》第八条的规定处理。

(4) 设置水冲式或者移动式厕所,并由专人负责冲洗和消毒。①

(5) 设置符合分类要求的密闭式垃圾容器,生活垃圾应当分类放置于垃圾容器内并做到日产日清。

在生活区设置食堂的,应当依法办理餐饮服务许可手续,并遵守食品卫生管理的有关规定。②

在生活区设置宿舍的,应当安装可开启式窗户,每间宿舍人均居住面积不得低于4平方米。

第二十四条(重点区域管理要求)第一款第五项:本市重点区域内施工工地的文明施工要求,还应当符合下列规定:施工现场设置宿舍的,每间宿舍人均居住面积不得低于5平方米,并按照标准配备生活设施。

第三十条(对施工单位的处罚)第一款第四项、第五项:

违反本规定,施工单位有下列行为之一的,由建设行政管理部门或者其他有关部门责令限期改正,按照下列规定予以处罚,并可以责令暂停施工:

(1) 违反本规定第二十一条第一款第二项、第三项和第三款规定,未设置饮用水设施、盥洗池和淋浴间或者宿舍设置不符合要求的,处1万元以上5万元以下的罚款。

(2) 违反本规定第二十四条第一款第一项至第五项、第七项、第八项规定,施工工地不符合重点区域文明施工管理要求的,处3万元以上10万元以下的罚款。

《上海市城镇环境卫生设施设置规定》

第七十七条:对违反本规定的单位或个人,由市或区、县市容环境卫生管理部门或者城管执法部门按下列规定给予处罚:

(1) 未按规定设置环境卫生设施或设置的环境卫生设施不符合规定要求的,责令限期补建或改建,并可处以2万元以下的罚款。

---

① 详见《建筑施工现场环境与卫生标准》(JGJ146),当事人违反清洗和消毒相关规定的,依据公共场所卫生管理领域的法律法规处置。上海市浦东新区城市管理综合行政执法局未被授权除了未取得公共场所卫生许可证擅自经营以外的公共场所卫生管理的执法事项,现场检查时发现此类行为可依据《上海市城市管理综合行政执法条例实施办法》第八条的规定处理。

② 设置食堂的规定详见上海市工程建设规范《文明施工标准》8.3.5,当事人违反此项规定的,依据食品卫生领域的法律法规处置。上海市浦东新区城市管理综合行政执法局未被授权食品卫生领域的执法事项,现场检查时发现此类行为可依据《上海市城市管理综合行政执法条例实施办法》第八条的规定处理。

（2）擅自拆除、搬迁、占用、损毁、封闭环境卫生设施或擅自改变环境卫生设施使用性质的，责令限期改正，并处以 5 000 元以下的罚款。造成经济损失的，责令赔偿经济损失。

（3）未按规定维修、保养环境卫生设施，影响环境卫生设施使用的，责令限期改正；逾期未改正的，处以 50 元以上 500 元以下的罚款。

《上海市生活垃圾管理条例》

第五十八条：违反本条例第二十六条第一款规定，管理责任人未按照要求设置收集容器、设施的，由城管执法部门责令限期改正；逾期不改正的，处 500 元以上 5 000 元以下罚款。

违反本条例第二十七条第二款规定，管理责任人未分类驳运的，由城管执法部门责令立即改正；拒不改正的，处 500 元以上 5 000 元以下罚款。

二、执法检查与证据收集

（一）现场检查要点

（1）拍摄：生活区饮用水设施设置情况、盥洗池和淋浴间设置情况、宿舍设置情况，包括宿舍窗户是否安装，安装的宿舍窗户是否为可开启式，每间宿舍人均居住面积是否低于 4 平方米等。

（2）现场实地测量测绘。

（3）询问：现场向在场人进行调查询问，生活区饮用水设施设置情况、盥洗池和淋浴间设置情况、宿舍设置情况等。

（4）文书制作：对现场调查、测量、询问、核实等经过进行记录，制作现场检查（勘验）笔录，绘制现场勘验图，请在场当事人签字；如现场未见当事人的，如实记录并可以请在场人作为见证人签字。

（5）其他：收集当事人身份信息、施工铭牌内容信息，相关的书证、物证等。

（二）调查询问要点

1. 询问当事人的要点

现场检查时，当事人在场的，可当场询问并制作询问笔录；当事人不在场或不具备当场询问条件的，应送达调查（询问）通知书，载明要求当事人或委托代理人于指定时间、地点接受调查询问。询问当事人时，应以提问—回答的方式制作询问笔录，并同时音视频记录。

（1）确认当事人、委托人身份信息，要求被询问人提供身份证、营业执照、法定代表人身份证明等，委托他人代为履行被调查义务的，提交授权委托人的身份证、由委托人签名或者盖章的授权委托书，授权委托书必须记明委托事项和权限，核实收集。

（2）确认涉嫌违法的具体形态及实施涉嫌违法行为的具体时间等。

（3）出示现场检查（勘验）笔录及视听资料、现场勘验图等现场检查勘验证据，要求被询问人核实。

（4）记录被询问人想要补充说明和反映的其他相关情况。

2. 询问证人的要点

证人可能涉及涉事项目施工单位现场相关人员或专职文明施工管理人员、了解情况的相邻方、村居委、绿化市容管理部门人员、关联养护公司工作人员等。询问证人，可以提问—回答的方式制作询问笔录，并同时音视频记录。

（1）询问前，应核实确认证人的身份，并就需要了解的情况进行调查或者核实，如涉案项目施工责任主体相关内容、涉嫌违法场所现场等情况。

（2）可要求证人对证明的相关情况提供书面证明或其他证据材料。

（三）证据采集列表

证据种类	证据明细	证据收集方法
书证	当事人身份证明材料、营业执照、施工许可证明等	当事人提供
	施工合同协议	当事人提供
	案件受理材料（全部案件来源）	检查发现，投诉举报，部门移送等
物证	宿舍、床铺等	现场取证
视听资料	执法音视频、照片	现场取证
证人证言	证人询问笔录或陈述笔录	询问调查
当事人陈述	当事人询问笔录、陈述笔录	询问调查
勘验笔录、现场笔录	现场检查（勘验）笔录、复查记录	现场检查

三、参考案例解析

（一）基本案情

202×年××月××日××时××分,上海市浦东新区城市管理综合行政执法局执法队员周某(执法证号)、林某(执法证号)巡查至××路××号××建设项目施工现场,执法队员进行现场检查。据了解,该建设项目名称为××项目,四至范围为北至××路,东至××路,南至××路,西至××路,面积为××平方米;该项目建设单位为××公司,施工单位为××公司。项目经理李某在场陪同检查。经查,该工程项目施工现场设有生活区并设置了宿舍,生活区内设置了饮用水设施、盥洗室和淋浴间,宿舍安装了可开启式窗户。经执法人员现场对宿舍××室进行测量,该宿舍面积为18平方米(长6米,宽3米),室内有3张高低床铺,共6个床位,每个床位上有被褥等生活用品。经询问,现场有6名人员,全部为该宿舍居住人员,人均居住面积不满4平方米。

（二）调查取证

(1) 202×年××月××日,执法人员制作现场检查(勘验)笔录,上海××公司××建设项目的项目经理李某作为当事人签字。执法队员现场拍摄取证,收集李某的身份证复印件及工作证明。

(2) 202×年××月××日,执法人员向建设项目施工单位上海××公司××建设项目的项目经理李某进行询问调查,制作询问笔录,收集上海××公司营业执照、法定代表人身份证明、委托代理书、施工合同协议、施工许可证明等证据材料。

(3) 202×年××月××日,执法人员现场复查发现,当事人上海××公司已将宿舍××室整改为2张高低床铺,共4个床位,居住人员为4名,人均居住面积4.5平方米,符合《上海市建设工程文明施工管理规定》要求,执法人员现场复查并拍摄取证。

（三）违法事实认定

通过现场检查及上述证据,认定事实如下:

当事人上海××公司于202×年××月××日起在浦东新区××路××号进行名称为××的建设项目施工,四至范围为北至××路,东至××路,南至××路,西至××路,面积为××平方米;该项目建设单位为××公司,施工单位为××公司。该工程项目施工现场设有生活区并设置了宿舍,生活区内设置了饮用水设施、盥洗室和淋浴间,宿舍安装了可开启式窗户。经执法人员现场对宿舍××室进行测量,该宿舍面积为18平方米(长6米,宽3米),室内有3张高低床铺,共6个床位,每个床位上有被褥等生活用品。经询问,现场有6名人员,全部为该宿舍居住人员,人均居住面积不满4平方米。202×年××月××日,执法人员现场复查发现,当事人上海××公司已将宿舍××室整改为2张高低床铺,共4个床位,居住人员为4名,人均居住面积4.5平方米。

(四) 作出处罚决定

依据《上海市建设工程文明施工管理规定》第三十条第一款第四项中规定,违反第二十一条第一款第二、三项和第三款规定,处1万元以上5万元以下的罚款。按照现行自由裁量基准,设置宿舍不符合要求,但按要求整改的,拟对当事人上海××公司作出罚款1万元的处罚决定。

在作出处罚决定前,执法人员事先告知当事人拟作出行政处罚决定的事实、理由、依据及内容,并告知当事人依法享有的权利。当事人上海××公司表示无异议。

四、文书制作示例

(一) 现场检查(勘验)笔录

上海市浦东新区城市管理综合行政执法局
现场检查(勘验)笔录

检查(勘验)地点：	××路××号××建设项目施工现场	天气：	晴
检查(勘验)时间：	202×年××月××日××时××分至××时××分		
被检查(勘验)人：	××公司(单位全称或个人)		
身份证号码(统一社会信用代码)：	123456789876543210		
住址或住所： ××区××路××号		联系电话：	12345678901
现场负责人： 李某 职务： 项目经理		联系电话：	98765432109
检查(勘验)人： 周某、林某		记录人：	林某

表明身份及告知记录：我们是上海市浦东新区城市管理综合行政执法局的行政执法人员(出示证件)，现依法进行现场检查(勘验)。你(单位)享有以下权利：执法人员少于2人或者所出示的执法证件与其身份不符的，有权拒绝调查；依法享有申请回避以及陈述和申辩的权利。同时，你(单位)具有协助行政机关检查的义务。

现场检查(勘验)情况：202×年××月××日××时××分，上海市浦东新区城市管理综合行政执法局执法队员周某(执法证号)、林某(执法证号)巡查至××路××号××建设项目施工现场，执法队员现场检查，现场负责人李某在场陪同检查。据了解，该建设项目名称为××项目，四至范围为北至××路，东至××路，南至××路，西至××路，面积为××平方米；该项目建设单位为××公司，施工单位为××公司。经查，该工程项目施工现场设有生活区并设置了宿舍，生活区内设置了饮用水设施、盥洗室和淋浴间，宿舍安装了可开启式窗户。经执法人员现场对宿舍××室进行测量，该宿舍面积为18平方米(长6米，宽3米)，室内有3张高低床铺，共6个床位，每个床位上有被褥等生活用品。经询问，现场有6名人员，全部为该宿舍居住人员，人均居住面积不满4平方米，执法队员现场拍摄取证。

(以下空白)

附件：1. 现场附图；
   2. 现场照片×张；
   3. 现场摄像××分钟。
  以上记录已阅，属实，无异议(手写)

被检查(勘验)人签名：李某	见证人签名：/
检查(勘验)人签名：周某、林某	记录人签名：林某

（二）调查（询问）笔录

上海市浦东新区城市管理综合行政执法局
调查（询问）笔录

时间：___202×___年___××___月___××___日___××___时___××___分至___××___时___××___分
地点：_____××路××号_____
被调查（询问）人：_____李某_____　　性别：__×__　　年龄：__××__
身份证号码：_____123456789876543210_____
工作单位：_____上海××公司_____　　职务：____项目经理____
联系地址：_____××区××路××号_____
邮编：_____/_____　　联系电话：_____12345678901_____
调查（询问）人：_____周某、林某_____　　记录人：_____林某_____

告知：我们是上海市浦东新区城市管理综合行政执法局的执法人员（出示执法证），根据《中华人民共和国行政处罚法》第五十五条的规定，依法进行调查。执法人员少于2人或身份与执法证件不符的，你有权拒绝调查询问；在接受调查（询问）之前，你有申请我们回避的权利；在调查（询问）过程中，你有陈述、申辩的权利；同时，你应当如实提供证据并协助调查，不得作伪证，否则将承担法律责任。你是否听清楚了？
答：听清楚了。
问：你是否申请回避？
答：不申请回避。
问：请你介绍下你的身份、联系方式，并请出示一下身份证件。
答：我叫李某，现为××项目施工单位的项目经理。我单位的名称是上海××公司，这是我单位的营业执照、施工许可证明、法定代表人身份证明和委托书，我的身份证号码是123456789876543210，电话号码是12345678901，这是我的身份证。今天是受我单位委托来此配合调查浦东新区××路××号××建设项目施工单位在生活区设置不符合要求的事情。
问：请介绍一下××路××号××建设项目基本情况。
答：该建设项目名称为××项目，四至范围为北至××路，东至××路，南至××路，西至××路，面积为××平方米；该项目建设单位为××公司，项目负责人为××，设计单位为××公司，施工单位为我公司，监理单位为××公司。
问：请具体陈述该项目施工现场生活区设置的情况。
答：我们工地按照要求将生活区和作业区分隔开来，在生活区内设置了饮用水设施、盥洗池和淋浴间，宿舍也安装了开启式窗户，都符合规定的。

（接下页）

被调查（询问）人签名：_____李某_____　　调查（询问）人签名：_____周某、林某_____
时间：____202×年××月××日____　　时间：____202×年××月××日____

调查(询问)笔录(续页)

(续上页)

问：我们于202×年××月××日到项目工地上检查,经过执法人员测量,××宿舍面积为18平方米,长6米,宽3米,实际居住人员6人,所以人均居住面积为3平方米,低于人均居住面积4平方米的要求。你对此有无异议?

答：无异议。

问：这是202×年××月××日对项目工地进行检查的现场检查笔录及照片,以及向你公司开具的行政执法行为告知书、调查(询问)通知书、责令改正通知书,对此有无异议?

答：无异议。

问：那你们现在工地的情况如何?

答：我公司非常重视这件事情,目前已将该宿舍××室整改为2张高低床铺,共4个床位,居住人员为4名,以满足人均居住面积不低于4平方米的要求,并且对其他宿舍人均面积也进行了核实,确保宿舍人均居住面积不低于4平方米。

问：你公司之前是否因宿舍设置不符合要求被行政处罚过?

答：没有,这是第一次。

问：你还有其他需要补充的吗?

答：没有了。

(以下笔录无正文)

问：你是否有阅读能力,若阅读有困难,我们可以读给你听。请你仔细核对以上笔录,若笔录有误请指出来,我们将给予更正,若笔录与你说的一致,请你确认无误后在笔录上逐页签名确认。

答：以上笔录记载与本人口述无误(手写)

被调查(询问)人签名：__李某__　　调查(询问)人签名：__周某、林某__

时间：__202×年××月××日__　　时间：__202×年××月××日__

五、常见问题解答

问：施工单位拒绝提供建设项目信息如何处理？

答：施工单位拒绝提供建设项目信息的，可以向属地建设行政主管部门提请协查。

问：上海市关于重点区域的划分规定有哪些？

答：根据《上海市建设工程文明施工管理规定》第二十四条第二款，本市文明施工重点区域是指外环线以内区域和市人民政府确定的其他重要区域。市建设、交通等行政管理部门应根据人口密度、居住环境、景观要求等抽出其他重点区域划分方案，报市人民政府批准。

建设工程类别中，房屋新建工程的重点区域按照沪建质安〔2019〕348号文的规定，实施范围为：

（1）外环线以内 10 000 平方米及以上的房屋建筑施工项目。

（2）申报创建市级文明工地的房屋建筑施工项目。

（3）施工作业点距离住宅、医院、学校等敏感建筑物 15 米及以内的房屋建筑施工项目。

问：国家和上海市对于建设工程施工生活区的标准规定有哪些？

答：国家的规定有：

（1）《住房和城乡建设部等部门关于加快培育新时代建筑产业工人队伍的指导意见》（建市〔2020〕105号）及"附件一"《建筑工人施工现场生活环境基本配置指南》。

（2）《建设工程临建房屋技术标准》DB 11/693。

（3）《建筑设计防火规范》GB 50016。

（4）《建设工程施工现场消防安全技术规范》GB 50720。

（5）《建筑施工现场环境与卫生标准》JGJ 146 等。

上海市的规定有：

（1）上海市工程建设规范《现场施工安全生产管理标准》DG/TJ 08-903-2022。

（2）上海市工程建设规范《临时性建（构）筑物应用技术规程》DGJ 08-114。

（3）上海市工程建设规范《文明施工标准》DG/TJ 08-2102-2019 等。

第十二项
擅自在夜间进行产生噪声的建筑施工作业

一、违法行为概述

（一）基本概念

该违法行为是指未取得地方人民政府住房和城乡建设、生态环境主管部门或者地方人民政府指定的部门的证明，擅自在噪声敏感建筑物集中区域，在夜间（22:00—6:00）进行产生噪声的房屋类建筑工程施工作业（抢修、抢险施工作业除外）。通常简称"夜间施工"。

（二）违法形态

（1）夜间在噪声敏感建筑物集中区域，从事禁止在夜间进行的产生噪声的建筑施工作业。

（2）夜间在噪声敏感建筑物集中区域，从事因特殊需要必须连续施工作业的，但未按规定取得相关部门证明，并且未在施工现场显著位置公示或者以其他方式公告附近居民的。

（三）适用法律条款

《中华人民共和国噪声污染防治法》

第四十三条：在噪声敏感建筑物集中区域，禁止夜间进行产生噪声的建筑施工作业，但抢修、抢险施工作业，因生产工艺要求或者其他特殊需要必须连续施工作业的除外。

因特殊需要必须连续施工作业的，应当取得地方人民政府住房和城乡建设、生态环境主管部门或者地方人民政府指定的部门的证明，并在施工现场显著位置公示或者以其他方式公告附近居民。

第七十七条：违反本法规定，建设单位、施工单位有下列行为之一，由工程所在地人民政府指定的部门责令改正，处1万元以上10万元以下的罚款；拒不改正的，可以责令暂停施工：

（1）超过噪声排放标准排放建筑施工噪声的。

（2）未按照规定取得证明，在噪声敏感建筑物集中区域夜间进行产生噪声的建筑施工作业的。

《上海市环境保护条例》

第六十一条第二款：除抢修、抢险外，在噪声敏感建筑物集中区域禁止夜间从事产生噪声的建筑施工作业。但因混凝土连续浇筑等原因，确需在夜间从事建筑施工作业的，施工单位应当在施工作业前，向所在地区生态环境部门提出申请。区生态环境部门应当在三个工作日内出具证明，并书面通知申请人；不予出具的，应当说明理由。取得证明的施工单位应当在施工作业现场的显著位置公示或者以其他方式公告附近居民。

第九十条第二款：违反本条例第六十一条第二款、第三款规定，未按照规定取得证明从事施工作业，或者在禁止施工的特定期间从事施工作业的，由所在地区生态环境部门责令改正，处1万元以上10万元以下的罚款；拒不改正的，可以责令暂停施工。

二、执法检查与证据收集

（一）现场检查要点

（1）拍摄：施工工地的具体违法地点、施工铭牌[①]和施工作业状态的具体细节（现场是否有施工行为，是否正在作业，施工机械是否运行，施工产生的噪声情况等）。周边如有医院、学校、机关、科研单位、住宅等噪声敏感建筑物的，应拍摄远景取证。

（2）询问：现场向在场人进行调查询问，了解当事人身份，具体施工工艺、施工时间，以及是否取得夜间施工证明文件等。

（3）文书制作：对现场调查、测量、询问、核实等经过进行记录，制作现场检查（勘验）笔录、绘制现场勘验图，请在场负责人签字；如现场未有负责人在场，如实记录见证人情况，并请见证人签字。

（4）其他：收集当事人身份信息；核实该工地处于第几类声环境功能区，周边是否存在如医院、学校、机关、科研单位、住宅等，测量工地与此类建筑物最近距离，并绘制现场勘验图。

---

① 根据上海市建设工程文明施工管理的相关规定，夜间施工的时间和证明内容应当在施工铭牌上标明（张贴），执法人员现场检查应对施工铭牌重点拍摄。

（二）调查询问要点

1. 询问当事人的要点

现场检查时，当事人在场的，可当场询问并制作询问笔录；当事人不在场的，应送达调查（询问）通知书，载明要求当事人或委托代理人于指定时间、地点接受调查询问。询问当事人时，应以提问—回答的方式制作询问笔录，并同时音视频记录。

（1）确认当事人、委托人身份信息，要求被询问人提供身份证、营业执照、法定代表人身份证明等，委托他人代为履行被调查义务的，提交授权委托人的身份证、由委托人签名或者盖章的授权委托书，授权委托书必须记明委托事项和权限，核实收集。

（2）确认施工工地的地址、项目名称、施工单位名称等相关信息，确认案发当日现场夜间施工情形（施工时间、施工人员数量、使用设备、施工种类、持续时间等）及施工原因，确认是否取得夜间施工证明文件。询问在夜间施工过程中采取了哪些防噪措施；是否收到责令改正通知书及是否已进行整改；之前是否接到过相关信访投诉；是否接受过同类行政处罚等内容。

（3）在实施现场检查时，当事人不在场的，当其到指定地点被询问时，应出示现场检查（勘验）笔录及视听资料、现场勘验图等现场检查勘验证据，要求被询问人核实。

（4）记录被询问人想要补充说明和反映的其他相关情况。

2. 询问证人的要点

证人可能为现场见证人，现场见证人包括案发地相邻方、投诉人、环保部门的工作人员等。询问证人，可以提问—回答的方式制作询问笔录，并同时音视频记录。

询问前，应核实确认证人身份，并就需要了解的情况进行调查或者核实，如夜间施工的地点、单位、施工种类、持续时间及噪声污染等方面。可以要求证人对案件相关情况提供书面材料。

（三）证据采集列表

证据种类	证据明细	证据收集方法
书　证	当事人身份证明材料，包括居民身份证、营业执照、授权委托书等	当事人提供、相关部门协助调查
	夜间施工证明文件	

续 表

证据种类	证据明细	证据收集方法
书 证	案件受理材料(全部案件来源)	检查发现、投诉举报、部门移送等
物 证	施工工具、施工材料等	现场取证
视听资料	现场摄像、照片	现场取证
证人证言	证人询问笔录或陈述笔录	询问调查
当事人的陈述	当事人询问笔录、陈述笔录	询问调查
勘验笔录、现场笔录	现场勘验(检查)笔录、复查记录	现场检查

三、参考案例解析

（一）基本案情

202×年××月××日××时××分，上海市浦东新区城市管理综合行政执法局执法队员周某（执法证号）、林某（执法证号）巡查至××路××号（××项目），发现该处正在进行夜间施工。经查，该工地施工铭牌显示施工单位为上海××建筑有限公司。检查时，工地现场有八名工人正在施工，有一辆混凝土罐车和五台钻机正在作业，该工地施工负责人王某陪同检查，表示由于该工程钻孔灌注柱必须连续浇筑，故需夜间施工。执法队员调阅该工地周边视频监控并在现场拍摄视频，确认该项目于202×年××月××日××时××分至××时××分进行混凝土浇筑并产生较大施工噪声，施工单位现场无法提供夜间施工证明文件。工地在××大型居住社区内，周边100米内围绕多个居民小区。

（二）调查取证

（1）202×年××月××日，执法人员经现场检查后制作现场检查（勘验）笔录，上海××建筑有限公司工地施工负责人王某签字确认。执法队员现场拍照摄像取证。

（2）202×年××月××日，执法人员向工地施工单位上海××建筑有限公司项目负责人张某进行询问调查，制作询问笔录，确认案发现场事实及当事人未取得夜间施工证明的情况，收集上海××建筑有限公司营业执照、法定代表人身份证明、委托代理书、张某身份证复印件等证据材料。

(3) 202×年××月××日××时××分(案发次日),经执法人员现场复查,当事人上海××建筑有限公司已停止夜间施工行为,执法人员制作现场复查笔录并拍照摄像取证。

(4) 202×年××月××日,经执法人员通过办案系统查询,显示该当事人之前无夜间施工处罚记录。

(三) 违法事实认定

通过现场检查及上述证据,认定事实如下:

当事人上海××建筑有限公司于202×年××月××日××时××分至××时××分在××路××号进行产生噪声的混凝土浇筑施工作业。该施工工地位于××大型居住社区内,属噪声敏感建筑物集中区域。经查该工地未取得夜间施工证明。该工地在检查当日××时××分后即停止了产生噪声的夜间施工,次日复查未发现有产生噪声的夜间施工行为。

(四) 作出处罚决定

根据《上海市环境保护条例》第九十条第二款,未按照规定取得证明从事施工作业的,由所在地区生态环境部门责令改正,处1万元以上10万元以下的罚款;拒不改正的,可以责令暂停施工。该当事人已构成未按照规定取得证明从事施工作业的违法行为,鉴于当事人首次违法,能积极配合调查并及时停止产生噪声的夜间施工行为,拟对当事人上海××建筑有限公司作出罚款1万元的处罚决定。

在作出处罚决定前,执法人员事先告知当事人拟作出行政处罚决定的事实、理由、依据及内容,并告知当事人依法享有的权利。当事人未在规定期限内进行陈述申辩,执法队员作出罚款1万元的处罚决定。

四、文书制作示例

（一）现场检查（勘验）笔录

上海市浦东新区城市管理综合行政执法局
现场检查（勘验）笔录

检查（勘验）地点：＿＿＿＿＿××路××号＿＿＿＿＿ 天气：＿晴＿

检查（勘验）时间：＿202×＿年＿××＿月＿××＿日＿××＿时＿××＿分至＿××＿时＿××＿分

被检查（勘验）人：＿＿＿＿××建筑有限公司（单位全称或个人）＿＿＿＿

身份证号码（统一社会信用代码）：＿＿＿123456789876543210＿＿＿

住址或住所：＿××区××路××号＿ 联系电话：＿12345678901＿

现场负责人：＿王某＿ 职务：＿施工负责人＿ 联系电话：＿98765432109＿

检查（勘验）人：＿＿周某、林某＿＿ 记录人：＿＿林某＿＿

表明身份及告知记录：我们是上海市浦东新区城市管理综合行政执法局的行政执法人员（出示证件），现依法进行现场检查（勘验）。你（单位）享有以下权利：执法人员少于2人或者所出示的执法证件与其身份不符的，有权拒绝调查；依法享有**申请回避以及陈述和申辩的权利**。同时，你（单位）具有协助行政机关检查的义务。

现场检查（勘验）情况：202×年××月××日××时××分，上海浦东新区城市管理综合行政执法局执法队员周某（执法证号）、林某（执法证号）巡查至××路××号（××项目），发现该处正在进行夜间施工，当即上前进行检查。经查，该工地位于《上海市声环境功能区划（2019年修订版）》划定的1类声环境功能区内，施工铭牌显示施工单位为上海××建筑有限公司。检查时，工地现场有八名工人正在施工，有一辆混凝土罐车和五台钻机正在作业，该工地施工负责人王某陪同检查，其表示由于该工程钻孔灌注柱必须连续浇筑，故存在夜间施工现象。施工单位现场无法提供夜间施工证明文件。工地在××大型居住社区内，周边100米内围绕多个居民小区。执法队员现场拍摄取证。

（以下空白）

附件：1. 现场附图；
　　　2. 现场照片×张；
　　　3. 现场摄像××分钟。
　　　以上笔录已阅，属实，无异议（手写）

被检查（勘验）人签名：王某　　　　　　见证人签名：/
检查（勘验）人签名：周某、林某　　　　记录人签名：林某

(二)调查(询问)笔录

上海市浦东新区城市管理综合行政执法局
调查(询问)笔录

时间：____202×____年__××__月__××__日__××__时__××__分至__××__时__××__
地点：_____××路××号_____
被调查(询问)人：_____张某_____ 性别：__×__ 年龄：__××__
身份证号码：_____123456789876543210_____
工作单位：____上海××建筑有限公司____ 职务：__项目负责人__
联系地址：_____××区××路××号_____
邮编：____/____ 联系电话：____12345678901____
调查(询问)人：____周某、林某____ 记录人：____林某____

告知：我们是上海市浦东新区城市管理综合行政执法局的执法人员(出示执法证)，根据《中华人民共和国行政处罚法》第五十五条的规定，依法进行调查。执法人员少于2人或身份与执法证件不符的，你有权拒绝调查询问；在接受调查(询问)之前，你有申请我们回避的权利；在调查(询问)过程中，你有陈述、申辩的权利；同时，你应当如实提供证据并协助调查，不得作伪证，否则将承担法律责任。你是否听清楚了？
答：听清楚了。
问：你是否申请回避？
答：不申请回避。
问：请你介绍下你的身份、联系方式，并请出示一下身份证件。
答：我叫张某，是上海××建筑有限公司××项目负责人，我的身份证号为123456789876543210。今天是受公司委托前来处理我公司于202×年××月××日在××路××号未取得夜间施工证明文件进行夜间施工作业一事的。我公司法定代表人是××，身份证号为987654321012345678，电话为12345678901。
问：202×年××月××日××时，我中队执法人员巡查至你单位工地时，发现现场有八名工人正在施工，有混凝土罐车一辆和钻机五台，钻机正在作业，混凝土正在浇筑，此情况是否属实？
答：是的，当时工地正在施工。
问：当日现场陪同人员王某是否为你单位员工？
答：是的，是该项目工地的施工负责人。
(接下页)

被调查(询问)人签名：____张某____ 调查(询问)人签名：____周某、林某____
时间：__202×年××月××日__ 时间：__202×年××月××日__

调查（询问）笔录（续页）

（续上页）

问：这是当日我执法队员对现场检查所作的现场检查（勘验）笔录，请确认是否属实？

答：属实的，无异议。

问：我中队调取202×年××月××日的周边道路监控视频，发现当日××点你工地正进行夜间施工作业，这个情况你是否清楚？

答：是的，当天晚上××点我单位确实在施工作业。

问：根据《上海市环境保护条例》和《上海市声环境功能区划（2019年修订版）》，你单位的施工工地位于1类声环境功能区，属于噪声敏感建筑物集中区域，从事夜间施工应当办理相关证明文件。你单位是否办理过相关夜间施工证明文件？

答：我单位向环保部门申请过，但没有获得审批通过，执法人员对我单位检查当晚，我单位正在进行一个钻孔灌注桩的施工流程，需要24小时保持连续浇筑不能停顿，所以不得已就夜间施工了，对影响周边居民休息也非常抱歉。

问：你单位有无因抢险、抢修等需要必须连续作业等排除适用情形？

答：没有。

问：在你单位收到责令改正通知书后，是否立即停止了施工作业行为？

答：是的，在你们执法人员检查时，工人就立即停止施工了。

问：你单位之前是否因此行为受到过行政处罚？

答：没有。

问：针对你单位未按照规定取得证明，在噪声敏感建筑物集中区域夜间进行产生噪声的建筑施工作业的行为，我部门将依法对此情况作进一步的调查处理，现在予以告知，你公司是否清楚？

答：听清楚了。

问：是否有其他补充？

答：没有了。

（以下笔录无正文）

问：你是否有阅读能力，若阅读有困难，我们可以读给你听。请你仔细核对以上笔录，若笔录有误请指出来，我们将给予更正，若笔录与你说的一致，请你确认无误后在笔录上逐页签名确认。

答：以上笔录记载与本人口述无误（手写）

被调查（询问）人签名：___张某___　　调查（询问）人签名：___周某、林某___

时间：___202×年××月××日___　　时间：___202×年××月××日___

五、常见问题解答

问：什么情况下属于合规的夜间施工作业？

答：合规夜间施工作业一般是指取得相关管理部门审批许可，在夜间10时至次日早晨6时之间从事包括房屋类建筑工程、城市道路和公路（包括养护工程）及轨道交通工程的作业行为。本办案指引中，房屋类建筑工程在遇到不可中断的混凝土浇捣施工、关系安全质量的深基坑开挖（含渣土装运）施工、关系工程桩基质量的钻孔灌注柱钻孔施工、特殊情况下的建筑物与构筑物拆除这四种情况时，可以申请晚10时至次日晨6时的夜间施工。但是，夜间施工工地、施工单位及施工人员应当严格遵守以下要求：

（1）施工过程中必须对机械或设备加设降噪措施。

（2）禁止采取捶打、敲击和锯割等易产生高噪声的作业，装卸材料应确保轻卸轻放。

（3）实施建材、设备、工具、模具传运堆放，应使用机械吊运或人工传运方式，禁止重摔重放。

（4）禁止使用气压破碎机、空压机、泵锤机、筒门锯、金属切割机等高噪声机械或设备。

（5）须按取得的证明载明的施工工艺进行施工，不得进行证明以外的施工工艺。

（6）进出建设工地的所有车辆禁止鸣笛。

问："噪声敏感建筑物集中区域"如何定义？

答：噪声敏感建筑物集中区域是指城市环境噪声达标区的医疗区、文教科研区和以机关或者居民住宅为主的区域。县级以上地方人民政府根据国家声环境质量标准和国土空间规划以及用地现状，划定本行政区域各类声环境质量标准的适用区域；将以用于居住、科学研究、医疗卫生、文化教育、机关团体办公、社会福利等的建筑物为主的区域，划定为噪声敏感建筑物集中区域。执法人员在施工现场的现场勘查笔录、图片证据应证实施工工地所在区域有上述场所，属于噪声敏感建筑物集中区域。

问："噪声污染"如何定义？

答：噪声污染，是指所产生的噪声超过噪声排放标准或者未依法采取防控措施产生噪声，并干扰他人正常生活、工作和学习的现象。

噪声排放标准，可依据《建筑施工场界环境噪声排放标准》4.1 及《声环境功能区划分技术规范》(GB/T 15190-2014) 的规定。

执法过程中，如果施工时间在夜间 10 时至次日晨 6 时之间，我们既可以利用噪声检测仪器的现场实测数据作为佐证，也可以利用工地施工过程中正在使用的打桩机、挖机等器械设备来证明有噪声产生，影响周边环境。

问：承包单位和施工单位相互推诿如何处理？

答：执法过程中经常会遇到项目承包单位（总包）和实际施工单位（分包）不一致且相互推诿，都不愿意承担相应责任的情况。

根据《中华人民共和国建筑法》和《建设工程质量管理条例》的规定，建设工程实行总承包的，总承包单位应当对全部建设工程质量负责；建设工程勘查、设计、施工、设备采购的一项或者多项实行总承包的，总承包单位应当对其承包的建设工程或者采购的设备的质量负责。施工单位申请从事夜间施工的原因，是为了保证工程质量需要连续施工作业。

通过比对提交的建设工程许可证上登记的名称，申请夜间施工的单位和许可证登记单位两者的名称必须一致，因此必须由总承包单位申请夜间施工的许可。故执法机关应认定责任主体为总承包单位。

问：查处未经许可擅自夜间施工行为的前置条件有哪些？

答：执法过程中，查处夜间施工行为时，需先询问该建设工地是否已取得建设工程规划许可证、建设工程施工许可证，如无建设工程规划许可证则应对其涉嫌未取得建设工程规划许可证进行建设的行为先行进行查处，如无建设工程施工许可证应将情况移交建设管理部门查处。

第十三项
擅自占用或者挖掘城市道路

一、违法行为概述

（一）基本概念

该违法行为是指未经行政机关批准，对城市道路[①]进行占用或挖掘的行为。

（二）违法形态

(1) 未经市政工程行政主管部门和公安交通管理部门批准，占用城市道路。

(2) 未经市政工程行政主管部门和公安交通管理部门批准，挖掘城市道路。

（三）适用法律条款

《城市道路管理条例》

第二十七条第一项：城市道路范围内禁止下列行为：擅自占用或者挖掘城市道路。

第四十二条：违反本条例第二十七条规定，或者有下列行为之一的，由市政工程行政主管部门或者其他有关部门责令限期改正，可以处以 2 万元以下的罚款；造成损失的，应当依法承担赔偿责任。

二、执法检查与证据收集

（一）现场检查要点

(1) 拍摄：占用或者挖掘城市道路所在的位置以及对周边的影响等。

(2) 现场实地测量：占用或者挖掘城市道路的面积。

(3) 询问：现场向在场人进行调查询问，了解擅自占用或者挖掘城市道路的当事人情况、持续时间及审批情况等。

---

① 依据《城市道路管理条例》，城市道路是指城市中供车辆、行人通行的，具备一定技术条件的道路、桥梁及其附属设施。具体包括：车行道、人行道、高架路、公共广场、街头空地、路肩及其附属的配套管理设施和已经征用或划拨的红线范围内的道路建设用地。

（4）文书制作：对现场调查、测量、询问、核实等经过进行记录，制作现场检查（勘验）笔录，绘制现场勘验图，请在场当事人签字；如现场未见当事人的，如实记录并可以请在场人作为见证人签字。

（5）其他：收集当事人身份信息、占用或者挖掘城市道路的路段属性，以及其他相关的书证、物证等。

（二）调查询问要点

1. 询问当事人的要点

现场检查时，当事人在场的，可当场询问并制作询问笔录；当事人不在场或不具备当场询问条件的，应送达调查（询问）通知书，载明要求当事人或委托代理人于指定时间、地点接受调查询问。询问当事人时，应以提问—回答的方式制作询问笔录，并同时音视频记录。

（1）确认当事人、委托人身份信息，要求被询问人提供身份证、营业执照、法定代表人身份证明等，委托他人代为履行被调查义务的，提交授权委托人的身份证、由委托人签名或者盖章的授权委托书，授权委托书必须记明委托事项和权限，核实收集。

（2）确认占用或者挖掘城市道路的实施时间、设置具体位置、面积以及是否获得批准等情况，并请被询问人提供相关资质、合同、手续等。

（3）出示现场检查（勘验）笔录及视听资料、现场勘验图等现场检查勘验证据，要求被询问人核实。

（4）记录被询问人想要补充说明和反映的其他相关情况。

2. 询问证人的要点

证人可能涉及占用或者挖掘城市道路的承包方和施工方、了解情况的附近居民、村居委、市政管理部门人员、关联养护公司工作人员等。询问证人，可以提问—回答的方式制作询问笔录，并同时音视频记录。

（1）询问前，应核实确认证人的身份，并就需要了解的情况进行调查或者核实，如占用或者挖掘城市道路的起始时间、具体位置、所占或所挖掘的面积等情况。

（2）确定现场是否属于城市道路及道路的管理级别，可通过施工铭牌、路牌、询问养护单位等确定。

（3）确定占路、掘路行为是否经过审批，可通过查询行政许可公示网站、施工铭牌，询问养护单位等确定。

（4）确定现场占路、掘路的位置、面积、期限是否符合审批许可的规定，可通过现场拍照、测量，询问施工单位，查看审批材料等确定。

（5）可要求证人对证明的相关情况提供书面证明或其他证据材料。

（三）证据采集列表

证据种类	证据明细	证据收集方法
书证	当事人身份证明材料	当事人提供、相关部门协助
	施工合同等	
	案件受理材料（全部案件来源）	检查发现、投诉举报、部门移送等
物证	施工工具、施工现场等	现场取证
视听资料	现场摄像、照片	现场取证
证人证言	证人询问笔录或陈述笔录	询问调查
当事人的陈述	当事人询问笔录、陈述笔录	询问调查
审批认定	路政管理行政许可	道路管理方出具
现场笔录、勘验笔录	现场检查（勘验）笔录、复查记录	现场检查

三、参考案例解析

（一）基本案情

202×年××月××日××时××分，上海市浦东新区城市管理综合行政执法局执法队员张某（执法证号）、聂某（执法证号）巡查至浦东新区××路××路路口以南10米处东侧时，发现该处有一施工队正在道路上进行挖掘。经执法队员实地测量，测得已挖掘的部分长15米，宽2米，面积为30平方米，除已挖掘部分外并未对其他部分及设施造成损坏。执法队员找到了现场负责人王某全程陪同检查，该负责人表示自己是上海××建设工程有限公司的经理，同时执法队员在现场的施工铭牌上也确认了施工方为上海××建设工程有限公司。执法队员要求王某提供在此挖掘道路的相关审批手续，王某现场无法出示。

（二）调查取证

（1）202×年××月××日××时××分，执法人员现场制作了现场检查（勘验）笔录，上海××建设工程有限公司经理王某作为当事人签字，执法队员现场拍摄取证，收集王某的身份证复印件。

（2）202×年××月××日××时××分，执法人员向浦东新区城市道路管理部门发出执法协助函，请求对以下事实予以认定：1）当事人于202×年××月××日××时××分在浦东新区××路××路路口以南10米处东侧挖掘道路的行为是否得到审批许可；2）浦东新区××路××路路口以南10米处东侧区域的道路类别。××月××日浦东新区绿化市容管理部门回复：当事人202×年××月××日××时××分在浦东新区××路××路路口以南10米处东侧挖掘道路的行为未得到审批许可，该处涉事路段属于城市道路中的次干路。

（3）202×年××月××日××时××分，上海××建设工程有限公司经理王某受公司委托前来配合执法队员进行询问调查，制作询问笔录，收集了上海××建设工程有限公司营业执照、法定代表人身份证明、委托代理书、施工合同等证据材料，并开具限期责令整改通知书。

（4）202×年××月××日××时××分，执法人员现场复查发现，当事人上海××建设工程有限公司已停止施工，并办理相关审批手续。202×年××月××日××时××分，当事人将补办的审批手续交至城管执法部门后，恢复施工。

（三）违法事实认定

通过现场检查及上述证据，认定事实如下：

当事人上海××建设工程有限公司于202×年××月××日××时在浦东新区××路××路路口以南10米处东侧开始挖掘道路，至同日××时××分被执法人员发现后停止施工。发现时已挖掘的道路部分长15米，宽2米，面积为30平方米，现场并未对其他设施造成损坏。经道路管理部门认定，该处属于次干路，且经当事人自认及管理部门认定，该公司在此处的挖掘道路行为并未获得相关道路管理部门的审批许可。

（四）作出处罚决定

根据《城市道路管理条例》第四十二条：违反本条例第二十七条规定，或者有下列行为之一的，由市政工程行政主管部门或者其他有关部门责令限期改正，可以处以2万元以下的罚款；造成损失的，应当依法承担赔偿责任。按照现行自由裁量基准,该违法行为发生在次干路上,所挖掘的面积在20平方米以上,鉴于当事人能够积极配合调查并及时停止施工、补办相关审批手续,拟对当事人上海××建设工程有限公司作出罚款6 000元的处罚决定。

在作出处罚决定前,执法人员事先告知当事人拟作出行政处罚决定的事实、理由、依据及内容,并告知当事人依法享有的权利。当事人上海××建设工程有限公司认为其已经履行整改义务,申请不予处罚。

对当事人的陈述申辩,执法人员经复核,认为当事人所述情况不适用《中华人民共和国行政处罚法》减轻处罚的相关规定,故作出罚款6 000元的处罚决定。

四、文书制作示例

（一）现场检查（勘验）笔录

上海市浦东新区城市管理综合行政执法局
现场检查（勘验）笔录

检查（勘验）地点：__××路××路路口以南10米处东侧__　　天气：__晴__
检查（勘验）时间：__202×__年__××__月__××__日__××__时__××__分至__××__时__××__分
被检查（勘验）人：__上海××建设工程有限公司（单位全称或个人）__
身份证号码（统一社会信用代码）：__123456789876543210__
住址或住所：__××区××路××号__　　联系电话：__12345678901__
现场负责人：__王某__　　职务：__经理__　　联系电话：__98765432109__
检查（勘验）人：__张某、聂某__　　　　记录人：__聂某__

表明身份及告知记录：我们是上海市浦东新区城市管理综合行政执法局的行政执法人员（出示证件），现依法进行现场检查（勘验）。你（单位）享有以下权利：执法人员少于2人或者所出示的执法证件与其身份不符的，有权拒绝调查；依法享有申请回避以及陈述和申辩的权利。同时，你（单位）具有协助行政机关检查的义务。

现场检查（勘验）情况：202×年××月××日××时××分，上海市浦东新区城市管理综合行政执法局执法队员张某（执法证号）、聂某（执法证号）巡查至××路××路路口以南10米处东侧时，发现有施工队在道路上施工挖掘，遂上前检查。经查，实施挖掘单位是上海××建设工程有限公司，队员现场找到了负责人王某，但王某现场无法提供任何有关在此道路挖掘的审批文件。执法队员对该单位所挖掘城市道路的面积进行测量，测得长15米，宽2米，面积计为30平方米，王某对以上事实表示认可。队员张某现场拍照、录像取证。

（以下空白）

附件：1. 现场附图；
　　　2. 现场照片×张；
　　　3. 现场摄像××分钟。
以上记录已阅，属实，无异议（手写）

被检查（勘验）人签名：__王某__　　　　见证人签名：__/__
检查（勘验）人签名：__张某、聂某__　　记录人签名：__聂某__

(二) 调查(询问)笔录

上海市浦东新区城市管理综合行政执法局
调查(询问)笔录

时间：__202×__年__××__月__××__日__××__时__××__分至__××__时__××__分
地点：__××路××号__
被调查(询问)人：__王某__　　性别：__×__　年龄：__××__
身份证号码：__123456789876543210__
工作单位：__上海××建设工程有限公司__　　职务：__经理__
联系地址：__××区××路××号__
邮编：__/__　　　　　　　　　联系电话：__12345678901__
调查(询问)人：__张某、聂某__　　记录人：__聂某__

告知：我们是上海市浦东新区城市管理综合行政执法局的执法人员(出示执法证)，根据《中华人民共和国行政处罚法》第五十五条的规定，依法进行调查。执法人员少于2人或身份与执法证件不符的，你有权拒绝调查询问；在接受调查(询问)之前，你有申请我们回避的权利；在调查(询问)过程中，你有陈述、申辩的权利；同时，你应当如实提供证据并协助调查，不得作伪证，否则将承担法律责任。你是否听清楚了？
答：听清楚了。
问：你是否申请回避？
答：不申请回避。
问：请介绍下你的姓名、身份证号码、工作单位、职务。
答：我叫王某，身份证号是123456789876543210，是上海××建设工程有限公司的经理。
问：202×年××月××日××时××分，执法人员在浦东新区××路××路路口以南10米处东侧发现有涉嫌擅自挖掘城市道路的行为，是否你公司所为？
答：是的。我受公司委托前来处理此事，这是委托书和营业执照。
问：请具体说明一下当时的情况。
答：好的。202×年××月××日××时，我公司施工人员因工程需要，就在××路××路路口以南10米处东侧进行了挖掘，后来在××月××日××时，被你们执法人员查到了。
问：你单位在上述地点挖掘城市道路，是否经过行政审批？
答：有去相关部门申请，但是还没有批下来。
(接下页)

被调查(询问)人签名：__王某__　　调查(询问)人签名：__张某、聂某__
时间：__202×年××月××日__　　时间：__202×年××月××日__

调查(询问)笔录(续页)

(续上页)

问:经我们执法队员现场测量,当时你单位在上述地点所挖掘的道路长15米,宽2米,面积为30平方米,你是否认可?

答:是的,我认可,测量的时候我也在现场。

问:这是我们××月××日制作的现场检查(勘验)笔录和现场照片,请你确认一下。

答:该处城市道路确实是我单位所挖掘。

问:你单位擅自挖掘城市道路,违反了《城市道路管理条例》的有关规定,你是否明白?

答:经过你们教育,我明白了。

问:你单位对现场进行整改了吗?

答:我们现场已经停止施工了,并向道路管理部门申请挖路许可,等取得许可后,再继续施工。

问:请问你还有什么要补充的吗?

答:没有了。

(以下笔录无正文)

问:你是否有阅读能力,若阅读有困难,我们可以读给你听。请你仔细核对以上笔录,若笔录有误请指出来,我们将给予更正,若笔录与你说的一致,请你确认无误后在笔录上逐页签名确认。

答:以上笔录与本人口述一致(手写)

被调查(询问)人签名:____王某____ 调查(询问)人签名:____张某、聂某____

时间:____202×年××月××日____ 时间:____202×年××月××日____

五、常见问题解答

问：办案人员如何区分道路类型？

答：城市道路可分为快速路、主干路、次干路和支路。

"快速路"是指城市道路中设有中央分隔带，具有四条以上的车道，全部或者部分采用立体交叉与控制出入，供车辆以较高的速度行驶的城市道路。"主干路"是指在城市道路网中起骨架作用的城市道路。"次干路"是指城市道路网中与主干路相连接的区域性干路。"支路"是指城市道路网中干路以外连接次干路或者供区域内部使用的城市道路。

在无法确认案发道路类型类别时，可向区城市道路管理部门请求协助。

问：在发现当事人占路、掘路的行为可能会影响公共交通安全的情形下，该如何处理？

答：当事人占路、掘路，有影响公共交通安全的嫌疑，还需公安交通管理部门审批同意，如未经公安交通管理部门审批，从维护交通安全的角度，查处单位应第一时间将相关情况抄告公安交通管理部门，以消除安全隐患。

问：现场施工人员无法确认占路、掘路是否经过审批的情形该如何处理？

答：是否经过审批是确定案件性质的决定性因素，因此执法队员应要求建设单位提供审批材料或向区城市道路行政管理部门协查获取。

问：无法确定施工单位该如何处理？

答：执法实践中，有的当事人为躲避执法，看到执法车辆立即逃离，尤其是一些小型占路、掘路行为，此时，现场无法第一时间确认行为主体。对此，执法队员可通过邀请见证人见证，先行登记保存遗留在现场的工具，询问周边商铺、居民，调取道路监控等途径进行调查。

问：施工单位紧急抢修的情形该如何处理？

答：执法实践中，有时会遇到当事人因紧急抢修而占用、挖掘道路的情形，在这种情形之下，当事人无法及时出具相关的审批手续，对此，执法队员可在现场取证、了解具体情况后，要求当事人在 24 小时之内补办相关审批手续。

第十四项
擅自在公路上增设或者改造平面交叉道口

一、违法行为概述

（一）基本概念

该违法行为是指未按照国家有关规定经过批准，或者未按照国家规定的技术标准，在公路上增设或者改造平面交叉道口的行为。

（二）违法形态

（1）增设平面交叉道口：擅自在公路的原设计图纸（或路况记录）没有平面交叉道口的地方增设供车辆出入等用途的公路道口的行为。

（2）改造平面交叉道口：擅自将原公路平面交叉道口的原始位置、大小规模或者功能进行更改建设或设置的行为。

（三）适用法律条款

《中华人民共和国公路法》

第五十五条：在公路上增设平面交叉道口，必须按照国家有关规定经过批准，并按照国家规定的技术标准建设。

第八十条：违反本法第五十五条规定，未经批准在公路上增设平面交叉道口的，由交通主管部门责令恢复原状，处5万元以下的罚款。

《公路安全保护条例》

第二十七条第六项：进行下列涉路施工活动，建设单位应当向公路管理机构提出申请：在公路上增设或者改造平面交叉道口。

第六十二条：违反本条例的规定，未经许可进行本条例第二十七条第一项至第五项规定的涉路施工活动的，由公路管理机构责令改正，可以处3万元以下的罚款；未经许可进行本条例第二十七条第六项规定的涉路施工活动的，由公路管理机构责令改正，处5万元以下的罚款。

《上海市公路管理条例》

第四十一条：在公路上增设、改造平面交叉道口的，应当经市道路运输行政管理部门或者区交通行政管理部门以及公安交通管理部门批准。

第六十八条：违反本条例第四十一条规定，擅自在公路上增设、改造平面交叉道口的，由市或者区交通行政管理部门责令其恢复原状，处以5万元以下的罚款。

二、执法检查与证据收集

（一）现场检查要点

（1）拍摄：增设、改造平面交叉道口的位置、执法人员现场测量数据等。

（2）现场实地测量平面交叉道口数量、位置、长度及R角最宽处（见下方示意图）等。

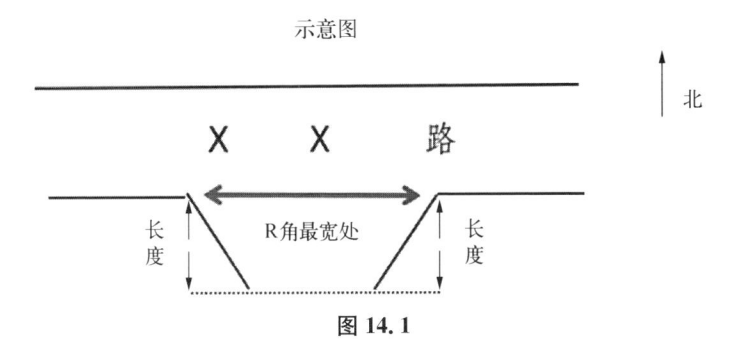

示意图

图 14.1

（3）询问：现场向在场人进行调查询问，了解增设、改造平面交叉道口的当事人情况、持续时间及审批情况等。

（4）文书制作：对现场调查、测量、询问、核实等经过进行记录，制作现场检查（勘验）笔录，绘制现场勘验图，请在场当事人签字；如现场未见当事人的，如实记录并可以请在场人作为见证人签字。

（5）其他：收集增设、改造平面交叉道口的当事人身份信息，相关的书证、物证等。

（二）调查询问要点

1. 询问当事人的要点

对当事人的调查询问需要明确涉案平面交叉道口的具体位置，以及明确增设或者改造平面交叉道口的行为是否具备相关审批许可手续，并通过被询问者提供的证据确认涉案当事人。若相关当事人拒不配合，可采用旁证调查询问的方式对该路段道路养护单位、土地权利人或周边居民进行调查，明确该处增设或者改造的平面交叉道口是何时何地由何人进行施工，同时应收集施工合同、施工方案等第三方旁证证据。

(1) 确认当事人、委托人身份信息,要求被询问人提供身份证、营业执照、法定代表人身份证明等,委托他人代为履行被调查义务的,提交授权委托人的身份证、由委托人签名或者盖章的授权委托书,授权委托书必须记明委托事项和权限,核实收集。

(2) 涉案平面交叉道口的数量及具体位置。

(3) 平面交叉道口长度及R角最宽处等情况。

(4) 具体的违法形态及实施违法行为的具体时间。

(5) 确认当事人是否存在获得审批、能否提供相关证据材料。

(6) 当事人是否已经进行了整改。

(7) 出示现场检查(勘验)笔录及视听资料、现场勘验图等现场检查勘验证据,要求被询问人核实。

(8) 记录被询问人想要补充说明和反映的其他相关情况。

2. 询问证人的要点

证人可能涉及对增设、改造平面交叉道口情况了解的相邻方、村居委、绿化市容管理部门人员、关联养护公司工作人员等。询问证人,可以提问—回答的方式制作询问笔录,并同时音视频记录。

(1) 询问前,应核实确认证人的身份,并就需要了解的情况进行调查或者核实,如涉案增设、改造平面交叉道口的设置时间、设置具体位置、数量、尺寸等情况。

(2) 可要求证人对证明的相关情况提供书面证明或其他证据材料。

(三) 证据采集列表

证据种类	证据明细	证据收集方法
书证	当事人身份证明材料	当事人提供、相关部门协助
	施工合同、施工方案等	
	案件受理材料 (全部案件来源)	检查发现、投诉举报、部门移送等
物证	施工工具、施工现场等	现场取证
视听资料	现场摄像、照片	现场取证

续　表

证据种类	证据明细	证据收集方法
证人证言	证人询问笔录或陈述笔录	询问调查
当事人陈述	当事人询问笔录、陈述笔录	询问调查
审批认定	路政管理行政许可	公路管理方出具
勘验笔录、现场笔录	现场检查（勘验）笔录、复查记录	现场检查

三、参考案例解析

（一）基本案情

202×年××月××日××时××分，上海市浦东新区城市管理综合行政执法局执法队员周某（执法证号）、林某（执法证号）巡查至××路下行线 7K+290 米处，发现该处增设了一处平面交叉道口。执法人员现场测得该道口长××米，R角最宽处为 7 米。经查，该道口为××公司增设，现场负责人王某全程陪同检查，现场未能提供增设该处平行道口的相关许可手续。

（二）调查取证

（1）202×年××月××日，执法人员制作现场检查（勘验）笔录，××公司王某作为当事人签字。执法队员现场拍摄取证，收集王某的身份证复印件。

（2）202×年××月××日，执法人员向××公司王某进行询问调查，制作询问笔录，收集××公司营业执照、法定代表人身份证明、委托代理书、施工合同、施工方案等证据材料，并开具责令改正通知书，责令××公司于 202×年××月××日前恢复原状。

（3）202×年××月××日，执法人员现场复查发现，当事人××公司未按要求恢复原状，执法人员制作现场复查笔录并拍摄取证。

（三）违法事实认定

通过现场检查及上述证据，认定事实如下：

当事人××公司于 202×年××月××日在××路下行线 7K+290 米处增设了一处平面交叉道口，执法人员现场测得该道口长××米，R角最宽处为 7 米。经当事人自认，该处新增的平面交叉道口未取得路政管理行政许可，属于擅自在公路上增设平面交叉道口。202×年××月××日,执法人员现场复查发现,当事人××公司仍未自行恢复原状。

(四) 作出处罚决定

根据《中华人民共和国公路法》第八十条,违反本法第五十五条规定,未经批准在公路上增设平面交叉道口的,由交通主管部门责令恢复原状,处5万元以下的罚款。按照《上海市交通委员会关于公路行政处罚的裁量基准》第二十六项规定,擅自在公路上增设平面交叉道口,宽度在5米以上(不含本数)10米以下,责令恢复原状,罚款2 000元以上(不含本数)5 000元以下。鉴于当事人未在规定期限内完成整改,拟对当事人××公司作出罚款5 000元的处罚决定。

在作出处罚决定前,执法人员事先告知当事人拟作出行政处罚决定的事实、理由、依据及内容,并告知当事人依法享有的权利。当事人上海××公司认为其已经履行整改义务,申请不予处罚。

对当事人的陈述申辩,执法人员经复核,认为当事人所述情况不适用《中华人民共和国行政处罚法》减轻处罚的相关规定,故作出罚款5 000元的处罚决定。

四、文书制作示例

(一)现场检查(勘验)笔录

上海市浦东新区城市管理综合行政执法局
现场检查(勘验)笔录

检查(勘验)地点：_____××路下行线 7K＋290 米处_____　天气：__晴__
检查(勘验)时间：__202×__ 年 __××__ 月 __××__ 日 __××__ 时 __××__ 分至 __××__ 时 __××__ 分
被检查(勘验)人：_____××公司(单位全称或个人)_____
身份证号码(统一社会信用代码)：_____123456789876543210_____
住址或住所：____××区××路××号____　联系电话：__12345678901__
现场负责人：__王某__　职务：__经理__　联系电话：__98765432109__
检查(勘验)人：____周某、林某____　记录人：____林某____

　　表明身份及告知记录：我们是上海市浦东新区城市管理综合行政执法局的行政执法人员(出示证件)，现依法进行现场检查(勘验)。你(单位)享有以下权利：执法人员少于 2 人或者所出示的执法证件与其身份不符的，有权拒绝调查；依法享有申请回避以及陈述和申辩的权利。同时，你(单位)具有协助行政机关检查的义务。

　　现场检查(勘验)情况：202×年××月××日××时××分，上海市浦东新区城市管理综合行政执法局执法队员周某(执法证号)、林某(执法证号)巡查至××路下行线 7K＋290 米处，发现该处增设了一处平面交叉道口。经查，该道口为××公司增设，该公司现场负责人王某不能提供增设该处平行道口的相关许可手续。执法人员现场测得该道口长××米，R 角最宽处为 7 米。现场负责人王某全程陪同检查，且对上述事实予以认可。执法队员对现场进行拍照摄像取证。

　　(以下空白)

　　附件：1. 现场附图；
　　　　2. 现场照片×张；
　　　　3. 现场摄像××分钟。
　　以上记录已阅，属实，无异议(手写)

被检查(勘验)人签名：__王某__　　　　见证人签名：__/__
检查(勘验)人签名：__周某、林某__　　记录人签名：__林某__

(二)调查(询问)笔录

上海市浦东新区城市管理综合行政执法局
调查(询问)笔录

时间：____202×____年____××____月____××____日____××____时____××____分至____××____时____××____分
地点：_____××路××号_____
被调查(询问)人：_____王某_____ 性别：__×__ 年龄：__××__
身份证号码：_____123456789876543210_____
工作单位：_____××公司_____ 职务：_____经理_____
联系地址：_____××区××路××号_____
邮编：_____/_____ 联系电话：_____98765432109_____
调查(询问)人：_____周某、林某_____ 记录人：_____林某_____

告知：我们是上海市浦东新区城市管理综合行政执法局的执法人员(出示执法证)，根据《中华人民共和国行政处罚法》第五十五条的规定，依法进行调查。执法人员少于2人或身份与执法证件不符的，你有权拒绝调查询问；在接受调查(询问)之前，你有申请我们回避的权利；在调查(询问)过程中，你有陈述、申辩的权利；同时，你应当如实提供证据并协助调查，不得作伪证，否则将承担法律责任。你是否听清楚了？
答：听清楚了。
问：你是否申请回避？
答：不申请回避。
问：请你介绍下你的身份、联系方式，并请出示一下身份证件。
答：我叫王某，是××公司的经理，身份证号码是123456789876543210，电话号码是98765432109，这是我的身份证、我单位的营业执照、法定代表人身份证明和委托书。
问：我中队执法人员在202×年××月××日××时××分，巡查至××路下行线7K+290米处，发现该处增设了一处平面交叉道口，你对当时的检查情况是否了解？
答：知道情况，当时我就在现场。
问：你公司在××路下行线7K+290米处增设道口，是何时开始施工的，是否取得过增设平面交叉道口的行政许可证？
答：我们是202×年××月××日开始施工，由于施工时间比较紧，所以也没去办审批。

(接下页)

被调查(询问)人签名：____王某____ 调查(询问)人签名：____周某、林某____
时间：____202×年××月××日____ 时间：____202×年××月××日____

第1页(共2页)

调查(询问)笔录(续页)

(续上页)

问：<u>为什么要在该处增设平面交叉道口？</u>

答：<u>是为了方便车辆进出。</u>

问：<u>你是否已经按照要求进行整改？</u>

答：<u>我们公司在忙别的项目，暂时还未整改。</u>

问：<u>你公司是否知道需要先办理平面交叉道口的行政许可才能施工？</u>

答：<u>知道的，这次工期紧张，疏忽了。</u>

问：<u>你还有其他需要补充的吗？</u>

答：<u>没有了。</u>

(以下笔录无正文)

问：你是否有阅读能力，若阅读有困难，我们可以读给你听。请你仔细核对以上笔录，若笔录有误请指出来，我们将给予更正，若笔录与你说的一致，请你确认无误后在笔录上逐页签名确认。

答：<u>以上笔录记载与本人口述无误(手写)</u>

被调查(询问)人签名：<u>　王某　</u>　　调查(询问)人签名：<u>　周某、林某　</u>

时间：<u>　202×年××月××日　</u>　　时间：<u>　202×年××月××日　</u>

五、常见问题解答

问：开设道口需要挖掘公路，需要办理开设道口和挖掘公路两个行政许可吗？

答：开设道口如需挖掘公路，不需要办理开设道口和挖掘公路两个行政许可，仅需办理在公路上增设改造平面交叉道口的审批一项即可。

问：在公路上增设或者改造平面交叉道口，是否可以以施工单位名义申请？

答：应以建设单位或者代建单位名义进行申请。

问：此类违法行为在查处时，需注意的道路属性及法律适用是什么？

答：查处时，需查清案发处道路的属性是否为公路范畴，以及其等级情况。适用的法律法规包括《中华人民共和国公路法》和《上海市公路管理条例》。

本办案指引中所称的公路，是指本市行政区域内的国道、省道、县道、乡道和纳入公路规划的村道，包括公路桥梁、公路涵洞和公路隧道。县道、乡道和村道统称农村公路。按照等级可分为：一、二、三、四级。

公路平面交叉道口，是指公路与其他道路在同一平面内相交的道口。

问：哪些情况可以扣押涉案工具？

答：（1）根据《公路安全保护条例》第七十二条的规定，有权采取扣留车辆、工具的行政措施的情况有：造成了公路、公路附属设施损坏的后果。

（2）对于危害行为没有限制类别，只要是造成公路、公路附属设施损坏的行为，均适用本条规定。

（3）违法行为人拒不接受公路管理机构在现场进行的调查处理。

问：当事人拒不整改如何处理？

答：如出现当事人拒不整改的情形，城管执法队员在征询公安部门的意见后（以占掘路施工交通安全意见书是否出具为准），如不影响公共交通安全的，则以罚款结案；如影响公共交通安全的，执法队员可依据《行政强制法》第五十二条的规定，立即代履行，恢复公路原状。同时，可视现场具体情况，对涉案工具和物品实施先行登记保存。如经公路管理部门认定造成公路桥梁损坏的，案值超过5 000元，可移送公安机关，以破坏交通设施或毁坏公共财物追究刑事责任。

第十五项
损坏绿化或者绿化设施

一、违法行为概述

（一）基本概念

该违法行为是指单位、个人或其他组织损坏城市树木花草或绿化设施的行为。

（二）违法形态

(1) 偷盗、践踏、损毁树木花草。

(2) 借用树木作为支撑物或者固定物、在树木上悬挂广告牌。

(3) 在树旁和绿地内倾倒垃圾或者有害废渣废水、堆放杂物。

(4) 在绿地内擅自设置广告、搭建建筑物、构筑物。

(5) 在绿地内取土、焚烧。

(6) 其他损坏绿化或者绿化设施的行为。

（三）适用法律条款

《上海市绿化条例》

第三十七条：禁止下列损坏绿化和绿化设施的行为：1) 偷盗、践踏、损毁树木花草；2) 借用树木作为支撑物或者固定物、在树木上悬挂广告牌；3) 在树旁和绿地内倾倒垃圾或者有害废渣废水、堆放杂物；4) 在绿地内擅自设置广告，搭建建筑物、构筑物；5) 在绿地内取土、焚烧；6) 其他损坏绿化或者绿化设施的行为。

第四十五条：违反本条例第三十七条规定，损坏绿化或者绿化设施的，由市或者区绿化管理部门责令改正，并可处绿化或绿化设施补偿标准三至五倍的罚款。

二、执法检查与证据收集

（一）现场检查要点

(1) 拍摄：绿化或者绿化设施的位置、数量（或面积）、品种、损坏状况等。

(2) 现场实地测量或委托测绘：被损坏的绿化或绿化设施的数量（或面积）。

(3) 询问：现场向在场人进行调查询问，了解损坏绿化或绿化设施的当事人情况、持续时间及许可情况等。

(4) 文书制作：对现场调查、测量、询问、核实等经过进行记录，制作现场检查（勘验）笔录，绘制现场勘验图，请在场当事人签字；如现场未见当事人的，如实记录并可以请在场人作为见证人签字。

(5) 其他：收集当事人身份信息、绿化或绿化设施的管理或养护单位信息及管理台账等相关的书证、物证。

（二）调查询问要点

1. 询问当事人的要点

现场检查时，当事人在现场的，可当场询问并制作询问笔录；当事人不在场或不具备当场询问条件的，应送达调查（询问）通知书，载明要求当事人或委托代理人于指定时间、地点接受调查询问。询问当事人时，应以提问—回答的方式制作询问笔录，并同时音视频记录。

(1) 确认当事人、委托人身份信息，要求被询问人提供身份证、营业执照等，委托他人代为履行被调查义务的，提交授权委托人的身份证、由委托人签名或者盖章的授权委托书，授权委托书必须记明委托事项和权限，核实收集。

(2) 确认损坏绿化或绿化设施的时间、地点及具体表现形式，绿化或绿化设施的具体品种、面积或数量，行为产生的后果等。

(3) 出示现场检查（勘验）笔录及视听资料、现场勘验图等现场检查勘验证据，要求被询问人核实。

(4) 询问时要明确当事人是否有整改的情节。

(5) 记录被询问人想要补充说明和反映的其他相关情况。

2. 询问证人的要点

证人可能涉及绿化或绿化设施的管理单位、了解情况的相邻方、村居委、绿化市容管理部门人员、关联养护公司工作人员、物业工作人员等。

询问证人，可以提问—回答的方式制作询问笔录，并同时音视频记录。

(1) 询问前，应核实确认证人的身份，并就需要了解的情况进行调查和核实，如损坏绿化或者绿化设施行为发生的时间、实施行为的当事人、行为的表现形态以及绿化或绿化设施的数量、种类等具体情况。

(2) 对物业、养护单位调查询问时，可向其调查取证以下内容：绿化和绿化设施的原始情况,例如养护合同、养护台账、当天值班人员安排、何时发现违法行为、现场状况、是否发现违法当事人、有无采取措施制止违法行为等;现场附近是否有监控探头,能否锁定当事人,能否提供违法当事人的关联性证据。

(3)可要求证人对证明的相关情况提供书面证明或其他证据材料。

(三)证据采集列表

证据种类	证据明细	证据收集方法
书证	当事人身份证明材料,包括居民身份证、营业执照、授权委托书等	当事人提供,相关部门协助调查
书证	许可证明材料、施工方案、养护协议等	当事人提供,相关部门协助调查
书证	案件受理材料(全部案件来源)	检查发现、投诉举报、部门移送等
物证	相关涉案的绿化或绿化设施	现场取证
视听资料	执法视频、照片	现场取证
电子数据	监控视频	监控设备设置单位
鉴定意见	被损坏绿化或绿化设施的价值鉴定	绿化管理部门协查
证人证言	证人询问笔录或陈述笔录	询问调查
当事人的陈述	当事人询问笔录、陈述笔录	询问调查
勘验笔录、现场笔录	现场检查(勘验)笔录、复查记录	现场检查

三、参考案例解析

(一)基本案情

202×年××月××日××时××分,上海市浦东新区城市管理综合行政执法局执法队员张某(执法证号)、黄某(执法证号)接到物业的投诉举报前往××路××弄××号北侧绿地进行检查,发现该处北侧绿地的草坪遭到人为损坏,并改造成了停车位,但现场未发现当事人。经执法队员实地测量,破坏的草坪长为6米,宽为3米,损坏面积为18平方米。据执法人员向物业询问得知,此行为由该小区××号×××室业主丁某实施。执法人员随即上门对丁某进行询问,丁某承认其损坏草坪的行为。执法人员对丁某开具责令改正通知书。

(二)调查取证

(1)202×年××月××日,执法人员经现场检查后制作现场检查(勘验)笔录,当事人丁某签字。执法队员现场拍摄取证,收集丁某的身份证复印件。

(2)202×年××月××日,执法人员向绿化管理单位上海××物业管理有限公司物业经理张某进行询问调查,制作询问笔录,收集小区绿化的规划图纸、养护协议及管理台账、物业监控视频记录、上海××物业管理有限公司营业执照、法定代表人身份证明等证据材料。

(3)202×年××月××日,执法人员对当事人丁某进行询问,制作询问笔录,了解当事人损坏绿化(草坪)行为的具体经过,对现场检查(勘验)笔录和照片所反映的情况进行确认。

(4)202×年××月××日,执法人员现场复查发现,当事人丁某已自行整改,草坪已经恢复原状。执法人员制作现场复查笔录,并拍摄取证。

(三)违法事实认定

通过调查检查及所收集证据,认定事实如下:

当事人丁某于202×年××月××日××时××分,在××路××弄××号北侧绿地损坏草坪,该草坪属于××路××弄公共草坪,由上海市××物业管理有限公司管理养护。该草坪被损坏部分,经测量长为6米,宽为3米,损坏面积为18平方米,草坪价值按照《上海市绿化补偿费标准》计算。经查,当事人擅自损坏绿化(草坪),经执法人员责令改正后已按照要求完成整改。

(四)作出处罚决定

根据《上海市绿化条例》第四十五条:责令改正,并可处绿化或绿化设施补偿标准三至五倍的罚款。按照现行自由裁量基准,该行为损坏绿化(草坪)面积在50平方米以下,鉴于当事人积极配合且按要求改正,拟对当事人作出处绿化补偿标准三倍的罚款决定。

在作出处罚决定前,执法人员事先告知当事人拟作出行政处罚决定的事实、理由、依据及内容,并告知当事人依法享有的权利。当事人丁某在法定期限内未提出陈述申辩。基于当事人放弃陈述申辩权利,执法人员依法制作行政处罚决定书,并送达当事人丁某。

四、文书制作示例

(一) 现场检查(勘验)笔录

上海市浦东新区城市管理综合行政执法局
现场检查(勘验)笔录

检查(勘验)地点：	××路××弄××号北侧绿地	天气：	阴
检查(勘验)时间：	202×年××月××日××时××分至××时××分		
被检查(勘验)人：	丁某(单位名称或个人)		
身份证号码(统一社会信用代码)：	123456789876543210		
住址或住所：	××小区××号×××室	联系电话：	12345678901
现场负责人：	/	职务：/	联系电话：/
检查(勘验)人：	张某、黄某	记录人：	张某

表明身份及告知记录：我们是上海市浦东新区城市管理综合行政执法局的行政执法人员(出示证件)，现依法进行现场检查(勘验)。你(单位)享有以下权利：执法人员少于2人或者所出示的执法证件与其身份不符的，有权拒绝调查；依法享有申请回避以及陈述和申辩的权利。同时，你(单位)具有协助行政机关检查的义务。

现场检查(勘验)情况：202×年××月××日××时，上海市浦东新区城市管理综合行政执法局执法队员张某(执法证号)、黄某(执法证号)接到投诉举报，前往××路××弄××号北侧绿地进行现场检查。经检查发现该小区××号北侧绿地的绿化(草坪)遭到人为损坏，改造成车位。经执法队员现场测量，损坏的草坪长为6米，宽为3米，面积为18平方米。经执法人员向物业询问调查，确定损坏绿化的当事人为该小区××号×××室业主丁某。执法人员上门询问丁某，其承认损坏草坪的行为。执法人员现场拍摄照片、视频取证。

(以下空白)

附件：1. 现场附图；
 2. 现场照片×张；
 3. 现场摄像××分钟。
以上记录已阅，属实，无异议(手写)

被检查(勘验)人签名：丁某　　　　　　见证人签名：/
检查(勘验)人签名：张某、黄某　　　　记录人签名：张某

(二)调查(询问)笔录

上海市浦东新区城市管理综合行政执法局
调查(询问)笔录

时间：___202×___年___××___月___××___日___××___时___××___分至___××___时___××___分
地点：_____××路××号_____
被调查(询问)人：____丁某____ 性别：__×__ 年龄：__××__
身份证号码：____123456789876543210____
工作单位：____/____ 职务：____/____
联系地址：____××小区××号×××室____
邮编：____/____ 联系电话：____12345678901____
调查(询问)人：____张某、黄某____ 记录人：____张某____

告知：我们是上海市浦东新区城市管理综合行政执法局的执法人员(出示执法证)，根据《中华人民共和国行政处罚法》第五十五条的规定，依法进行调查。执法人员少于2人或身份与执法证件不符的，你有权拒绝调查询问；在接受调查(询问)之前，你有申请我们回避的权利；在调查(询问)过程中，你有陈述、申辩的权利；同时，你应当如实提供证据并协助调查，不得作伪证，否则将承担法律责任。你是否听清楚了？
答：听清楚了。
问：你是否申请回避？
答：不申请回避。
问：请你介绍下自己的姓名、身份、联系方式，并出示一下身份证件和谈话通知书要求携带的材料。
答：我叫丁某，我是××小区××号×××室的业主，我的身份证号码是123456789876543210，联系电话是12345678901。(出示身份证件)
问：我们在××月××日接到××小区北侧绿地被损坏的投诉举报，执法人员到现场调查后，据在场人及物业人员反映，该处草坪是被你破坏的，是否属实？
答：是的，是我铲掉的。
问：请你详细说下当时的情况。
答：202×年××月××日，我把家门口北侧的一部分草坪铲除了。
问：我们检查时发现损坏的草坪长为6米，宽为3米，占地面积为18平方米，是否属实？
答：属实。
(接下页)

被调查(询问)人签名：____丁某____ 调查(询问)人签名：____张某、黄某____
时间：____202×年××月××日____ 时间：____202×年××月××日____

调查(询问)笔录(续页)

(续上页)

问：为什么要这么做？

答：我家车没地方停，小区地面车位太少了，这块草坪离我家近，我把草坪改造后刚好让我停车。

问：请看下当时我们制作的现场检查(勘验)笔录和现场检查照片是否属实。

答：属实。

问：你是否已经按照要求进行整改？

答：已经找了绿化公司对这块草坪进行了补种。

问：你损坏的草坪属于小区绿化，按照《上海市绿化条例》的有关规定，不能随意破坏绿化和绿化设施，你是否知晓？

答：以前不知道，经过你们宣传教育后我知道了。

问：你还有其他需要补充说明的吗？

答：没有了。

(以下笔录无正文)

问：你是否有阅读能力，若阅读有困难，我们可以读给你听。请你仔细核对以上笔录，若笔录有误请指出来，我们将给予更正，若笔录与你说的一致，请你确认无误后在笔录上逐页签名确认。

答：以上笔录记载与本人口述无误(手写)

被调查(询问)人签名：__丁某__ 调查(询问)人签名：__张某、黄某__

时间：__202×年××月××日__ 时间：__202×年××月××日__

五、常见问题解答

问:绿化与绿化设施的区别是什么?

答:绿化是本市行政区域内种植和养护的树木花草。

绿化设施,是指绿地中供人游览、观赏、休憩的各类构筑物,以及用于绿化养护管理的各种辅助设施。

绿地包括公共绿地、单位附属绿地、居住区绿地、防护绿地。

公共绿地,是指公园绿地、街旁绿地和道路绿地。

单位附属绿地,是指机关、企事业单位、社会团体、部队、学校等单位用地范围内的绿地。

居住区绿地,是指居住区用地范围内的绿地。

防护绿地,是指城市中具有卫生隔离和安全防护功能的绿地。

问:如案件涉及施工项目的,当事人拒绝提供施工方案、许可证明怎么处理?

答:当事人拒绝提供施工方案、相关许可证明资料的,可以向绿化管理部门或建设主管部门进行协查调取。如物业公司没有相关绿化规划图纸的,可请规划部门进行协查,也可至档案管理部门查阅调取,由其提供相应证明资料。

问:当事人拒不整改怎么处理?

答:如果当事人拒不整改,城管部门应当依照法定职权责令其停止违法行为,对其作出行政处罚决定,并按照相关裁量基准从重处罚,同时可依据《上海市绿化条例》,请绿化养护部门对受损坏的绿化进行及时养护修复或补种,恢复工程的造价参照现行《上海市园林建设工程预算定额》执行,由当事人承担赔偿责任;如损坏绿化和绿化设施的违法条件达到《上海市城市管理行政执法与刑事司法衔接工作办法》及其附件规定的,移交公安部门依法追究刑事责任。

第十六项
未安装使用燃气泄漏安全保护装置

一、违法行为概述

（一）基本概念

该违法行为是指燃气供气站点或在室内公共场所、地下或者半地下建筑物内使用燃气的燃气用户，没有根据燃气使用情况及气体种类安装相应的、具有产品合格证明并经质量监测部门检测合格的燃气泄漏安全保护装置。

正规的燃气泄漏安全保护装置具有国家质量技术监督部门核发的计量合格证书，经公安消防部门认可的检验机构检测合格，持有防爆合格证书和型式认可证书。

（二）违法形态

(1) 未安装燃气泄漏保护装置。

(2) 安装的燃气泄漏保护装置不符合国家现行标准的规定[①]，无法出示合格证明、检测报告，可参看上海市住房和城乡建设委员会销售备案且列入有监控平台的燃气报警装置目录。

(3) 仅安装部分燃气泄漏安全保护装置。

燃气泄漏安全保护装置是具有燃气泄漏报警和自动切断功能装置的总称，包括燃气泄漏报警器与紧急切断阀联动装置、燃气泄漏报警装置，过流和泄漏切断装置等，安装应当符合《城镇燃气报警控制系统技术规程》(CJJ/T 146－2011)。

(4) 使用的燃气泄漏保护装置种类与用气场所使用的燃气不一致。

(5) 燃气泄漏保护装置未定期检测。

---

① 《可燃气体探测器第 1 部分工业及商业用途点型可燃气体探测器》(GB 15322.1－2019)和《城镇燃气泄漏报警器安全技术条件》(DB 31/T89－2009)。

（三）适用法律条款

《上海市燃气管理条例》

第二十五条：（1）燃气供气站点应当安装使用燃气泄漏安全保护装置。

（2）在室内公共场所、地下或者半地下建筑物内使用燃气的，应当安装使用燃气泄漏安全保护装置；未安装使用燃气泄漏安全保护装置的，燃气企业不得供气。

（3）按照本条第一款、第二款规定须安装燃气泄漏安全保护装置的燃气供气站点和用户，应当委托专业的检测机构定期对燃气泄漏安全保护装置进行检测。

（4）本市提倡居民用户使用家用燃气泄漏报警器。

第四十九条：违反本条例有下列情形之一的，由市燃气管理处责令限期改正，并按照下列规定予以处罚：

（1）违反本条例第二十条规定，擅自停业、歇业或者关闭燃气供气站点的，可以处5 000元以上5万元以下的罚款；情节严重的，可以处5万元以上10万元以下的罚款。

（2）违反本条例第二十五条第一款、第二款、第三款规定，未安装使用燃气泄漏安全保护装置或者未定期检测的，可以处3 000元以上3万元以下的罚款。

（3）违反本条例第三十四条第一款规定，未履行备案义务的，可以处500元以上5 000元以下的罚款。

（4）违反本条例第三十六条规定，未取得燃气器具安装维修许可证从事相关活动的，可以处5 000元以上5万元以下的罚款；在经营过程中丧失或者部分丧失经营条件，逾期不改正的，可以处3 000元以上3万元以下的罚款；情节严重的，吊销其燃气器具安装维修许可证。

二、执法检查与证据收集

（一）现场检查要点

（1）拍摄：涉事场所的具体地址、燃气泄漏保护装置的安装情况（包括位置、数量）、用气种类和情况等。

（2）询问：询问当事人是否能够出示燃气泄漏保护装置的合格证明、验收证明，是否定期检测。

（3）文书制作：对现场调查、询问、核实等经过进行记录（包括燃气场所描述，燃气使用的情况、种类，燃气泄漏安全保护装置的安装、使用、检测情况），制作现场检查(勘验)笔录,绘制现场勘验图(绘制检查地点具体房屋结构图,明确用气位置),请在场当事人签字;如现场未见当事人的,如实记录并可以请在场人作为见证人签字。

当事人一般为燃气用户,即单位法人或使用者,可通过现场工作人员出示的供气合同或营业执照初步确认当事人。

(4)其他：收集当事人身份信息、商铺营业执照、供气合同,以及燃气泄漏保护装置的合格证明、验收证明、检测报告等。

使用液化石油气(瓶装气)的场所,燃气泄漏安全保护装置需要安装在距地面约0.3米处,且与燃气灶具的水平距离小于4米,燃气公司需开具燃气安检单。天然气燃气泄漏安全保护装置需安装在距房顶0.3米以内,一般为吸顶装置,实行年检。

(二)调查询问要点

(1)确定当事人或委托人身份。要求被询问人提供身份证、营业执照、法定代表人身份证明等。

餐饮等行业的生产经营单位是安装燃气报警装置并保证其正常使用的责任主体,因此可通过被询问人提供的营业执照、供气合同、购买凭证等确认当事人。委托他人代为履行被调查义务的,提交授权委托人的身份证、由委托人签名或者盖章的授权委托书,授权委托书必须记明委托事项和权限,核实收集。

(2)确认使用燃气的种类,是否安装或安装完全燃气泄漏安全保护装置,是否发生过燃气安全事故,并要求被询问人提供装置的相关合格验收证明、检验报告等。

(3)出示现场检查(勘验)笔录及视听资料、现场勘验图等现场检查勘验证据,要求被询问人核实。

(4)记录被询问人想要补充说明和反映的其他相关情况。

(三)证据采集列表

证据种类	证据明细	证据收集方法
书　证	当事人身份证明材料如身份证、营业执照、统一信用代码证等,燃气泄漏安全保护装置检测记录	当事人提供、相关部门协助
	案件受理材料(全部案件来源)	检查发现、投诉举报、部门移送等

续　表

证据种类	证　据　明　细	证据收集方法
物　证	燃气泄漏安全保护装置	现场取证
视听资料	现场摄像、照片	现场取证
证人证言	证人询问笔录或陈述笔录	询问调查
当事人的陈述	当事人询问笔录、陈述笔录	询问调查
勘验笔录、现场笔录	现场检查（勘验）笔录、复查记录	现场检查

三、参考案例分析

（一）基本案情

202×年××月××日××时××分，上海市浦东新区城市管理综合行政执法局执法队员王某（执法证号）、李某（执法证号）至××路××号进行执法检查。经查，该商户店招名为"×××酒家"，营业执照名称为"上海市浦东新区×××酒家"，经营范围为餐饮服务。该商户厨房内有灶台等燃气器具正在使用，使用的燃气种类为天然气。只有厨房一处使用燃气，经查未安装使用燃气泄漏安全保护装置。执法队员找到了该商户经理杨某陪同执法人员一同进行检查，杨某未能提供安装使用燃气泄漏安全保护装置的相关证明材料。考虑到人身财产安全，执法队员将该情况告知燃气公司，由燃气公司核实后对当事人停止供气。

（二）调查取证

（1）202×年××月××日，执法人员制作现场检查（勘验）笔录，"上海市浦东新区×××酒家"的经理杨某作为当事人签字。执法队员现场拍摄取证，收集杨某的身份证复印件及该商户的营业执照。

（2）202×年××月××日，执法人员向"上海市浦东新区×××酒家"的老板杨某进行询问调查，制作询问笔录，收集供气合同等证据材料。

（3）202×年××月××日，执法人员现场复查发现，当事人×××酒家已委托有资质的单位，安装了具有产品合格证明并经质量监测部门检测合格的燃气泄漏安全保护装置，执法人员制作现场复查笔录并拍摄取证。

（三）违法事实认定

通过现场检查及上述证据，认定事实如下：

当事人"上海市浦东新区×××酒家"于202×年××月××日在××路××号营业至今，从事餐饮服务，经现场勘查及供气合同显示，该处厨房内通气的燃气为天然气，且当事人正在使用灶台，作为室内公共场所，应当安装天然气泄漏安全保护装置。经查，当事人未安装使用燃气泄漏安全保护装置。202×年××月××日，经执法人员至现场复查，当事人已委托有资质的单位，安装了具有产品合格证明并经质量监测部门检测合格的燃气泄漏安全保护装置。

（四）作出处罚决定

根据《上海市燃气管理条例》第二十五条第二款：在室内公共场所、地下或者半地下建筑物内使用燃气的，应当安装使用燃气泄漏安全保护装置；未安装使用燃气泄漏安全保护装置的，燃气企业不得供气。按照现行自由裁量基准，鉴于当事人在限期内已整改完毕，且在经营期间内未发生燃气安全事故，拟对当事人"上海市浦东新区×××酒家"不予处罚。

执法人员事先告知当事人拟作出不予行政处罚的事实、理由、依据，并告知当事人依法享有的权利。当事人未在规定期限内进行陈述申辩，执法人员开具不予处罚决定书并送达当事人。

四、文书制作示例

（一）现场检查（勘验）笔录

上海市浦东新区城市管理综合行政执法局
现场检查（勘验）笔录

检查（勘验）地点：＿＿＿××路××号＿＿＿　　天气：＿晴＿

检查（勘验）时间：＿202×＿年××月××日××时××分至××时××分

被检查（勘验）人：＿＿上海市浦东新区×××酒家（单位全称或个人）＿＿

身份证号码（统一社会信用代码）：＿＿123456789876543210＿＿

住址或住所：＿××区××路××号＿　联系电话：＿12345678901＿

现场负责人：＿杨某＿　职务：＿经理＿　联系电话：＿98765432109＿

检查（勘验）人：＿王某、李某＿　　　记录人：＿王某＿

表明身份及告知记录： 我们是上海市浦东新区城市管理综合行政执法局的行政执法人员（出示证件），现依法进行现场检查（勘验）。你（单位）享有以下权利：执法人员少于2人或者所出示的执法证件与其身份不符的，有权拒绝调查；依法享有申请回避以及陈述和申辩的权利。同时，你（单位）具有协助行政机关检查的义务。

现场检查（勘验）情况： 202×年××月××日××时××分，上海市浦东新区城市管理综合行政执法局执法队员王某（执法证号）、李某（执法证号）至××路××号进行执法检查。经查，该商户店招名为"×××酒家"，营业执照名称为"上海市浦东新区×××酒家"，经营范围为餐饮服务。该商户厨房内有灶台等燃气具正在使用，使用的燃气种类为天然气。只有厨房一处使用燃气，经查未安装使用燃气泄漏安全保护装置。执法队员找到了该商户经理杨某陪同执法人员一同进行检查，杨某未能提供安装使用燃气泄漏安全保护装置的相关证明材料。执法队员现场拍摄取证。

（以下空白）

附件：1. 现场附图；
　　　2. 现场照片×张；
　　　3. 现场摄像××分钟。

以上记录已阅，属实，无异议（手写）

被检查（勘验）人签名：杨某　　　见证人签名：/
检查（勘验）人签名：王某、李某　　记录人签名：王某

(二) 调查(询问)笔录

上海市浦东新区城市管理综合行政执法局
调查(询问)笔录

时间：__202×__ 年 __××__ 月 __××__ 日 __××__ 时 __××__ 分至 __××__ 时 __××__ 分
地点：_____××路××号_____
被调查(询问)人：_____杨某_____ 性别：__×__ 年龄：__××__
身份证号码：_____123456789876543210_____
工作单位：_____×××酒家_____ 职务：_____经理_____
联系地址：_____××区××路××号_____
邮编：_____/_____ 联系电话：_____12345678901_____
调查(询问)人：_____王某、李某_____ 记录人：_____王某_____

告知：我们是上海市浦东新区城市管理综合行政执法局的执法人员(出示执法证)，根据《中华人民共和国行政处罚法》第五十五条的规定，依法进行调查。执法人员少于2人或身份与执法证件不符的，你有权拒绝调查询问；在接受调查(询问)之前，你有申请我们回避的权利；在调查(询问)过程中，你有陈述、申辩的权利；同时，你应当如实提供证据并协助调查，不得作伪证，否则将承担法律责任。你是否听清楚了？
答：听清楚了。
问：你是否申请回避？
答：不申请回避。
问：请介绍下你的姓名、身份，并出示身份证信息。
答：我叫杨某，我是××路××号×××酒家的经理。这是营业执照，我的身份证号码是123456789876543210，我的联系电话是12345678901。
问：我们于202×年××月××日××时××分，至××路××号的×××酒家，检查商户是否安装燃气泄漏安全保护装置，请问你是否知情？
答：我知道的，当时我陪同了检查。
问：执法队员进行执法检查时，上海市浦东新区×××酒家是否处于营业状态？
答：在对外营业。
问：上海市浦东新区×××酒家现在用的是何种气源？有几处用气的地方？
答：是天然气。就厨房一处。
问：上海市浦东新区×××酒家是否安装了燃气泄漏安全保护装置？
答：没有安装。
(接下页)

被调查(询问)人签名：_____杨某_____ 调查(询问)人签名：_____王某、李某_____
时间：_____202×年××月××日_____ 时间：_____202×年××月××日_____

调查(询问)笔录(续页)

(续上页)

问：请问上海市浦东新区×××酒家开业至今，有无发生燃气安全事故？

答：没有发生过燃气安全事故。

问：你还需要什么补充吗？

答：没有了。

(以下笔录无正文)

问：你是否有阅读能力，若阅读有困难，我们可以读给你听。请你仔细核对以上笔录，若笔录有误请指出来，我们将给予更正，若笔录与你说的一致，请你确认无误后在笔录上逐页签名确认。

答：以上笔录记载与本人口述无误(手写)

被调查(询问)人签名： 杨某　　调查(询问)人签名： 王某、李某

时间： 202×年××月××日　　时间： 202×年××月××日

五、常见问题解答

问：如何界定燃气泄漏保护装置是否正常使用？

答：(1) 可燃气体报警装置须保持供电，否则无法发出报警信号，因此检查使用过程中是否擅自断电。

(2) 可燃气体探测器使用年限为 3 年，检查到期后是否及时更换。

(3) 检查是否存在私自改装、停用、损坏燃气报警控制系统的行为。

问：燃气泄漏安全保护装置是否可以自行安装？

答：建议委托具有燃气工程设计资质、消防工程施工资质的单位进行燃气报警装置的设计、安装，委托燃气经营企业配套安装联动切断阀。最终需由包括燃气经营企业在内的相关单位开展验收，如验收未通过，不得投入使用，供气企业不得供气。

问：如何确认燃气泄漏保护装置的探测气体种类？

答：在可燃气体探测器型号中，型号代码由 GT 开头，代表适用于天然气场所；由 GY 开头，代表适用于液化石油气场所；GTY 开头，代表适用于天然气和液化石油气场所。

第十七项

地下燃气管线未采取相应的安全保护措施即进行施工

一、违法行为概述

（一）基本概念

该违法行为是指建设单位、施工单位在建设工程范围内有地下燃气管线等重要燃气设施时，未按照法律法规规定及燃气设施保护方案，在施工过程中采取相应的安全保护措施，确保燃气设施运行安全。

（二）适用法律条款

《城镇燃气管理条例》

第三十七条：新建、扩建、改建建设工程，不得影响燃气设施安全。

建设单位在开工前，应当查明建设工程施工范围内地下燃气管线的相关情况；燃气管理部门以及其他有关部门和单位应当及时提供相关资料。

建设工程施工范围内有地下燃气管线等重要燃气设施的，建设单位应当会同施工单位与管道燃气经营者共同制定燃气设施保护方案。建设单位、施工单位应当采取相应的安全保护措施，确保燃气设施运行安全；管道燃气经营者应当派专业人员进行现场指导。法律、法规另有规定的，依照有关法律、法规的规定执行。

第五十二条：违反本条例规定，建设工程施工范围内有地下燃气管线等重要燃气设施，建设单位未会同施工单位与管道燃气经营者共同制定燃气设施保护方案，或者建设单位、施工单位未采取相应的安全保护措施的，由燃气管理部门责令改正，处1万元以上10万元以下罚款；造成损失的，依法承担赔偿责任；构成犯罪的，依法追究刑事责任。

二、执法检查与证据收集

（一）现场检查要点

（1）检查：查看施工区域情况，通过现场人员、施工铭牌、现场施工机械、施工许可材料等锁定建设工程建设单位、施工单位等信息,用以确定违法行为当事人。重点确认现场施工区域内是否存在燃气管道、施工是否取得施工许可、是否能提供保护方案、是否采取保护措施。

（2）询问：询问施工现场负责人是否向燃气经营者提取过本工地范围内燃气设施分布情况的相关资料,如地下管线分布图等,是否会同施工单位、燃气经营者制定燃气设施保护方案,办理地下管线监护交底卡。

（3）文书制作：对现场调查、询问、核实等经过进行记录,制作现场检查（勘验）笔录,绘制现场勘验图,请在场当事人签字；如现场未见当事人的,如实记录并可以请在场人作为见证人签字。

（4）其他：收集当事人身份信息、施工现场管理人或承包人身份信息、相关的书证、物证等。

（二）调查询问要点

1. 询问当事人的要点

现场检查时,当事人在场的,可当场询问并制作询问笔录；当事人不在场或不具备当场询问条件的,应送达调查（询问）通知书,载明要求当事人或委托代理人于指定时间、地点接受调查询问。询问当事人时,应以提问一回答的方式制作询问笔录,并同时音视频记录。

（1）当事人的相关身份信息。

（2）涉案施工区域的具体地址。

（3）燃气设施在工地范围内的分布、燃气管道设施目前状态、施工地点与管道的距离等情况。

（4）具体的违法形态及实施违法行为的具体时间。

（5）现场施工情况的描述。

（6）建设单位办理地下管线监护交底卡的情况。

（7）是否已经进行了整改。

（8）现场检查笔录与勘验照片是否属实。

要明确当事人工地范围、燃气设施位置、施工情况（作业方式、时间、位置）、当事人是否查明燃气设施、有无保护措施、是否有相关手续等。

2. 对燃气公司的调查询问

要明确发现问题的时间、现场情况、燃气设施情况（位置、基本情况、有无受损）、当事人是否查明燃气设施、有无保护措施、有无相关手续等。

（三）证据采集列表

证据种类	证据明细	证据收集方法
书证	当事人身份证明材料，包括单位证照、个人居民身份证、授权委托书等	当事人提供、相关部门协助
书证	施工合同、建设项目总平图、燃气管线分布图、地下管线交底卡等	当事人提供、相关部门协助
书证	案件受理材料（全部案件来源）	检查发现、投诉举报、部门移送等
物证	施工工具	现场取证
视听资料	现场摄像、照片	现场取证
视听资料	其他录像、照片资料	管理部门、当事人、市民等提供
证人证言	证人询问笔录或陈述笔录	询问调查
当事人陈述	当事人询问笔录、陈述笔录	询问调查
勘验笔录、现场笔录	现场检查（勘验）笔录、复查记录	现场检查

三、参考案例解析

（一）基本案情

202×年××月××日下午，接浦东新区××天然气公司举报，浦东新区××路××号××广场建设工地施工单位，在进行打桩作业时有致管道破损的危险。浦东新区城市管理综合行政执法局执法支队执法队员周某（执法证号）、林某（执法证号）接报后前往现场检查。经查，该处工地为××商业广场新建项目，施工单位为A公司，建设单位为B公司，现场已完成打桩。燃气公司工作人员徐某介绍该工地范围内有1根高压燃气管道，埋深5米，管径500毫米，长度160米，为东西走向，并提供管线图佐证，目前燃气管道已抢修并恢复正常。现场施工单位负责人李某出示了该工程的地下管线交底材料。

第十七项　地下燃气管线未采取相应的安全保护措施即进行施工

（二）调查取证

（1）202×年××月××日，执法人员制作现场检查（勘验）笔录，施工单位A公司现场负责人李某作为当事人签字。执法队员现场拍摄取证，收集李某的身份证复印件。

（2）202×年××月××日，执法人员向××商业广场新建项目施工单位A公司李某进行询问调查，制作询问笔录，收集施工合同、建设项目总平图、地下管线监护交底卡、A公司营业执照、法定代表人身份证明、委托代理书等证据材料。

（3）202×年××月××日，执法人员向上海××天然气有限公司徐某进行询问调查，制作询问笔录，收集燃气管线分布图、上海××天然气有限公司营业执照、法定代表人身份证明、委托代理书等证据材料。

（4）202×年××月××日，执法人员对现场进行复查，当事人A公司已经停止施工，执法人员制作现场复查笔录并拍摄取证。

（三）违法事实认定

通过现场检查及上述证据，认定事实如下：

当事人A公司于202×年××月××日在浦东新区××路××号××广场建设工地存在影响燃气设施安全的施工，现场已完成打桩。经查，该工地范围内有1根高压燃气管道，埋深5米，管径500毫米，长度160米，为东西走向，管道以南距工地围墙10米，管道以北距打桩处12米，并提供管线图佐证。施工单位A公司未采取相应的安全保护措施。

（四）作出处罚决定

该行为违反了《城镇燃气管理条例》第三十七条第三款的规定，依据《城镇燃气管理条例》第五十二条的规定，建设单位、施工单位未采取相应的安全保护措施的，由燃气管理部门责令改正，处1万元以上10万元以下罚款；造成损失的，依法承担赔偿责任；构成犯罪的，依法追究刑事责任。鉴于当事人未造成损害后果的，按照现行自由裁量基准，拟作出罚款人民币1万元的行政处罚。

在作出处罚决定前，执法人员事先告知当事人拟作出行政处罚决定的事实、理由、依据及内容，并告知当事人依法享有的权利。当事人A公司未在规定期限内进行陈述申辩，故作出罚款1万元的处罚决定。

四、文书制作示例

（一）现场检查（勘验）笔录

上海市浦东新区城市管理综合行政执法局
现场检查（勘验）笔录

检查（勘验）地点： ××路××号××广场建设工地　　　　**天气：** 晴
检查（勘验）时间： 202×年××月××日××时××分至××时××分
被检查（勘验）人： A公司（单位全称或个人）
身份证号码（统一社会信用代码）： 123456789876543210
住址或住所： ××区××路××号　　**联系电话：** 12345678901
现场负责人： 李某　　**职务：** 经理　　**联系电话：** 98765432109
检查（勘验）人： 周某、林某　　　　**记录人：** 林某

　　表明身份及告知记录： 我们是上海市浦东新区城市管理综合行政执法局的行政执法人员（出示证件），现依法进行现场检查（勘验）。你（单位）享有以下权利：执法人员少于2人或者所出示的执法证件与其身份不符的，有权拒绝调查；依法享有申请回避以及陈述和申辩的权利。同时，你（单位）具有协助行政机关检查的义务。

　　现场检查（勘验）情况： 202×年××月××日下午，接浦东新区××天然气公司举报，在浦东新区××路××号××广场建设工地存在影响燃气设施安全的施工。浦东新区城市管理综合行政执法局执法队员周某（执法证号）、林某（执法证号）接报后前往现场检查。经查，该处工地为××商业广场新建项目，施工单位为A公司，建设单位为B公司，现场已完成打桩。天然气公司工作人员徐某介绍该工地范围内有1根高压燃气管道，埋深5米，管径500毫米，长度160米，为东西走向，管道以南距工地围墙10米，管道以北距打桩处12米，并提供管线图佐证，目前燃气管道正常。现场施工单位负责人李某全程陪同执法检查并提供了地下管线交底材料，施工单位A公司在施工现场未采取相应的保护措施。执法队员现场拍摄取证。

　　（以下空白）

　　附件： 1. 现场附图；
　　　　　　2. 现场照片×张；
　　　　　　3. 现场摄像××分钟。

　　　　　　以上记录已阅，属实，无异议（手写）

被检查（勘验）人签名： 李某　　　　**见证人签名：** 徐某
检查（勘验）人签名： 周某、林某　　**记录人签名：** 林某

(二)调查(询问)笔录
1. 当事人询问笔录

上海市浦东新区城市管理综合行政执法局
调查(询问)笔录

时间： 202× 年 ×× 月 ×× 日 ×× 时 ×× 分至 ×× 时 ×× 分
地点： ××路××号
被调查(询问)人： 李某　　　　　性别： ×　　年龄： ××
身份证号码： 123456789876543210
工作单位： A公司　　　　　　　　职务： 经理
联系地址： ××区××路××号
邮编： /　　　　　　　　　　联系电话： 12345678901
调查(询问)人： 周某、林某　　　记录人： 林某

告知：我们是上海市浦东新区城市管理综合行政执法局的执法人员(出示执法证)，根据《中华人民共和国行政处罚法》第五十五条的规定，依法进行调查。执法人员少于2人或身份与执法证件不符的，你有权拒绝调查询问；在接受调查(询问)之前，你有申请我们回避的权利；在调查(询问)过程中，你有陈述、申辩的权利；同时，你应当如实提供证据并协助调查，不得作伪证，否则将承担法律责任。你是否听清楚了？
答：听清楚了。
问：你是否申请回避？
答：不申请回避。
问：请介绍下自己的身份。
答：我叫李某，是A公司的经理，身份证号123456789876543210。
问：202×年××月××日，根据浦东新区××天然气公司举报，执法人员在××路××号××广场建设工地检查发现有影响燃气设施安全的施工，你是否知晓此事？
答：我知道，当日检查发现在施工现场未采取相应的保护措施，今天就是受公司委托来处理这件事的，这是委托文件。
问：请问在浦东新区××路××号进行的是什么建设项目？
答：此处正在进行的是××广场新建项目。
问：此项目是何单位进行建设、施工？
答：施工单位是A公司，建设单位是B公司。
(接下页)

被调查(询问)人签名： 李某　　　调查(询问)人签名： 周某、林某
时间： 202×年××月××日　　　时间： 202×年××月××日

调查(询问)笔录(续页)

(续上页)

问：请介绍一下项目的情况。

答：该工程是××广场项目，于202×年××月××日取得施工许可证，目前正进行打桩施工。

问：请介绍该工程项目四至范围。

答：项目东至××路，南至××河，西至××路，北至××小区。

问：工程开工时有没有向燃气企业申请查明地下有没有燃气设施？

答：A公司工程开工时没有向燃气企业申请查明地下燃气设施情况。

问：经燃气企业检查及现场执法检查，你单位所建设的××广场项目范围内，已有地下高压燃气管道，埋深5米，管径500毫米，长度160米，为东西走向，管道以南距工地围墙10米，管道以北距打桩处12米，是否属实？

答：属实。

问：你单位是否会同建设单位、燃气企业制定保护方案，办理地下管线交底卡？

答：有的。

问：目前现场是否还在施工？

答：已停工。

问：是否还有其他情况需要补充？

答：没有了。

(以下笔录无正文)

问：你是否有阅读能力，若阅读有困难，我们可以读给你听。请你仔细核对以上笔录，若笔录有误请指出来，我们将给予更正，若笔录与你说的一致，请你确认无误后在笔录上逐页签名确认。

答：以上笔录记载与本人口述无误(手写)

被调查(询问)人签名：___李某___　　调查(询问)人签名：___周某、林某___

时间：___202×年××月××日___　　时间：___202×年××月××日___

2. 燃气公司询问笔录

上海市浦东新区城市管理综合行政执法局
调查(询问)笔录

时间： 202×年××月××日××时××分至××时××分
地点： ××路××号
被调查(询问)人： 徐某　　　　　　性别： ×　　年龄： ××
身份证号码： 123456789876543210
工作单位： 上海××天然气有限公司　　　职务： 巡检组组长
联系地址： ××区××路××号
邮编： /　　　　　　　　联系电话： 12345678901
调查(询问)人： 周某、林某　　　记录人： 林某

告知：我们是上海市浦东新区城市管理综合行政执法局的执法人员(出示执法证)，根据《中华人民共和国行政处罚法》第五十五条的规定，依法进行调查。执法人员少于2人或身份与执法证件不符的，你有权拒绝调查询问；在接受调查(询问)之前，你有申请我们回避的权利；在调查(询问)过程中，你有陈述、申辩的权利；同时，你应当如实提供证据并协助调查，不得作伪证，否则将承担法律责任。你是否听清楚了？
答：听清楚了。
问：你是否申请回避？
答：不申请回避。
问：请介绍下自己的身份。
答：我叫徐某，是××天然气公司的巡检组组长，身份证号123456789876543210。
问：202×年××月××日，根据你公司举报，执法人员在××路××号××广场建设工地检查发现有影响燃气设施安全的施工，该情况你是否清楚？
答：清楚。202×年××月××日，我公司在巡查中发现××路××号××广场建设工地范围内有一根高压燃气管道，施工方上海A公司未采取相应安全保护措施。
问：你单位人员巡查时现场是什么情况？
答：该工地正在打桩。
问：请介绍该工地内的燃气管道情况。
答：该工地内有一根地下高压燃气管道，埋深5米，管径500毫米，长度160米，东西走向，管道以南距工地围墙10米，管道以北距打桩处12米。

(接下页)

被调查(询问)人签名： 徐某　　　　调查(询问)人签名： 周某、林某
时间： 202×年××月××日　　　　时间： 202×年××月××日

调查(询问)笔录(续页)

(续上页)

问：你们发现后，采取了什么措施？
答：发现后要求现场施工人员停工，并告知你们执法部门到现场查处。
问：请介绍一下目前现场情况？
答：目前现场已停工。
问：目前燃气管道有无受损？
答：经排查，目前管道正常。
问：××月××日我执法人员现场检查后，该单位是否已与你们制定保护方案并签订地下管线监护交底卡？
答：××月××日当事人派人办理了地下管线监护交底卡，我们已告知对方在管道两侧6米范围内不得从事的施工作业类型。
问：是否还有其他情况需要补充？
答：没有。
(以下笔录无正文)

问：你是否有阅读能力，若阅读有困难，我们可以读给你听。请你仔细核对以上笔录，若笔录有误请指出来，我们将给予更正，若笔录与你说的一致，请你确认无误后在笔录上逐页签名确认。
答：以上笔录记载与本人口述无误(手写)

被调查(询问)人签名： 徐某　　　调查(询问)人签名： 周某、林某
时间： 202×年××月××日　　　时间： 202×年××月××日

五、常见问题解答

问：什么是燃气设施？

答：根据《城镇燃气管理条例》第五十三条定义，燃气设施是指人工煤气生产厂、燃气储配站、门站、气化站、混气站、加气站、灌装站、供应站、调压站、市政燃气管网等的总称，包括市政燃气设施、建筑区划内业主专有部分以外的燃气设施以及户内燃气设施等。

问：什么是地下管线安全保护方案？

答：地下管线安全保护方案需包括地下管线保护总体措施、管线保护目标，明确管线保护责任部门以及责任人员，明确责任人员组织架构以及职责，同时应当包含施工阶段燃气事故应急预案。

建设单位应当会同施工单位与管道燃气经营者，制定相应的安全保护方案，并以此为基础至上海市住房和城乡建设管理委员会申请办理地下管线监护交底卡。

问：什么是地下管线安全保护措施？

答：（1）根据了解的管线数量、规格、走向及时向班组、职工做好交底工作，并有书面记录。

（2）深基础施工前，必须先挖样洞或样槽，经管线单位监护人核实管线实地位置后方可施工。

（3）机械开挖必须有专人负责对地下管线的监护。

（4）机械开挖土在距管线 1 米内，应采用人工开挖，防止机械抓斗损坏管线。

（5）在了解管线后，应及时在其他地面竖管线标牌，注明管线名称规格，离地面高度等，便于管线监护。

（6）地下煤气管线等附近，禁止使用明火，若确需动明火，则向有关部门申请。

（7）施工中，若发现地下管线有异常情况，必须先停止施工，同时与管线单位联系，现场监护，并向主管部门报告。若发现地下管线损坏事故，应立即通知管线单位，保护现场，做好记录，并向主管部门报告，坚持"抢修在前处理在后"的原则。

问：如何正确认定违法主体？

答：通常该类型案件主要来源为燃气公司定期巡查中发现问题后的投诉举报。该类案件发生时，项目工程基本已经进入施工阶段，施工单位对施工期间地下管线保护负主体责任。

第十八项
未依法报批建设项目环境影响报告书、报告表

一、违法行为概述

（一）基本概念

该违法行为是指建设项目的环境影响评价文件未依法报有审批权的生态环境主管部门审批，建设单位擅自开工建设，简称"未批先建"。

（二）违法形态

（1）建设单位未按规定编制建设项目的环境影响报告书、报告表并向具有审批权的生态环境主管部门报批，擅自开工建设。

（2）建设单位按规定编制了建设项目的环境影响报告书、报告表，但未依法向具有审批权的生态环境主管部门报批，擅自开工建设。

（三）适用法律条款

《中华人民共和国环境影响评价法》

第二十二条第一款：建设项目的环境影响报告书、报告表，由建设单位按照国务院的规定报有审批权的生态环境主管部门审批。

第二十五条：建设项目的环境影响评价文件未依法经审批部门审查或者审查后未予批准的，建设单位不得开工建设。

第三十一条第一款：建设单位未依法报批建设项目环境影响报告书、报告表，擅自开工建设的，由县级以上生态环境主管部门责令停止建设，根据违法情节和危害后果，处建设项目总投资额百分之一以上百分之五以下的罚款，并可以责令恢复原状。

二、执法检查与证据收集

（一）现场检查要点

（1）拍摄：建设项目具体情况，如生产设备、生产工艺、原辅材料以及产污、

治污、排污情况的影像描述。

（2）现场勘验图：绘制案发地点具体方位图。

（3）询问：严格比对《建设项目环境影响评价分类管理名录（2021年版）》，确认现场情况是否属于环境影响报告书或报告表范畴；明确建设项目在检查时的状态；明确项目建成时间；确认违法主体。

（4）文书制作：对现场调查、询问、核实等经过进行记录，制作现场检查（勘验）笔录，绘制现场勘验图，请在场当事人签字；如现场未见当事人的，如实记录并可以请在场人作为见证人签字。

（5）其他：收集当事人身份信息、产证或租赁合同、相关的书证、物证等。

（二）调查询问要点

对当事人的调查询问需要围绕现场检查情况，明确从事的行业、生产工艺、生产设备、原辅料使用、配套建设的污染防治措施等基本情况，明确建设项目环评文件类别、组织编制环评文件情况、环评文件报批情况，明确建设项目当前所处状态、建设项目开工建设时间、建设项目建成时间等情况。询问当事人对建设项目环评文件的编制进展、建设项目擅自开工建设的起始时间、持续时间、建成时间，对涉嫌违法行为采取的整改措施等，进一步锁定违法事实。

（1）当事人的身份信息及委托权限；

（2）当事人的生产经营状况，包括当事人的名称、生产经营地址、所从事的行业、生产经营状况等情况；

（3）向被询问人确认现场的检查情况，包括建设项目生产工艺、生产设备、原辅料使用、配套建设的污染防治措施等情况；

（4）建设项目当前所处状态；

（5）时间节点，包括建设项目开工建设时间、建设项目建成时间；

（6）建设项目所属环评文件类别；

（7）环评文件编制情况；

（8）环评文件是否报批并获准；

（9）相关整改情况；

（10）两年内环境违法次数；

（11）对周边居民、单位等是否造成不良影响；

（12）阅读笔录后是否需要补充内容及对记录内容是否有异议。

（三）证据采集列表

证据种类	证据明细	证据收集方法
书　证	当事人身份证明材料、营业执照、环评文件、原辅材料清单、委托代理文件、送达地址确认书等	当事人提供、相关部门协助调查
	租赁合同、施工合同、项目验收合同等	
	案件受理材料（全部案件来源）	检查发现、投诉举报、部门移送等
物　证	建设项目的主体工程、配套工程等	现场取证，通常情况下对物证通过视听资料等方式予以固定
视听资料	现场摄像、照片	现场取证
证人证言	证人询问笔录或陈述笔录	询问调查
当事人的陈述	当事人询问笔录、陈述笔录	询问调查
勘验笔录、现场笔录	现场检查（勘验）笔录、复查笔录	现场检查

三、参考案例解析

（一）基本案情

202×年××月××日××时××分，上海市浦东新区城市管理综合行政执法局执法队员陆某（执法证号）、陈某（执法证号）根据编号为×××的环境信访投诉对位于浦东新区××镇××路××号的××公司进行现场检查。该公司主要从事××研发，现场检查时，正在研发运营中。经查，该公司共有×个合成实验室、×个分析实验室、×个制剂室；主要研发设备有×个反应釜、×套加热制冷循环仪、×台液相色谱仪、×台气相色谱仪等，总投资额××万元。该公司在研发运营过程中，主要产生实验室废液、清洗废水及挥发性有机废气，产生的实验室废液堆放于危险废物仓库内，产生的清洗废水直接排放，产生的挥发性有机废气配备有废气处理设施，现场检查时废气处理设施正在运行中；该公司现场无法提供建设项目环境影响评价文件审批手续及竣工验收手续。

(二) 调查取证

(1) 202×年××月××日,执法人员制作现场检查(勘验)笔录,××公司李某作为当事人签字。执法队员现场拍摄取证,收集李某的身份证复印件。

(2) 202×年××月××日,执法人员向××公司李某进行询问调查,制作询问笔录,收集××公司营业执照、当事人身份证明材料、法定代表人身份证明、委托代理文件、环评文件、原辅材料清单等证据材料。

(3) 202×年××月××日,执法人员现场复查发现,当事人××公司未进行整改,执法人员制作现场复查笔录并拍摄取证。

(三) 违法事实认定

通过现场检查及上述证据,认定事实如下:

当事人××公司于202×年××月××日(检查之日)在浦东新区××镇××路××号从事××研发,总投资额××万元。对照《建设项目环境影响评价分类管理名录(2021年版)》,该研发项目应制作环境影响评价报告表。该项目的环境影响报告表未依法报有审批权的生态环境主管部门审批,于202×年××月××日(开工建设之日)擅自开工建设。202×年××月××日(复查之日),执法人员现场复查发现,当事人××公司未进行整改。

(四) 作出处罚决定

当事人行为违反《中华人民共和国环境影响评价法》第二十二条第一款及第二十五条的规定,依据《中华人民共和国环境影响评价法》第三十一条第一款的规定,应当处建设项目总投资额百分之一以上百分之五以下的罚款,责令停止建设并可以责令恢复原状。

鉴于当事人项目总建设投资额××万元,综合考量裁量起点、项目应报批的环评文件类别、建设项目地点、项目建设进程、违法行为持续时间、两年内环境违法次数、对周边居民和单位等造成的不良影响等要素,根据"未批先建"裁量标准的规定,拟对当事人作出罚款人民币××××元整的决定。

在作出处罚决定前,执法人员事先告知当事人拟作出行政处罚决定的事实、理由、依据及内容,并告知当事人依法享有的权利。当事人放弃陈述申辩。上海市浦东新区城市管理综合行政执法局依法对当事人作出罚款人民币××××元的处罚决定。

四、文书制作示例

（一）现场检查（勘验）笔录

上海市浦东新区城市管理综合行政执法局
现场检查（勘验）笔录

检查(勘验)地点：	××路××号	天气：	晴
检查(勘验)时间：	202×年××月××日××时××分至××时××分		
被检查(勘验)人：	××公司（单位全称或个人）		
身份证号码(统一社会信用代码)：	1234567898765432l0		
住址或住所：	××区××路××号	联系电话：	12345678901
现场负责人： 李某	职务： ×××	联系电话：	98765432109
检查(勘验)人：	陆某、陈某	记录人：	陈某

表明身份及告知记录：我们是上海市浦东新区城市管理综合行政执法局的行政执法人员（出示证件），现依法进行现场检查（勘验）。你（单位）享有以下权利：执法人员少于2人或者所出示的执法证件与其身份不符的，有权拒绝调查；依法享有申请回避以及陈述和申辩的权利。同时，你（单位）具有协助行政机关检查的义务。

现场检查（勘验）情况：202×年××月××日××时××分，上海市浦东新区城市管理综合行政执法局执法队员陆某（执法证号）、陈某（执法证号）根据编号为×××的环境信访投诉，前往浦东新区××镇××路××号××公司进行现场检查。××镇人民政府规建环保办工作人员张某及该公司×××（职务）李某全程陪同检查。该公司主要从事××研发，现场检查时，正在研发运营中。经查，该公司共有×个合成实验室、×个分析实验室、×个制剂室；主要研发设备有×个反应釜、×套加热制冷循环仪、×台液相色谱仪、×台气相色谱仪等。该公司在研发运营过程中，主要产生实验室废液、清洗废水及挥发性有机废气，产生的实验室废液堆放于危险废物仓库内，产生的清洗废水直接排放，产生的挥发性有机废气配备有废气处理设施，现场检查时废气处理设施正在运行中；该公司现场无法提供建设项目环境影响评价文件审批手续及竣工验收手续；现场执法人员对现场进行了拍摄取证。

（以下空白）

附件：1. 现场附图；
　　　2. 现场照片×张；
　　　3. 现场摄像××分钟。
以上记录已阅，属实，无异议（手写）

被检查(勘验)人签名：李某	见证人签名：张某
检查(勘验)人签名：陆某、陈某	记录人签名：陈某

（二）调查（询问）笔录

上海市浦东新区城市管理综合行政执法局
调查（询问）笔录

时间：__202×__年__××__月__××__日__××__时__××__分至__××__时__××__分
地点：_____××路××号_____
被调查（询问）人：____李某____ 性别：__×__ 年龄：__××__
身份证号码：____123456789876543210____
工作单位：____××公司____ 职务：____×××____
联系地址：____××区××路××号____
邮编：____/____ 联系电话：____12345678901____
调查（询问）人：____陆某、陈某____ 记录人：____陈某____

告知：我们是上海市浦东新区城市管理综合行政执法局的执法人员（出示执法证），根据《中华人民共和国行政处罚法》第五十五条的规定，依法进行调查。执法人员少于2人或身份与执法证件不符的，你有权拒绝调查询问；在接受调查（询问）之前，你有申请我们回避的权利；在调查（询问）过程中，你有陈述、申辩的权利；同时，你应当如实提供证据并协助调查，不得作伪证，否则将承担法律责任。你是否听清楚了？
答：听清楚了。
问：你是否申请回避？
答：不申请回避。
问：请介绍你公司及个人基本情况。
答：我叫李某，是××公司的×××（职务）。我公司主要从事××的研发，注册地址为×××××，生产地址为××××，法定代表人为×××，员工人数约×× 人。
问：请介绍你公司目前生产情况、开工建设时间、建成完毕时间及实际投产时间。
答：我公司于202×年××月开工建设，于202×年××月建成完毕，于202×年××月××日起投入研发运营，202×年××月××日起至今处于正常研发运营中。
问：请说明你公司行业类别、投资总额、运营规模、运营设备等情况。
答：我公司行业类别为研发基地，主要从事××研发，总投资金额约为××万元人民币，实验室设备有×个反应釜、×套加热制冷循环仪、×台液相色谱仪、×台气相色谱仪等。

（接下页）

被调查（询问）人签名：____李某____ 调查（询问）人签名：____陆某、陈某____
时间：____202×年××月××日____ 时间：____202×年××月××日____

调查(询问)笔录(续页)

(续上页)

问：你公司在运营过程中有何污染物产生？对产生的污染物是否配置了相应的收集、储存、处理设施设备？污染物如何进行处理及排放？

答：我公司在运营过程中主要产生废水、废气、危废等，各自产生于××工艺。各种污染物治理及排放情况：如产生的废水直接排放，产生的废气经活性炭吸附处理设施处理后高空排放。

问：根据你公司所属行业、生产规模及采用的工艺等情况，对照国家《建设项目环境影响评价分类管理名录(2021年版)》的规定，属于名录中"四十五/98"所列专业实验室、研发(试验)基地(其他)，建设项目应当在开工建设前依法制作环境影响评价报告表并报有审批权的生态环境主管部门审批，并按照审批意见中提出的各项环境保护措施，经设计、施工得到具体落实。以上情况你公司是否实施，如未实施，原因是什么？

答：未实施。原因是×××。

问：执法人员于202×年××月××日对你公司现场检查时，现场制作的现场检查(勘验)笔录内容你是否认可？是否有其他情况需要补充？

答：××月××日的现场检查笔录内容与实际情况一致。没有需要补充的。

问：你公司××研发项目未依法报批环境影响评价报告表，擅自开工建设的行为，涉嫌违反《中华人民共和国环境影响评价法》第二十二条第一款及第二十五条之规定，我单位将依法对此情况作进一步的调查处理，现在予以告知，你公司是否清楚？

答：听清楚了。

(以下笔录无正文)

问：你是否有阅读能力，若阅读有困难，我们可以读给你听。请你仔细核对以上笔录，若笔录有误请指出来，我们将给予更正，若笔录与你说的一致，请你确认无误后在笔录上逐页签名确认。

答：以上笔录与本人口述一致(手写)

被调查(询问)人签名：___李某___　　　调查(询问)人签名：___陆某、陈某___

时间：___202×年××月××日___　　　时间：___202×年××月××日___

五、常见问题解答

问：建设项目环境影响报告书、报告表和登记表的区别？

答：国家根据建设项目对环境的影响程度，对建设项目的环境影响评价实行分类管理。

建设单位应当按照下列规定组织编制环境影响报告书、环境影响报告表或者填报环境影响登记表：

（1）可能造成重大环境影响的，应当编制环境影响报告书，对产生的环境影响进行全面评价；

（2）可能造成轻度环境影响的，应当编制环境影响报告表，对产生的环境影响进行分析或者专项评价；

（3）对环境影响很小、不需要进行环境影响评价的，应当填报环境影响登记表。

建设项目的环境影响评价分类管理名录，由国务院生态环境主管部门制定并公布。

问：如何判断"未批先建"违法行为是否超过行政处罚追溯期？

答：《中华人民共和国行政处罚法》第二十九条规定："违法行为在二年内未被发现的，不再给予行政处罚。法律另有规定的除外。前款规定的期限，从违法行为发生之日起计算；违法行为有连续或者继续状态的，从行为终了之日起计算。"

根据上述法律规定，"未批先建"违法行为的行政处罚追溯期限应当自建设行为终了之日起计算。因此，"未批先建"违法行为自建设行为终了之日起二年内未被发现的，环保部门应当遵守《中华人民共和国行政处罚法》第三十六条的规定，不再给予行政处罚。

问："未批先建"是否可以不予行政处罚？

答：根据上海市生态环境局、上海市司法局共同制定的《生态环境轻微违法违规行为免罚清单》，"未批先建"行为，及时纠正，即"责令停止建设后及时停止建设，并主动恢复原状的"，没有造成危害后果的，不予行政处罚。

第十九项
未按规定进行产生含挥发性有机物废气的生产和服务活动

一、违法行为概述

（一）基本概念

本违法行为是指产生含挥发性有机物①废气的生产和服务活动，未在密闭空间②或者设备中进行，或者未按照规定安装、使用污染防治设施；对于无法密闭的，未采取措施减少废气排放。

（二）违法形态

（1）产生含挥发性有机物废气的生产和服务活动，具备密闭条件的，未在密闭空间或者设备中进行。

（2）在密闭空间或者设备中进行产生含挥发性有机物废气的生产和服务活动，未按照规定安装、使用污染防治设施。

（3）产生含挥发性有机物废气的生产和服务活动，无法密闭的，未采取措施减少废气排放。此项针对造船等无法在密闭空间进行的生产和服务活动，应当采取措施减少废气排放。

（三）适用法律条款

《中华人民共和国大气污染防治法》

第四十五条：产生含挥发性有机物废气的生产和服务活动，应当在密闭空间或者设备中进行，并按照规定安装、使用污染防治设施；无法密闭的，应当采取措施减少废气排放。

---

① 挥发性有机物（volatile organic compounds，VOCs）是指参与大气光化学反应的有机化合物，或者根据有关规定确定的有机化合物。

② 密闭空间是指利用完整的围护结构（详见《房屋建筑学》第五版）将污染物质、作业场所等与周围空间阻隔所形成的密闭区域或封闭式建筑物。该密闭区域或封闭式建筑物除人员、车辆、设备、物料进出，以及依法设立的排气筒、通风口外，门窗及其他开口（孔）部位应随时保持关闭状态。

第一百零八条第一项：违反本法规定，有下列行为之一的，由县级以上人民政府生态环境主管部门责令改正，处 2 万元以上 20 万元以下罚款；拒不改正的，责令停产整治：产生含挥发性有机物废气的生产和服务活动，未在密闭空间或者设备中进行，未按照规定安装、使用污染防治设施，或者未采取减少废气排放措施的。

二、执法检查与证据收集

（一）现场检查要点

（1）拍摄：当事人生产车间、设备、原辅材料（含成分表）、产品、排放挥发性有机物废气的工艺及所在空间（设备）的密闭情况、污染治理设施安装及使用情况。

（2）现场实地检测或委托检测：使用挥发性有机物废气检测设备对厂界、厂区内、车间、产污环节等进行检测，或者委托第三方有资质的检测单位开展现场检测。

（3）询问：现场向在场人进行调查询问，了解当事人基本情况、挥发性有机物废气的产生及治理情况、环保手续办理情况等。

（4）文书制作：对现场调查、检测、询问、核实等经过进行记录，制作现场检查（勘验）笔录，绘制现场勘验图，请在场当事人签字；如现场未见当事人的，如实记录并可以请在场人作为见证人签字。

（5）其他：收集当事人身份信息、环评文件、排污许可证，相关的书证、物证等。

（二）调查询问要点

现场检查时当事人在场的，可当场询问并制作询问笔录；当事人不在场或不具备当场询问条件的，应送达调查（询问）通知书，载明要求当事人或委托代理人于指定时间、地点接受调查询问。询问当事人时，应以提问—回答的方式制作询问笔录，并同时音视频记录。

对当事人的调查询问需要围绕现场检查情况，明确从事的行业、生产工艺、生产设备、生产原料等基本情况，以及挥发性有机物废气产生及治理情况、年排放量，询问当事人未保持产生挥发性有机物废气的空间、未保持设备密闭情况或者未按照规定安装和使用污染防治设施的原因，以及违法行为开始时间、持续时间、整改情况等，进一步确认违法事实。

第十九项　未按规定进行产生含挥发性有机物废气的生产和服务活动

（1）确认当事人、委托人身份信息，要求被询问人提供身份证、营业执照、法定代表人身份证明等，委托他人代为履行被调查义务的，提交授权委托人的身份证、由委托人签名或者盖章的授权委托书，授权委托书必须记明委托事项和权限，核实收集。

（2）确认当事人的生产经营状况，包括当事人的名称、生产经营地址、所从事的行业、投产日期、环保手续办理情况等。

（3）确认当事人的生产及排污情况，包括生产工艺、生产设备、生产原料等情况及挥发性有机物废气产生、治理情况，挥发性有机物废气年排放量等。

（4）出示现场检查（勘验）笔录及视听资料、现场勘验图等现场检查勘验证据，向被询问人核实，并说明违法行为发生的原因、开始时间、持续时间、整改情况等。

（5）调查询问当事人两年内环境违法次数，对周边居民、单位等是否造成不良影响。

（6）记录被询问人想要补充说明和反映的其他相关情况。

（三）证据采集列表

证据种类	证据明细	证据收集方法
书证	营业执照、身份证、环评材料、排污许可证、原辅材料成分、废气检测报告、委托书、送达地址确认书等	当事人提供、相关部门协助调查
	案件受理材料（全部案件来源）	检查发现、投诉举报、部门移送等
视听资料	现场摄像、照片	现场取证
物证	涉案生产车间未密闭的门窗、生产设备、生产原料、在线产品或半成品、有机物废气处理装置等	现场取证，通常情况下以视听资料、现场勘验固定
当事人的陈述	当事人询问笔录、陈述笔录	询问调查
证人证言	证人询问笔录或陈述笔录	询问调查
勘验笔录、现场笔录	现场勘验（检查）笔录，包含执法现场测得的挥发性有机物废气浓度记录、生产工艺、生产设备、原料成分、现场情况描述等	现场检查

三、参考案例解析

（一）基本案情

202×年××月××日××时××分，上海市浦东新区城市管理综合行政执法局执法队员周某（执法证号）、林某（执法证号）对位于浦东新区××镇××路××号的××公司进行现场检查。经查，该单位从事××等生产经营活动，检查时生产经营活动正常。该公司生产车间有×个，分别是××、××；生产设备有×××、×××等，生产工艺主要是××-××-××；使用的原料为××。产生的喷漆废气、烘干废气配备有一套废气处理设施，处理工艺为活性炭吸附。现场检查时烘房正在使用中，内有刚喷完漆的工件正在烘干，废气处理设施正常运行，烘房门破损，未完全关闭。执法人员现场使用便携式 VOCs 检测仪对废气进行检测，显示烘房内废气浓度为 200 ppm，烘房外（车间内）废气浓度为 5 ppm，厂区内及厂界未测出。烘房内部、车间内均嗅到明显异味。××公司法定代表人李某全程陪同检查。

（二）调查取证

（1）202×年××月××日，执法人员制作现场检查（勘验）笔录，××公司法定代表人李某签字。执法队员现场拍摄取证，收集李某的身份证复印件。

（2）202×年××月××日，执法人员向××公司李某进行询问调查，制作询问笔录，收集××公司营业执照、法定代表人身份证明、环评材料、排污许可证等证据材料。

（3）202×年××月××日，执法人员现场复查发现，当事人××公司已进行整改。

（三）违法事实认定

通过现场检查及上述证据，认定事实如下：

202×年××月××日，当事人××公司在浦东新区×××路××号烘房内烘干刚喷完漆的工件过程中，烘房门破损，未完全关闭，废气处理设施正常运行。执法人员现场使用便携式 VOCs 检测仪对废气进行检测，显示烘房内废气浓度为 200 ppm，烘房外（车间内）废气浓度为 5 ppm，厂区内及厂界未测出。烘房内部、车间内均嗅到明显异味。上述行为构成未在密闭空间或者设备中进行产生含挥发性有机物废气的生产经营活动。202×年××月××日，执法人员现场复查发现，当事人××公司已修复破损的烘房门，在密闭空间内生产，完成整改。

（四）作出处罚决定

根据《中华人民共和国大气污染防治法》第一百零八条第一项，违反本法规定，由县级以上人民政府生态环境主管部门责令改正，处 2 万元以上 20 万元以下罚款；拒不改正的，责令停产整治。

按照现行自由裁量基准，鉴于当事人产生挥发性有机物废气的生产设施未密闭，已安装并按规定使用污染防治设施，影响范围较小（车间内），挥发性有机物年排放量不足 1 吨，两年内环境违法次数是 1 次（含本次），一年内对周边居民、单位未造成不良影响，拟对当事人××公司作出罚款 2 万元的处罚决定。

在作出处罚决定前，执法人员事先告知当事人拟作出行政处罚决定的事实、理由、依据及内容，并告知当事人依法享有的权利。当事人放弃陈述申辩。执法机关依法对当事人作出罚款人民币 2 万元的行政处罚决定。

四、文书制作示例

（一）现场检查（勘验）笔录

上海市浦东新区城市管理综合行政执法局
现场检查（勘验）笔录

检查（勘验）地点： ××路××号	天气： 晴
检查（勘验）时间： 202×年××月××日××时××分至××时××分	
被检查（勘验）人： ××公司（单位全称或个人）	
身份证号码（统一社会信用代码）： 123456789876543210	
住址或住所： ××区××路××号	联系电话： 12345678901
现场负责人： 李某　职务： ×××	联系电话： 98765432109
检查（勘验）人： 周某、林某	记录人： 林某

表明身份及告知记录： 我们是上海市浦东新区城市管理综合行政执法局的行政执法人员（出示证件），现依法进行现场检查（勘验）。你（单位）享有以下权利：执法人员少于2人或者所出示的执法证件与其身份不符的，有权拒绝调查；依法享有申请回避以及陈述和申辩的权利。同时，你（单位）具有协助行政机关检查的义务。

现场检查（勘验）情况： 202×年××月××日××时××分，浦东新区城市管理综合行政执法局执法队员周某（执法证号）、林某（执法证号）对位于××镇××路××号的××公司进行现场检查。经查，该公司从事××等生产经营活动，检查时生产经营活动正常。该公司有×个生产车间，分别是××、××；生产设备有×××、×××等，生产工艺主要是××-××-××；使用的原料为××。产生的喷漆废气、烘干废气配备有一套废气处理设施，处理工艺为活性炭吸附。现场检查时烘房正在使用中，内有刚喷完漆的工件正在烘干，废气处理设施正常运行，烘房门破损，未完全关闭。执法人员现场使用便携式VOCs检测仪对废气进行检测，显示烘房内废气浓度为200 ppm，烘房外（车间内）废气浓度为5 ppm，厂区内及厂界未测出。烘房内部、车间内均嗅到明显异味。该公司法定代表人李某全程陪同执法检查，并对现场检查情况认可。执法人员对现场拍照、摄像取证。

（以下空白）

附件：1. 现场附图；
　　　2. 现场照片×张；
　　　3. 现场摄像××分钟。
　　　以上记录已阅，属实，无异议（手写）

被检查（勘验）人签名：李某	见证人签名：／
检查（勘验）人签名：周某、林某	记录人签名：林某

(二)调查(询问)笔录

上海市浦东新区城市管理综合行政执法局
调查(询问)笔录

时间: 202×年××月××日××时××分至××时××分
地点: ××路××号
被调查(询问)人: 李某　　　性别: ×　年龄: ××
身份证号码: 123456789876543210
工作单位: ××公司　　　职务: ×××
联系地址: ××区××路××号
邮编: /　　　联系电话: 12345678901
调查(询问)人: 周某、林某　　　记录人: 林某

告知: 我们是上海市浦东新区城市管理综合行政执法局的执法人员(出示执法证), 根据《中华人民共和国行政处罚法》第五十五条的规定, 依法进行调查。执法人员少于2人或身份与执法证件不符的, 你有权拒绝调查询问; 在接受调查(询问)之前, 你有申请我们回避的权利; 在调查(询问)过程中, 你有陈述、申辩的权利; 同时, 你应当如实提供证据并协助调查, 不得作伪证, 否则将承担法律责任。你是否听清楚了?
答: 听清楚了。
问: 你是否申请回避?
答: 不申请回避。
问: 我局于202×年××月××日送达你公司的行政执法行为告知书是否收到? 有异议吗?
答: 我单位已收到, 无异议。
问: 请介绍你公司及你本人的基本情况。
答: 我公司全称是××公司, 统一社会信用代码是123456789876543210, 生产经营地址是××区××路××号, 我是法定代表人李某。
问: 请说明你公司生产情况。
答: 我公司主要从事××的生产, 于202×年××月××日开始在此地建厂, 于202×年××月××日正式投入生产, 办理了环评手续, 且取得了排污许可证。我公司占地面积约××亩, 工人约××人, 24小时生产。生产车间有×个, 主要生产工艺: ××-××-××; 我公司主要生产设备有×××、×××等; 主要原辅材料有××、××等。
(接下页)

被调查(询问)人签名: 李某　　　调查(询问)人签名: 周某、林某
时间: 202×年××月××日　　　时间: 202×年××月××日

调查(询问)笔录(续页)

(续上页)

问： 请介绍你公司喷漆线的基本情况及污染防治措施。

答： 我公司喷漆线有一条，有一间喷漆房、一间烘房，都是密闭空间。主要原辅材料有油性油漆、稀释剂等。喷漆和烘干过程中会产生VOCs废气，配备有一套废气处理设施，废气处理方式为活性炭吸附处理。

问： 执法人员202×年××月××日至你公司现场检查时，烘房正在使用中，内有刚喷完漆的工件正在烘干，废气处理设施正常运行，烘房门破损，未完全关闭。执法人员现场使用便携式VOCs检测仪对废气进行检测，显示烘房内废气浓度为200 ppm，烘房外(车间内)废气浓度为5 ppm，厂区内及厂界未测出。烘房内部、车间内均嗅到明显异味。情况是否属实？请解释原因。

答： 属实，当时我在场。烘房门破损，不能做到完全密闭。

问： 你公司从何时开始实施此行为？是否进行了整改？

答： 烘房门大概坏了一个星期了。你们来检查那天下午我们就安排修好了，现在正常使用。

问： 你公司挥发性有机物废气年排放量是多少？

答： 根据我公司的排污许可证许可的VOCs废气量，年排放量约0.8吨。

问： 你公司在近两年内是否有过其他环保违法违规行为受过行政处罚？

答： 没有。

问： 你公司的生产经营活动是否对周边环境产生影响？是否接到过周边单位、居民对你单位的投诉举报？

答： 没有影响。没有投诉。

问： 你还有其他需要补充说明的吗？

答： 无。

(以下笔录无正文)

问： 你是否有阅读能力，若阅读有困难，我们可以读给你听。请你仔细核对以上笔录，若笔录有误请指出来，我们将给予更正，若笔录与你说的一致，请你确认无误后在笔录上逐页签名确认。

答： 以上内容与本人口述一致(手写)

被调查(询问)人签名：____李某____　　调查(询问)人签名：____周某、林某____

时间：　202×年××月××日　　　　　时间：　202×年××月××日

五、常见问题解答

问：如何判定生产过程中是否产生挥发性有机物废气？

答：一般可结合环评文件、排污许可证、废气检测报告、生产工艺、原辅材料成分表等判断是否产生挥发性有机物废气，通过检测设备对挥发性有机物废气进行检测，进一步确定是否产生挥发性有机物废气。

问：企业可能忽视的产生挥发性有机物废气的环节有哪些？

答：企业往往只注重生产中的污染物治理，而忽视了从原料进厂—存储—转移输送—投料—生产加工—成品仓储—成品出厂的环保闭环管理，比如忽视了存储、转移、输送、投料、调配、危废仓库等环节的废气问题。

问：如何计算挥发性有机物年排放量？

答：以排污许可证记载数据为准，如无排污许可证，以环境影响评价文件、污染源普查数据等为准。

问：免罚情形有哪些？

答：根据《长江三角洲区域生态环境领域轻微违法行为依法不予行政处罚清单》（沪环规〔2023〕5号）规定，符合下列情形的违法行为初次发生且及时改正（如造成生态环境损害的，当事人应积极履行生态环境损害赔偿责任）的，属于"初次违法且危害后果轻微并及时改正"，不予行政处罚：违反《中华人民共和国大气污染防治法》第四十五条，产生含挥发性有机物废气的生产和服务活动（非无法密闭类），因未关闭空间或者设备，导致未在密闭空间或者设备中进行，当场整改且已按照规定安装、使用污染防治设施的。

第二十项
大气污染物处理设施未保持正常使用

一、违法行为概述

（一）基本概念

该违法行为是指向大气排放污染物的单位，未保持大气污染物处理设施①正常运行的行为。

（二）违法形态

（1）大气污染物处理设施能正常使用，但向大气排放污染物的单位未正常运行该设施。

（2）大气污染物处理设施因维修、故障等不能正常使用，且排污单位未采取限产停产等措施。

（三）适用法律条款

《上海市大气污染防治条例》

第二十四条：向大气排放污染物的单位，其大气污染物处理设施必须保持正常使用。

大气污染物处理设施因维修、故障等不能正常使用的，排污单位应当采取限产停产等措施，确保其大气污染物排放达到规定的标准，并立即向区生态环境部门报告。

第七十八条：违反本条例第二十四条第一款规定，大气污染物处理设施未保持正常使用的，由市或者区生态环境部门责令改正或者限制生产、停产整治，处 10 万元以上 100 万元以下罚款；情节严重的，报经有批准权的人民政府批准，责令停业、关闭。

违反本条例第二十四条第二款规定，大气污染物处理设施因维修、故障等不

---

① 大气污染物处理设施是指防治大气污染物的有关设施，比如脱硫、除尘装置、空气净化装置等。

能正常使用,未按照规定及时报告的,由市或者区生态环境部门责令改正或者限制生产、停产整治,处 1 万元以上 5 万元以下罚款。

二、执法检查与证据收集

（一）现场检查要点

（1）查阅资料:查看当事人的环评文件以及排污许可证,确认当事人大气污染物类型、大气污染物处理设施类型、大气污染物处理工艺流程。查看大气污染物处理设施管理台账,通过加药记录、设施维保记录等台账资料,来确认当事人的大气污染物处理设施是否保持正常运行。

（2）现场勘查:大气污染物处理设施所对应的工况是否正常,大气污染物是否处于排放状态。现场对大气污染物处理设施的运行情况进行检查,查看大气污染物处理设施是否存在未保持正常使用的情形。必要时可运用相关仪器辅助判断,例如移动式 VOCs 检测仪等。

（3）拍摄:生产状况、废气处理设施运转状况、废气处理设施是否保持正常使用的环节与情形等。

（4）文书制作:对现场调查内容进行记录,制作现场检查(勘验)笔录,绘制现场勘验图,请在场当事人签字;如现场未见当事人的,如实记录并可以请在场人作为见证人签字。

（5）其他:收集当事人营业执照复印件,在场相关负责人身份信息,环评文件,排污许可证以及台账等相关的书证、物证等。

（二）调查询问要点

询问当事人时,应以提问—回答的方式制作询问笔录,并同时音视频记录。

（1）确认当事人、委托人身份信息,要求被询问人提供身份证、营业执照、法定代表人身份证明等,委托他人代为履行被调查义务的,提交授权委托人的身份证、由委托人签名或者盖章的授权委托书,授权委托书必须记明委托事项和权限,核实收集。

（2）确认当事人的生产经营状况、违法时间、产生大气污染物的工艺和大气污染物类别及大气污染物处理设施类别、大气污染物处理设施未保持正常使用的具体情形及原因。

（3）出示现场检查(勘验)笔录及视听资料、现场勘验图等现场检查勘验证据,要求被询问人核实。

(4) 记录被询问人想要补充说明和反映的其他相关情况。

(三) 证据采集列表

证据种类	证据明细	证据收集方法
书　证	当事人身份证明材料,包括居民身份证、营业执照、授权委托书等	当事人提供、相关部门协助调查
	环评文件、排污许可证、相关台账复印件等材料	
	案件受理材料（全部案件来源）	检查发现、投诉举报、部门移送等
物　证	未保持正常使用的大气污染物处理设施	现场取证
视听资料	现场摄像、照片	现场取证
证人证言	证人询问笔录或陈述笔录	询问调查
当事人的陈述	当事人询问笔录、陈述笔录	询问调查
勘验笔录、现场笔录	现场检查（勘验）笔录、现场勘验图	现场检查

三、参考案例解析

（一）基本案情

202×年××月××日××时××分,上海市浦东新区城市管理综合行政执法局执法队员周某（执法证号）、林某（执法证号）对位于浦东新区××路××号的××公司进行执法检查,该公司主要从事油墨印刷生产。经查,该公司有油墨印刷车间一间,配备有一套活性炭吸附大气污染物处理设施。检查时油墨印刷车间正处于生产中,活性炭吸附大气污染物处理设施风机处于运转中,大气污染物处于排放状态。执法人员现场发现,车间外活性炭吸附大气污染物处理设施进气管道有破损,现场使用移动式 VOCs 检测仪在厂界监测点进行检测,检测出 VOCs 数值为 $3—5\ mg/m^3$。经询问××公司工作人员李某,得知该设施之前一直正常运行,管道破损是由于前一晚夜间外墙材料意外脱落导致管道被砸裂。

（二）调查取证

(1) 202×年××月××日,执法人员经现场检查后制作现场检查（勘验）笔录,××公司工作人员李某签字。执法队员现场拍摄取证,收集李某的身份证复印件。

(2) 202×年××月××日,执法人员向××公司工作人员李某进行询问调查,制作询问笔录。收集排污许可证及环评文件、××公司营业执照、法定代表人身份证明、委托代理书等证据材料。

(3) 202×年××月××日,执法人员查阅并复印该公司近三日大气污染物处理设施管理台账,同时调阅了近三日厂区内监控视频,证实公司工作人员所述情况属实。

(4) 202×年××月××日,执法人员现场复查发现,当事人对活性炭吸附大气污染物处理设施进气管道完成了修复,执法人员制作现场复查笔录并拍摄取证。

(5) 202×年××月××日,经执法人员通过办案系统查询,该公司近两年内无环境相关违法记录,无环境相关信访投诉。

(三) 违法事实认定

通过现场检查及所收集证据,认定事实如下:

202×年××月××日,浦东新区××路××号××公司在从事油墨印刷生产中,使用的活性炭吸附大气污染物处理设施进气管道出现破损,现场使用移动式VOCs检测仪在厂界监测点进行检测,检测出VOCs数值为 3—5 mg/m^3。经查,该大气污染物处理设施破损是由于前一天夜间台风导致外墙材料脱落,致使管道被砸裂意外破损,之前一直正常运行。检查当日,该公司暂停了生产活动。综上考虑,其行为对环境影响程度较小,且持续时间较短。另经核实,该公司地处××工业园区内,根据《上海市生态保护红线》(沪府发〔2023〕4号)文件,所在区域位于生态保护红线区域外。此外,该公司近两年内无环境相关违法记录,无环境相关信访投诉。202×年××月××日,当事人××公司对活性炭吸附大气污染物处理设施进气管道完成了修复。

(四) 作出处罚决定

当事人××公司的行为违反了《上海市大气污染防治条例》第二十四条第一款。依据《上海市大气污染防治条例》第七十八条第一款,处10万元以上100万元以下的罚款。根据现行裁量基准,鉴于当事人违法行为对环境的影响程度小,违法行为持续时间不足3个月,建设项目地点在生态保护红线区域外,环境违法次数(两年内,含本次)1次,一年内未对周边居民、单位等造成不良影响,拟对当事人××公司作出罚款10万元的处罚决定。

在作出处罚决定前,执法人员向当事人告知拟作出行政处罚决定的事实、理由、依据及内容,并告知当事人依法享有的听证权利。当事人××公司提出听证要求。听证会上当事人提出造成设施未保持正常是刮台风造成的,且积极配合整改,请求免予处罚。执法机关经重大案件法制审核和集体讨论,认为当事人的违法行为不符合相关免罚规定,故不予采纳,最终依法作出罚款10万元的处罚决定。

四、文书制作示例

（一）现场检查（勘验）笔录

上海市浦东新区城市管理综合行政执法局
现场检查（勘验）笔录

检查（勘验）地点：＿＿＿×× 路×× 号＿＿＿　　　天气：＿晴＿
检查（勘验）时间：＿202× 年×× 月×× 日×× 时×× 分至×× 时×× 分
被检查（勘验）人：＿＿＿＿×× 公司（单位全称或个人）＿＿＿＿
身份证号码（统一社会信用代码）：＿＿123456789876543210＿＿
住址或住所：＿×× 区×× 路×× 号＿　联系电话：＿12345678901＿
现场负责人：＿李某＿　职务：＿环保负责人＿　联系电话：＿98765432109＿
检查（勘验）人：＿＿周某、林某＿＿　记录人：＿＿林某＿＿

　　表明身份及告知记录：我们是上海市浦东新区城市管理综合行政执法局的行政执法人员（出示证件），现依法进行现场检查（勘验）。你（单位）享有以下权利：执法人员少于2人或者所出示的执法证件与其身份不符的，有权拒绝调查；依法享有申请回避以及陈述和申辩的权利。同时，你（单位）具有协助行政机关检查的义务。

　　现场检查（勘验）情况：202× 年×× 月×× 日×× 时×× 分，上海市浦东新区城市管理综合行政执法局执法队员周某（执法证号）、林某（执法证号）对位于×× 路×× 号的×× 公司进行执法检查。经查，该单位从事油墨印刷生产。该公司有油墨印刷车间一间，内有印刷机3台，均处于生产中。主要原辅材料为纸张、油性油墨、稀释剂等。该公司油墨印刷车间配备有一套活性炭吸附大气污染物处理设施，风机处于运转中，大气污染物处于排放中。检查发现车间外活性炭吸附大气污染物处理设施活性炭箱前的进气管道存在一处裂痕，有大气污染物逸出。破损管道附近有外墙材料掉落痕迹。执法人员现场使用移动式VOCs检测仪在厂界监测点进行检测，检测出VOCs数值为 3—5 mg/m³。现场检查时，该单位担任环保负责人的李某全程陪同执法检查，并对现场检查情况认可。执法人员对现场拍照、摄像取证。

　　（以下空白）

　　附件：1. 现场附图；
　　　　　2. 现场照片× 张；
　　　　　3. 现场摄像×× 分钟。
　　　　以上记录已阅，属实，无异议（手写）

被检查（勘验）人签名：李某　　　　　见证人签名：/
检查（勘验）人签名：周某、林某　　　记录人签名：林某

(二)调查(询问)笔录

上海市浦东新区城市管理综合行政执法局
调查(询问)笔录

时间：202×年××月××日××时××分至××时××分
地点：××路××号
被调查(询问)人：　李某　　　　　性别：×　年龄：××
身份证号码：　123456789876543210
工作单位：　××公司　　　　　职务：环保负责人
联系地址：　××区××路××号
邮编：　　/　　　　　联系电话：　12345678901
调查(询问)人：周某、林某　　记录人：　林某

告知：我们是上海市浦东新区城市管理综合行政执法局的执法人员（出示执法证），根据《中华人民共和国行政处罚法》第五十五条的规定，依法进行调查。执法人员少于2人或身份与执法证件不符的，你有权拒绝调查询问；在接受调查(询问)之前，你有申请我们回避的权利；在调查(询问)过程中，你有陈述、申辩的权利；同时，你应当如实提供证据并协助调查，不得作伪证，否则将承担法律责任。你是否听清楚了？
答：听清楚了。
问：你是否申请回避？
答：不申请回避。
问：请介绍你的身份、联系方式，并请出示一下身份证件。
答：我叫李某，是××公司的环保负责人，身份证号码是123456789876543210，电话号码是12345678901，今天我受公司委托来处理相关环保事宜。这是我的身份证、单位的营业执照、法定代表人身份证明和委托书。
问：请介绍你公司的基本情况。
答：我公司名称××公司，注册地址位于××路××号，实际生产地址位于××路××号，主要从事油墨印刷生产。法定代表人××。
问：请介绍你公司产生大气污染物的工艺和大气污染物类型。
答：我公司印刷工艺生产时，会有挥发性有机物废气产生。
问：请问你公司是否办理了环评相关文件以及排污许可证？
答：我公司办理了环评报告表，并取得了审批文件，完成了自主验收。我公司也申领了排污许可证。

(接下页)

被调查(询问)人签名：　李某　　　调查(询问)人签名：周某、林某
时间：　202×年××月××日　　时间：　202×年××月××日

调查(询问)笔录(续页)

(续上页)

问：你公司是否按照环评及排污许可证要求对大气污染物进行处理？

答：环评及排污许可证要求我公司对于印刷过程中产生的挥发性有机物废气配备一套活性炭吸附大气污染物处理设施，我公司已按照要求配备。

问：请介绍你公司的大气污染物处理工艺及大气污染物处理设施的构成。

答：我公司的大气污染物处理工艺主要为活性炭吸附，大气污染物处理设施由吸附管道、风机、活性炭箱、排放口等构成。

问：现场检查当天，你公司印刷车间生产正常，大气污染物处理设施风机运转正常，大气污染物处于排放状态，车间外的活性炭吸附大气污染物处理装置活性炭箱前的进气管道存在破损，破损处有未经处理的大气污染物逸出，执法人员现场使用移动式VOCs检测仪在厂界监测点进行检测，检测出VOCs数值为3—5 mg/m^3。情况是否属实？

答：属实。

问：请问造成大气污染物处理设施进气管道破损的原因是什么？

答：是由于前一晚刮台风，外墙材料脱落导致车间外的进气管道被击穿。我公司在检查当日已联系设备维修方对管道进行维修，于次日完成了维修。

问：你公司最近两年内是否还受到过环保相关的行政处罚？

答：没有。

问：你还有其他需要补充的吗？

答：没有了。

(以下笔录无正文)

问：你是否有阅读能力，若阅读有困难，我们可以读给你听。请你仔细核对以上笔录，若笔录有误请指出来，我们将给予更正，若笔录与你说的一致，请你确认无误后在笔录上逐页签名确认。

答：以上笔录记载与本人口述无误(手写)

被调查(询问)人签名：___李某___　　调查(询问)人签名：___周某、林某___

时间：___202×年××月××日___　　时间：___202×年××月××日___

五、常见问题解答

问：上海市如何判定现行裁量表中违法行为的建设项目地点？

答：可根据 2023 年 6 月上海市人民政府发布的《上海市生态保护红线》来确定"在生态保护红线区域外；在生态保护红线区域内（除自然保护地核心保护区、饮用水水源一级保护区外、自然保护地一般控制区、饮用水水源二级保护区）；自然保护地核心保护区、饮用水水源一级保护区"。

问：若"大气污染物处理设施未保持正常使用"存在逃避监管的主观故意等情形应当如何处理？

答：可参照《中华人民共和国大气污染防治法》第二十条第二款及《行政主管部门移送适用行政拘留环境违法案件暂行办法》第七条进行处理。

第二十一项
未按照国家环境保护标准贮存危险废物

一、违法行为概述

（一）基本概念

该违法行为是指产生危险废物①的单位未按照国家环境标准贮存危险废物。

产生单位贮存危险废物的，应符合《危险废物收集、贮存、运输技术规范》《危险废物贮存污染控制标准》等国家环境保护标准，设置专门的封闭式危险废物贮存设施，且贮存设施、危险废物贮存容器、容器和设施的管理和运行、设施的安全防护和监测等均应符合标准的要求。

（二）违法形态

常见的未按照国家环境保护标准贮存危险废物的表现形式主要分为：不符合要求的贮存设施和不符合要求的贮存空间。

不符合要求的贮存设施表现为：1）空间不密闭；2）地面防渗漏不合格；3）不相容的危险废物接触混合等。

不符合要求的贮存空间表现为：1）不满足防腐蚀、防火、防渗漏要求；2）未将危险废物装入容器、包装袋等。

（三）适用法律条款

《中华人民共和国固体废物污染环境防治法》

第七十九条：产生危险废物的单位，应当按照国家有关规定和环境保护标准要求贮存、利用、处置危险废物，不得擅自倾倒、堆放。

第一百一十二条第一款第六项：违反本法规定，有下列行为之一，由生态环

---

① 危险废物是指列入国家危险废物名录或者根据国家规定的危险废物鉴别标准和鉴别方法认定的具有危险特性的废物。

境主管部门责令改正,处以罚款,没收违法所得;情节严重的,报经有批准权的人民政府批准,可以责令停业或者关闭:未按照国家环境保护标准贮存、利用、处置危险废物或者将危险废物混入非危险废物中贮存的。

有前款第六项行为之一,处10万元以上100万元以下的罚款。

二、执法检查与证据收集

（一）现场检查要点

（1）拍摄：当事企业门口及周边环境、危废来源,包括原辅料、车间、设备、工序、危废贮存点周边的情况。

（2）询问：现场向在场人进行调查询问,了解危险废物何处产生,危险废物的种类、重量、何时开始堆放贮存等。

（3）文书制作：对现场调查、核实等经过进行记录,制作现场检查（勘验）笔录,绘制现场勘验图,请在场当事人签字;如现场未见当事人或者当事人拒绝签字确认的,如实记录并可以请在场人作为见证人签字。

（4）其他：收集当事人身份信息、环评审批文件、排污许可证、危废处置相关文件,相关的书证、物证等。

（二）调查询问要点

现场检查时当事人在场的,可当场询问并制作询问笔录;当事人不在场或不具备当场询问条件的,应送达调查（询问）通知书,载明要求当事人或委托代理人于指定时间、地点接受调查询问。询问当事人时,应以提问—回答的方式制作询问笔录,并同时音视频记录。

（1）确认当事人、委托人身份信息,要求被询问人提供身份证、营业执照、法定代表人身份证明等,委托他人代为履行被调查义务的,提交授权委托人的身份证、由委托人签名或者盖章的授权委托书,授权委托书必须记明委托事项和权限,核实收集。

（2）确认被询问人基本生产经营情况、危废产生情况（种类、车间、设备、工艺）、危废申报贮存处置情况（相关文件、危废贮存点及污染防治情况）、未按照国家标准贮存危废的具体种类（危废名录）及未按标准贮存的原因和持续时间、两年内环境违法次数、信访投诉情况,并请被询问人提供相关环保审批文件、危废处置合同及备案情况等。

（3）出示现场检查（勘验）笔录及视听资料、现场勘验图等现场检查勘验证据,要求被询问人核实。

(4)记录被询问人想要补充说明和反映的其他相关情况。

(三)证据采集列表

证据种类	证据明细	证据收集方法
书 证	当事人身份证明材料	当事人提供、相关部门协助调查
	企业营业执照、环评批复及竣工验收材料、排污许可证、危险废物处置协议、送达地址确认书等	
	案件受理材料(全部案件来源)	检查发现、投诉举报、部门移送等
物 证	生产设备、污染物防治设施、危废贮存设施、危废包装容器、涉案被污染的环境	现场取证
视听资料	现场摄像、拍摄照片	现场取证
检验材料	贮存地点土壤、大气、地下水污染的检验材料	第三方出具
证人证言	证人询问笔录或陈述笔录	询问调查
当事人陈述	当事人询问笔录、陈述笔录	询问调查
勘验笔录、现场笔录	现场检查(勘验)笔录、现场勘验图、现场复查笔录	现场检查

三、参考案例解析

(一)基本案情

202×年××月××日,上海市浦东新区城市管理综合行政执法局执法人员钱某(执法证号)、孙某(执法证号)对位于浦东新区××镇××路××号的××公司进行检查时,发现该企业主要从事机械加工,设有×间厂房,生产设备有×××、×××等,主要工艺为××-××-××,使用原料为××。产生的危险废物主要为废机油、废乳化液及沾染废物,已与有资质的单位签订处置协议。检查时发现,废机油、废乳化液及沾染废物等危险废物露天堆放在公司西侧厂房外围,仅用铁丝网隔离。该企业未设置单独的危险废物贮存场所。

（二）调查取证

（1）202×年××月××日，执法人员制作现场检查（勘验）笔录，××公司的赵某作为现场负责人签字。执法队员现场拍摄取证。

（2）202×年××月××日，执法人员向××公司的委托人赵某进行询问调查，制作询问笔录，收集××公司营业执照、法定代表人身份证明、赵某身份证明、委托代理书、危险废物处置协议及危险废物备案等证据材料。

（3）202×年××月××日，执法人员现场复查，××公司已完成整改，建造了一间危险废物仓库。执法人员制作现场复查笔录并拍照、摄像取证。

（三）违法事实认定

通过现场检查及上述证据，认定事实如下：

当事人××公司于202×年××月××日在浦东新区××镇××路××号将废机油、废乳化液及沾染废物等危险废物露天堆放在公司西侧厂房外围，存在未设置单独的危险废物贮存场所的行为。202×年××月××日，执法人员现场复查发现，当事人已按要求进行整改。

（四）作出处罚决定

依据《中华人民共和国固体废物污染环境防治法》第一百一十二条第一款第六项：违反本法规定，由生态环境主管部门责令改正，处以罚款，没收违法所得；情节严重的，报经有批准权的人民政府批准，可以责令停业或者关闭，处10万元以上100万元以下的罚款。

按照现行自由裁量基准，鉴于当事人违法行为的环境影响程度小、违法行为持续时间不足三个月、建设项目地点在生态保护红线区域外、两年内环境违法次数是1次（含本次）、一年内对周边居民和单位未造成不良影响，拟对当事人××公司作出罚款10万元的处罚决定。

在作出处罚决定前，执法人员事先告知当事人拟作出行政处罚决定的事实、理由、依据及内容，并告知当事人依法享有的权利。当事人放弃听证，上海市浦东新区城市管理综合行政执法局依法对当事人作出罚款人民币10万元的处罚决定。

四、文书制作示例

（一）现场检查（勘验）笔录

上海市浦东新区城市管理综合行政执法局
现场检查（勘验）笔录

检查（勘验）地点：　　××路××号　　　　　　天气：　晴　
检查（勘验）时间：　202×　年　××　月　××　日　××　时　××　分至　××　时　××　分
被检查（勘验）人：　　　××公司（单位全称或个人）　　
身份证号码（统一社会信用代码）：　　123456789876543210　
住址或住所：　××区××路××号　　联系电话：　12345678901　
现场负责人：　赵某　　职务：　×××　　联系电话：　98765432109　
检查（勘验）人：　钱某、孙某　　记录人：　孙某　

　　表明身份及告知记录：我们是上海市浦东新区城市管理综合行政执法局的行政执法人员（出示证件），现依法进行现场检查（勘验）。你（单位）享有以下权利：执法人员少于2人或者所出示的执法证件与其身份不符的，有权拒绝调查；依法享有申请回避以及陈述和申辩的权利。同时，你（单位）具有协助行政机关检查的义务。

　　现场检查（勘验）情况：202×年××月××日××时××分，上海市浦东新区城市管理综合行政执法局执法队员钱某（执法证号）、孙某（执法证号）到××镇××路××号对××公司进行现场检查，检查时该公司正在生产经营。该公司工作人员赵某全程陪同检查。经查：该公司主要从事机械加工，设有××间厂房，生产设备有×××、×××等，主要工艺为××-××-××，使用原料为××。产生的危险废物主要为废机油、废乳化液及沾染废物，已与有资质的单位签订处置协议。检查时，产生的废机油、废乳化液及沾染废物等危险废物露天堆放在公司西侧厂房外围，仅用铁丝网隔离。该公司未设置单独的危险废物贮存场所。该公司东侧、南侧为其他单位，西侧为××路，北侧为河道。执法队员现场拍照、摄像取证。

　　（以下空白）

　　附件：1. 现场附图；
　　　　　2. 现场照片×张；
　　　　　3. 现场摄像××分钟。
　　　　　以上记录已阅，属实，无异议（手写）

被检查（勘验）人签名：赵某　　　　　　　见证人签名：/
检查（勘验）人签名：钱某、孙某　　　　　记录人签名：孙某

（二）调查（询问）笔录

上海市浦东新区城市管理综合行政执法局
调查（询问）笔录

时间：__202×__年__××__月__××__日__××__时__××__分至__××__时__××__分
地点：__××路××号__
被调查（询问）人：__赵某__　　性别：__×__　　年龄：__××__
身份证号码：__123456789876543210__
工作单位：__××公司__　　　　　　　　　　职务：__×××__
联系地址：__××区××路××号__
邮编：__／__　　　　　　　　　　联系电话：__12345678901__
调查（询问）人：__钱某、孙某__　　　　记录人：__孙某__

告知：我们是上海市浦东新区城市管理综合行政执法局的执法人员（出示执法证），根据《中华人民共和国行政处罚法》第五十五条的规定，依法进行调查。执法人员少于2人或身份与执法证件不符的，你有权拒绝调查询问；在接受调查（询问）之前，你有申请我们回避的权利；在调查（询问）过程中，你有陈述、申辩的权利；同时，你应当如实提供证据并协助调查，不得作伪证，否则将承担法律责任。你是否听清楚了？

答：听清楚了。

问：你是否申请回避？

答：不申请回避。

问：请介绍一下你本人及单位的基本情况？

答：我单位全称是××公司，注册地址与经营地址均为××镇××路××号。本人赵某，身份证号是123456789876543210，是我公司的×××，受法定代表人××委托全权处理此次我单位的环保相关事宜。

问：请介绍一下你公司的生产规模、投资额、产品、主要生产设备和生产工艺情况。

答：我公司主要从事机械加工，设有×间厂房，主要工艺为切割、打孔、打磨；总投资额约××万元，无生产废气、废水；主要生产设备为切割机、打孔机、打磨机等。

问：你公司何时建设？何时生产？

答：我公司202×年开始建设，202×年××月左右开始从事经营活动。

问：你公司生产过程中有何污染物产生？如何处理？

答：我公司无生产废气、废水，产生的危险废物主要为废机油、废乳化液及沾染废物，均委托有资质的单位处理。

（接下页）

被调查（询问）人签名：__赵某__　　调查（询问）人签名：__钱某、孙某__
时间：__202×年××月××日__　　　时间：__202×年××月××日__

调查(询问)笔录(续页)

(续上页)

问：202×年××月××日执法人员对你公司现场检查时发现废机油、废乳化液及沾染废物堆放在公司西侧厂房外围，仅用铁丝网隔离，露天堆放，该情况是否属实？是何原因？

答：情况属实。我公司对危险废物的管理方面确实存在不足的地方，之后会加强这方面的管理。

问：你公司生产过程中对周边环境及居民产生何种影响？

答：我公司周边没有居民，应该无环境影响。

问：你公司近期有无环保相关信访及行政处罚？

答：没有。

问：你公司建设项目地点在哪里？

答：我公司建设项目在×××，在生态保护红线区域外。

问：你公司未按照国家环境保护标准贮存、利用、处置危险废物的行为，涉嫌违反《中华人民共和国固体废物污染环境防治法》第七十九条，我部门将依法作进一步调查处理，现告知。

答：知道了。

问：你还有其他需要补充的吗？

答：没有了。

(以下笔录无正文)

问：你是否有阅读能力，若阅读有困难，我们可以读给你听。请你仔细核对以上笔录，若笔录有误请指出来，我们将给予更正，若笔录与你说的一致，请你确认无误后在笔录上逐页签名确认。

答：以上笔录记载与本人口述无误(手写)

被调查(询问)人签名：___赵某___　　调查(询问)人签名：___钱某、孙某___

时间：___202×年××月××日___　　时间：___202×年××月××日___

五、常见问题解答

问：执法部门在什么情况下可以进行查封、扣押？

答：《中华人民共和国固体废物污染环境防治法》第二十七条：有下列情形之一，生态环境主管部门和其他负有固体废物污染环境防治监督管理职责的部门，可以对违法收集、贮存、运输、利用、处置的固体废物及设施、设备、场所、工具、物品予以查封、扣押：（1）可能造成证据灭失、被隐匿或者非法转移的。（2）造成或者可能造成严重环境污染的。

问：当事人拒不整改怎么办？

答：根据《环境行政处罚办法》第十一条第二款：责令改正期限届满，当事人未按要求改正，违法行为仍处于继续或者连续状态的，可以认定为新的环境违法行为。如果当事人拒不整改，执法部门可依法认定为新的环境违法行为，并再次对当事人实施行政处罚。

问：建设项目地点出现以下情形的，如何进行裁量？

答：（1）自然保护地未纳入生态保护红线区域的，按照自然保护地一般控制区进行裁量。

（2）饮用水水源准水源保护区及饮用水水源缓冲区纳入生态保护红线区域的，按照在生态保护红线区域内（除自然保护地核心保护区、饮用水水源一级保护区）进行裁量；饮用水水源准水源保护区及饮用水水源缓冲区未纳入生态保护红线区域的，按照在生态保护红线区域外进行裁量。

（3）如同时满足不同分类要求的，选择裁量百分值较重的类别进行裁量。

问：环境违法次数（两年内，含本次）如何确定？

答：当事人自发现本次违法行为之日（不包含本日）起向前追溯两年发生的环境违法行为次数。对同一当事人的两个或者两个以上环境违法行为，如列入同一行政处罚决定书的，按照实际违法次数计算。

第二十二项
未经许可向城镇排水设施排放污水

一、违法行为概述

(一) 基本概念

该违法行为是指在城镇排水设施覆盖范围内[①],排水户[②]未取得城镇污水排入排水管网许可证(以下简称"排水许可证")向城镇排水设施[③]排放污水。

(二) 违法形态

(1) 未取得城镇污水排入排水管网许可证排放污水。

排水户在未取得城镇污水排入排水管网许可证的前提下,向城镇排水设施排放污水。

(2) 超出城镇污水排入排水管网许可证有效期限排放污水。

排水户取得的城镇污水排入排水管网许可证超过有效期限且未申请延续,仍向城镇排水设施排放污水,视作未取得城镇污水排入排水管网许可证排放污水。

(三) 适用法律条款

《城镇排水与污水处理条例》

第二十一条第一款:从事工业、建筑、餐饮、医疗等活动的企业事业单位、个体工商户(以下称"排水户")向城镇排水设施排放污水的,应当向城镇排水主管部门申请领取城镇污水排入排水管网许可证。

第五十条第一款:违反本条例规定,排水户未取得污水排入排水管网许可证向城镇排水设施排放污水的,由城镇排水主管部门责令停止违法行为,限期采取治理措施,补办城镇污水排入排水管网许可证,可以处50万元以下罚款;造成

---

① 城镇排水设施覆盖范围内是指该范围内已建成城镇排水设施,并且城镇排水设施具备接入污水的条件。
② 排水户是指从事工业、建筑、餐饮、医疗等活动的向城镇排水设施排放污水的企业事业单位、个体工商户。
③ 城镇排水设施包括排水管道、检查井、排水泵站等用于排水集中收集处理的公共基础设施。

损失的,依法承担赔偿责任;构成犯罪的,依法追究刑事责任。

二、执法检查与证据收集

(一)现场检查要点

(1)拍摄:排水户的具体生产经营地址、所从事生产经营活动、污水排放口①的位置或接户管径、污水正在向城镇排水设施排放的事实等。

(2)现场实地勘验或测量:判断当事人所在区域是否属于城镇排水与污水处理设施覆盖范围内,如现场无法判断,则应向管理部门征询确认;如涉及所从事的行业为"建筑业",需要现场测量污水排放口的接户管径。

(3)询问:现场向在场人进行调查询问,了解所从事的行业及生产经营状态;产生的污水的来源及性质;污水排放口的数量、位置、接户管径(毫米)及污水排放去向;现场是否能提供有效期内的城镇污水排入排水管网许可证等。

(4)文书制作:对现场调查、测量、询问、核实等经过进行记录,制作现场检查(勘验)笔录,绘制现场勘验图,请在场当事人签字;如现场未见当事人的,如实记录并可以请在场人作为见证人签字。

(5)其他:收集当事人身份信息,相关的书证、物证等。

(二)询问调查要点

1. 询问当事人的要点

现场检查时,当事人在场的,可当场询问并制作询问笔录;当事人不在场或不具备当场询问条件的,应送达调查(询问)通知书,载明要求当事人或委托代理人于指定时间、地点接受调查询问。询问当事人时,应以提问—回答的方式制作询问笔录,并同时音视频记录。

(1)确认当事人、委托人身份信息,要求被询问人提供身份证、营业执照、法定代表人身份证明等,委托他人代为履行被调查义务的,提交授权委托人的身份证、由委托人签名或者盖章的授权委托书,授权委托书必须记明委托事项和权限,核实收集。

(2)确认当事人未取得城镇污水排入排水管网许可证向城镇排水设施排放污水的违法地点,实施时间,所从事的行业,污水的处理方式及排放去向,污水排

---

① 污水排放口,也叫排水检测井,是指在排水户管道接入城镇排水设施前,特设的具有供检测机构进行污水水质检测、拦截杂物和控制流量功能的排水检查井。

放口的位置、数量及接户管径,污水日均排水量[①],是否持有有效期内的城镇污水排入排水管网许可证等。

(3) 出示现场检查(勘验)笔录及视听资料、现场勘验图等现场检查勘验证据,要求被询问人核实。

(4) 记录被询问人想要补充说明和反映的其他相关情况。

2. 询问证人的要点

证人可能涉及生产经营地址的房东、物业管理方、关联市政养护公司工作人员、关联管理部门等。询问证人,可以提问—回答的方式制作询问笔录,并同时音视频记录。

(1) 询问前,应核实确认证人的身份,并就需要了解的情况进行调查或者核实,如涉案当事人的身份信息、从事的行业、实施违法行为的时间、污水排放去向等情况。对房东、物业管理单位等进行调查时,可收集租赁合同、物业服务合同、付款凭证等证据。

(2) 对关联市政养护单位或管理部门的工作人员等进行调查时,应调查了解该违法地点的城镇排水设施覆盖情况,以确认该排水区域是否属于城镇排水与污水处理设施覆盖范围内。

(3) 可要求证人对证明的相关情况提供书面证明或其他证据材料。

(三) 证据采集列表

证据种类	证据明细	证据收集方法
书 证	当事人身份证明材料、营业执照、租赁合同、建筑工程施工许可证、施工合同、排水平面图、排水管理单位接管证明、送达地址确认书、水费单据等	当事人提供、相关部门协助调查
	案件受理材料(全部案件来源)	检查发现、投诉举报、部门移送等
物 证	排水管道、监测井、水泵等设施设备	现场取证,通常情况对物证通过视听资料、现场勘验固定

---

① 日均排水量=(连续三个月用水量合计×0.9)/这三个月的实际天数。无法计算日排水量的,参考《上海市用水定额(试行)》中相关行业用水定额的"通用值"确定日排水量。

续　表

证据种类	证据明细	证据收集方法
视听资料	执法视频、取证照片	现场取证
证人证言	证人询问笔录或陈述笔录	询问调查
当事人陈述	当事人询问笔录、陈述笔录	询问调查
勘验笔录、现场笔录	现场检查（勘验）笔录、现场勘验图、现场复查笔录	现场检查

三、参考案例解析

（一）基本案情

202×年××月××日××时××分，上海市浦东新区城市管理综合行政执法局执法队员施某（执法证号）、宋某（执法证号）对位于浦东新区××路××号的××公司的排水情况进行执法检查。经查，该公司从事金属制品的制造等生产活动，现场检查时正在生产。该公司在生产过程中有生活污水产生，产生的污水经过化粪池、沉淀池处理后，通过位于该公司厂区内西南角的一个污水排放口，排入××路市政污水管网。现场检查时，该公司污水排放口内的污水正在流出，排向××路市政污水管网。该公司现场无法提供有效期内的城镇污水排入排水管网许可证。

（二）调查取证

（1）202×年××月××日，执法人员制作现场检查（勘验）笔录，××公司法定代表人李某签字确认。执法队员现场拍摄取证，收集李某的身份证复印件。

（2）202×年××月××日，执法人员向实际排水户××公司李某进行询问调查，制作询问笔录，收集浦东新区排水管理单位接管证明、排水平面图、自来水费单据及××公司营业执照、法定代表人身份证明等证据材料。

（3）202×年××月××日，执法人员向浦东新区排水管理部门发出执法协助函，请求对以下事实予以认定：1）当事人的违法地点是否属于城镇排水设施覆盖范围内；2）当事人的行为是否造成排水与污水处理设施运行故障。

202×年××月××日，根据管理部门复函，当事人的违法地点属于城镇排水设施覆盖范围内，且当事人的排水行为未造成排水与污水处理设施运行故障。

(4) 202×年××月××日,执法人员现场复查发现,当事人××公司已补办城镇污水排入排水管网许可证。

(三) 违法事实认定

通过现场检查及上述证据,认定事实如下:

当事人××公司于202×年××月××日,在浦东新区××路××号实施了未取得城镇污水排入排水管网许可证向城镇排水设施排放污水的行为。根据《城镇排水与污水处理条例》的规定,该公司所从事的行业属于"工业",符合排水户的定义,根据当事人近期三个月的自来水费单据计算出其污水日均排水量为10立方米。当事人无法提供有效期内的城镇污水排入排水管网许可证,且经管理部门认定未造成排水与污水处理设施运行故障。202×年××月××日,执法人员现场复查发现,当事人××公司已补办城镇污水排入排水管网许可证。

(四) 作出处罚决定

根据《城镇排水与污水处理条例》第五十条第一款:违反本条例规定,排水户未取得城镇污水排入排水管网许可证向城镇排水设施排放污水的,由城镇排水主管部门责令停止违法行为,限期采取治理措施,补办城镇污水排入排水管网许可证,可以处50万元以下罚款;造成损失的,依法承担赔偿责任;构成犯罪的,依法追究刑事责任。按照现行自由裁量基准,鉴于当事人的污水排放口数量为1个、日均排水量为10立方米的裁量因素,以及在违法行为被立案查处后主动及时办理城镇污水排入排水管网许可证的从轻因素,拟对当事人××公司作出罚款3.5万元的处罚决定。

在作出处罚决定前,执法人员事先告知当事人拟作出行政处罚决定的事实、理由、依据及内容,并告知当事人依法享有的陈述、申辩权利。当事人××公司认为其已经履行整改义务,申请不予处罚。

对当事人的陈述申辩,执法机关复核后,认为当事人所述情况不适用《中华人民共和国行政处罚法》第三十三条不予处罚的相关规定,故不予采纳。根据《城镇排水与污水处理条例》第五十条第一款的规定,作出罚款3.5万元的处罚决定。

四、文书制作示例

（一）现场检查（勘验）笔录

上海市浦东新区城市管理综合行政执法局
现场检查（勘验）笔录

检查（勘验）地点：	××路××号　　天气：晴
检查（勘验）时间：	202×年××月××日××时××分至××时××分
被检查（勘验）人：	××公司（单位全称或个人）
身份证号码（统一社会信用代码）：	123456789876543210
住址或住所：	××区××路××号　　联系电话：12345678901
现场负责人：李某　职务：×××　联系电话：98765432109	
检查（勘验）人：施某、宋某　　记录人：施某	

表明身份及告知记录：我们是上海市浦东新区城市管理综合行政执法局的行政执法人员（出示证件），现依法进行现场检查（勘验）。你（单位）享有以下权利：执法人员少于2人或者所出示的执法证件与其身份不符的，有权拒绝调查；依法享有申请回避以及陈述和申辩的权利。同时，你（单位）具有协助行政机关检查的义务。

现场检查（勘验）情况：202×年××月××日××时××分，上海市浦东新区城市管理综合行政执法局执法队员施某（执法证号）、宋某（执法证号）对位于××路××号的××公司的排水情况进行执法检查。经查，该公司主要从事金属制品制造等生产活动，现场检查时正在生产。该公司在生产过程中有生活污水产生，产生的污水经过化粪池、沉淀池处理后，通过位于该公司厂区内西南角的一个污水排放口，排入××路市政污水管网。现场检查时，该公司污水排放口内的污水正在流出，排向××路市政污水管网。该公司法定代表人李某现场无法提供有效期内的城镇污水排入排水管网许可证。李某现场签字并确认上述事实。执法队员现场拍照、摄像取证。

（以下空白）

附件：1. 现场附图；
　　　2. 现场照片×张；
　　　3. 现场摄像××分钟。

以上记录已阅，属实，无异议（手写）

被检查（勘验）人签名：李某　　　　　见证人签名：/
检查（勘验）人签名：施某、宋某　　　记录人签名：施某

(二) 调查(询问)笔录

上海市浦东新区城市管理综合行政执法局
调查(询问)笔录

时间：　202×　年　××　月　××　日　××　时　××　分至　××　时　××　分
地点：　　　　　　　　××路××号
被调查(询问)人：　　　李某　　　　　性别：　×　　年龄：××
身份证号码：　　　　　123456789876543210
工作单位：　　　　××公司　　　　　　　职务：　×××
联系地址：　　　　　××区××路××号
邮编：　　　　／　　　　　　　联系电话：　12345678901
调查(询问)人：　　施某、宋某　　　　记录人：　　施某

告知：我们是上海市浦东新区城市管理综合行政执法局的执法人员(出示执法证)，根据《中华人民共和国行政处罚法》第五十五条的规定，依法进行调查。执法人员少于2人或身份与执法证件不符的，你有权拒绝调查询问；在接受调查(询问)之前，你有申请我们回避的权利；在调查(询问)过程中，你有陈述、申辩的权利；同时，你应当如实提供证据并协助调查，不得作伪证，否则将承担法律责任。你是否听清楚了？
答：听清楚了。
问：你是否申请回避？
答：不申请回避。
问：请你介绍下你的身份、联系方式，并请出示一下身份证件。
答：我叫李某，是××公司的法定代表人，职务是×××，身份证号码是123456789876543210，电话号码是12345678901，这是我的身份证、我公司的营业执照、法定代表人身份证明。
问：请介绍下你公司的生产地址、所从事的行业及生产经营状况。
答：我公司的生产地址位于××路××号，主要从事金属制品制造等生产活动。我公司于××××年开始投产并生产至今，现场检查时，我公司正在生产。
问：请问你公司产生的污水是如何处理并排放的？现场检查时，污水是否正在排放？
答：我公司主要在员工生活过程中有污水产生，通过化粪池、沉淀池处理后，通过污水排放口排入××路市政污水管网。执法人员现场检查时，污水正在向××路市政污水管网排放。

(接下页)

被调查(询问)人签名：　　李某　　　　调查(询问)人签名：　施某、宋某
时间：　202×年××月××日　　　　　时间：　202×年××月××日

调查(询问)笔录(续页)

(续上页)

问：你公司共有几个污水排放口？

答：我公司共设置有一个污水排放口，位于我公司厂区内西南角。

问：你公司何时开始将产生的污水通过上述污水排放口排入××路市政污水管网的？

答：我公司于202×年××月××日开始将产生的污水排入××路市政污水管网至今。

问：你公司的日均排水量是多少？

答：根据我公司向自来水有限公司缴纳的水费单据计算得出，我公司的日均排水量为10立方米。

问：202×年××月××日，执法人员对你公司进行现场检查时，你公司是否已办理城镇污水排入排水管网许可证？

答：现场检查时我公司尚未办理城镇污水排入排水管网许可证。

问：根据《城镇排水与污水处理条例》的规定，排水户未取得城镇污水排入排水管网许可证向城镇排水设施排放污水是涉嫌违法的行为，你公司是否清楚了？

答：我公司清楚了。

问：你公司是否已收到了我中队开具的行政执法行为告知书、责令改正通知书和调查(询问)通知书？

答：收到了，我们也按照要求进行整改，已经开始补办城镇污水排入排水管网许可证。

问：你还有其他需要补充的吗？

答：没有了。

(以下笔录无正文)

问：你是否有阅读能力，若阅读有困难，我们可以读给你听。请你仔细核对以上笔录，若笔录有误请指出来，我们将给予更正，若笔录与你说的一致，请你确认无误后在笔录上逐页签名确认。

答：以上笔录记载与本人口述无误(手写)

被调查(询问)人签名：___李某___　　调查(询问)人签名：___施某、宋某___

时间：___202×年××月××日___　　时间：___202×年××月××日___

五、常见问题解答

问：城镇污水排入排水管网许可证的申办主体是什么？

答：根据《城镇污水排入排水管网许可管理办法》中的规定，集中管理的建筑或者单位内有多个排水户的，可以由产权单位或者其委托的物业服务企业统一申请领取排水许可证，并由领证单位对排水户的排水行为负责。

对于在建项目而言，根据《城镇污水排入排水管网许可管理办法》中的规定，各类施工作业需要排水的，由建设单位申请领取排水许可证。

问：排水许可证的有效期限如何确定？

答：排水许可证的有效期为5年。因施工作业需要向城镇排水设施排水的，排水许可证的有效期，由城镇排水主管部门根据排水状况确定，但不得超过施工期限。

问：城镇居民排放生活污水是否需要办理排水许可证？

答：根据《城镇污水排入排水管网许可管理办法》中的规定，城镇居民排放生活污水不需要申请领取排水许可证。

问：排水许可文件有哪些？

答：排水许可文件包括：城镇污水排入排水管网许可证（正本、副本），排水行政许可准予决定书。

第二十三项
在雨水、污水分流地区将污水排入雨水管网

一、违法行为概述

（一）基本概念

该违法行为是指在雨水、污水分流①地区，城镇排水与污水处理设施覆盖范围内的排水单位或个人将污水排入雨水管网的行为。通常简称"雨污混排"。

（二）违法形态

（1）内部雨污混排，是指排水单位或个人将所产生的污水排入内部雨水管网，再通过内部雨水管网最终排入市政雨水管网的情形。

（2）外部雨污混排，是指排水单位或个人将所产生的污水直接排入市政雨水管网。

（三）适用法律条款

《城镇排水与污水处理条例》

第二十条第二款：在雨水、污水分流地区，不得将污水排入雨水管网。

第四十九条：违反本条例规定，城镇排水与污水处理设施覆盖范围内的排水单位和个人，未按照国家有关规定将污水排入城镇排水设施，或者在雨水、污水分流地区将污水排入雨水管网的，由城镇排水主管部门责令改正，给予警告；逾期不改正或者造成严重后果的，对单位处以10万元以上20万元以下的罚款，对个人处以2万元以上10万元以下的罚款；造成损失的，依法承担赔偿责任。

二、执法检查与证据收集

（一）现场检查要点

（1）现场实地勘验：判断当事人所在区域是否属于雨水、污水分流地区，如

---

① 雨污分流是指雨水和污水分开各用一条管道运送进行排放或后续处理的排污方式。

现场无法判断,则应向管理部门征询确认;通过排水平面图确定雨、污水管网的分布等情况;确认当事人实施污水排入雨水管网的具体位置,并由执法人员现场会同受法定委托的有相应检测资质的检测机构,对雨水管网内排放的污水进行采样检测。

(2) 拍摄:当事人所从事的行业,雨水管网内有污水流出的事实,对排放的污水进行水质采样等。

(3) 询问:现场向在场人进行调查询问,了解所从事的行业及生产经营状态;雨、污水的纳管情况及排放去向;雨水管网内排放的污水的来源及性质;告知其由检测机构对雨水管网内排放的污水进行水质采样等情况。

(4) 文书制作:对现场调查、测量、询问、核实等经过进行记录,制作现场检查(勘验)笔录,绘制现场勘验图,请在场当事人签字;如现场未见当事人的,如实记录并可以请在场人作为见证人签字。

(5) 其他:收集当事人身份信息,相关的书证、物证等。

(二) 调查询问要点

1. 询问当事人的要点

现场检查时,当事人在场的,可当场询问并制作询问笔录;当事人不在场或不具备当场询问条件的,应送达调查(询问)通知书,载明要求当事人或委托代理人于指定时间、地点接受调查询问。询问当事人时,应以提问—回答的方式制作询问笔录,并同时音视频记录。

(1) 确认当事人、委托人身份信息,要求被询问人提供身份证、营业执照、法定代表人身份证明等,委托他人代为履行被调查义务的,提交授权委托人的身份证、由委托人签名或者盖章的授权委托书,授权委托书必须记明委托事项和权限,核实收集。

(2) 确认实施向雨水管网排放污水的违法地点;实施的具体违法形态及实施时间;雨水、污水的纳管情况及排放去向;向雨水管网排放污水的来源、性质及排放去向;污水的日均排水量;告知水质检测报告的相关情况;两年内的执法监管中,在雨水、污水分流地区将污水排入雨水管网被查处的次数等情况。

(3) 出示现场检查(勘验)笔录及视听资料、现场勘验图等现场检查勘验证据,要求被询问人核实。

(4) 记录被询问人想要补充说明和反映的其他相关情况。

2. 询问证人的要点

证人可能涉及生产经营地址的房东、物业管理方、关联市政养护公司工作人员、关联管理部门等。询问证人,可以提问—回答的方式制作询问笔录,并同时音视频记录。

(1) 询问前,应核实确认证人的身份,并就需要了解的情况进行调查或者核实。

(2) 对关联市政养护单位或管理部门的工作人员等进行调查时,应调查了解该违法地点的城镇排水设施覆盖情况,以确认该排水区域是否属于雨水、污水分流地区内;以及当事人实施的向雨水管网排放污水的行为是否造成排水与污水处理设施[①]运行故障。

(3) 可要求证人对证明的相关情况提供书面证明或其他证据材料。

(三)证据采集列表

证据种类	证据明细	证据收集方法
书 证	当事人身份证明材料、营业执照、租赁合同、建筑工程施工许可证、施工合同、排水平面图、排水管理单位接管证明、水费单据、水质检测报告、送达地址确认书等	当事人提供、相关部门协助调查、现场采样
	案件受理材料(全部案件来源)	检查发现、投诉举报、部门移送等
物 证	排水设施、水泵等设施设备	现场取证,通常情况下对物证通过视听资料、现场勘验固定
视听资料	执法视频、取证照片	现场取证
证人证言	证人询问笔录或陈述笔录	询问调查
当事人陈述	当事人询问笔录、陈述笔录	询问调查
勘验笔录、现场笔录	现场检查(勘验)笔录、复查记录	现场检查

---

① 排水与污水处理设施是指用于排水与污水集中收集处理的公共基础设施,包括城镇排水与污水处理设施和农村生活污水处理设施。

三、参考案例解析

（一）基本案情

202×年××月××日××时××分，上海市浦东新区城市管理综合行政执法局执法队员施某（执法证号）、宋某（执法证号）对位于浦东新区××路××号的××公司的排水情况进行执法检查。该公司从事仓储等经营活动。执法人员发现，在天气晴好的前提下，位于该公司厂区门口右侧的雨水井内有明显的污水正在流出，现场检查发现该公司将门卫室内卫生间及厨房所产生的污水，通过铺设一根pvc管道排入位于厂区门口右侧的内部雨水井内，再通过内部雨水管网进一步排入××路市政雨水管网。当日，执法人员委托××检测公司的采样人员，对××路××号的××公司厂区门口右侧的雨水井内排放的污水进行水质采样。

（二）调查取证

（1）202×年××月××日，执法人员制作现场检查（勘验）笔录，××公司法定代表人李某签字确认。执法队员现场拍摄取证，收集李某的身份证复印件。

（2）202×年××月××日，××检测公司制作水质检测采样单，并由执法人员、检测公司及××公司三方签字确认。

（3）202×年××月××日，执法人员向当事人××公司李某进行询问调查，制作询问笔录，收集浦东新区排水管理单位接管证明、排水平面图、水费单据及××公司营业执照、法定代表人身份证明等证据材料。

（4）202×年××月××日，执法人员收到××检测公司于202×年××月××日出具的检测报告（报告编号××××××），报告显示排放的污水中氨氮超过排放标准规定的限值。

（5）202×年××月××日，执法人员向浦东新区排水管理部门发出执法协助函，函请对以下事实予以认定：1）违法地点是否属于雨水、污水分流地区；2）当事人雨污混排的行为是否造成排水与污水处理设施运行故障。

根据管理部门的复函，当事人所在区域属于"雨水、污水分流地区"，其雨污混排的行为未造成排水与污水处理设施的故障。

（6）202×年××月××日，执法人员现场复查发现，当事人已自行完成整改，封堵雨水井内铺设的污水管道，并将产生的污水排入污水管网。

（三）违法事实认定

通过现场检查及上述证据，认定事实如下：

当事人××公司于202×年××月××日开始,在浦东新区××路××号实施了在雨水、污水分流地区将污水排入雨水管网的行为。根据当事人近期三个月的自来水费单据,计算出其污水日均排水量为9立方米。根据××检测公司的检测报告(报告编号××××××)显示,该公司排放的污水不符合《污水综合排放标准》(DB 31/199-2018)规定的标准限值。经管理部门认定,该公司所属区域属于雨水、污水分流地区,排水行为未造成排水与污水处理设施运行故障。202×年××月××日,执法人员现场复查发现,当事人××公司已完成整改,封堵雨水井内铺设的污水管道,并将产生的污水排入污水管网。

(四)作出处罚决定

根据《城镇排水与污水处理条例》第四十九条,城镇排水与污水处理设施覆盖范围内的排水单位和个人,在雨水、污水分流地区将污水排入雨水管网的,由城镇排水主管部门责令改正,给予警告;逾期不改正或者造成严重后果的,对单位处以10万元以上20万元以下的罚款,对个人处以2万元以上10万元以下的罚款;造成损失的,依法承担赔偿责任。按照现行自由裁量基准,鉴于当事人排放的污水不符合国家和本市污水排放相关标准,属于"造成严重后果"的情形,拟对当事人××公司作出罚款10万元整的处罚决定。

本案经案件调查终结后,执法人员依法向当事人送达听证告知书,告知其拟作出行政处罚决定的事实、理由、依据及内容,以及依法应享有的听证权利。当事人××公司于法定期限内提出听证申请。听证会上当事人提出,在执法人员发现违法行为后主动积极配合整改,且排放的水质超标程度较轻,请求减轻处罚。对当事人陈述的理由,执法机关复核后,认为当事人所述情况不符合《中华人民共和国行政处罚法》第三十二条减轻处罚的相关规定,故不予采纳。执法机关经过重大案件法制审核和集体讨论后,根据《城镇排水与污水处理条例》第四十九条的规定,对当事人作出罚款10万元整的处罚决定。

四、文书制作示例

（一）现场检查（勘验）笔录

上海市浦东新区城市管理综合行政执法局
现场检查（勘验）笔录

检查（勘验）地点：_____××路××号_____　　天气：_晴_
检查（勘验）时间：_202×_年_××_月_××_日_××_时_××_分至_××_时_××_分
被检查（勘验）人：_____××公司（单位全称或个人）_____
身份证号码（统一社会信用代码）：_____123456789876543210_____
住址或住所：_××区××路××号_　　联系电话：_12345678901_
现场负责人：_李某_　职务：_×××_　　联系电话：_98765432109_
检查（勘验）人：_施某、宋某_　　　　记录人：_施某_

　　表明身份及告知记录：我们是上海市浦东新区城市管理综合行政执法局的行政执法人员（出示证件），现依法进行现场检查（勘验）。你（单位）享有以下权利：执法人员少于2人或者所出示的执法证件与其身份不符的，有权拒绝调查；依法享有申请回避以及陈述和申辩的权利。同时，你（单位）具有协助行政机关检查的义务。

　　现场检查（勘验）情况：202×年××月××日××时××分，上海市浦东新区城市管理综合行政执法局执法队员施某（执法证号）、宋某（执法证号）对位于浦东新区××路××号的××公司的排水情况进行执法检查。经查，该公司从事仓储经营活动，现场检查时，天气晴好，该公司正在经营，执法队员发现位于该公司厂区门口右侧的雨水井内有明显的污水正在流出。现场检查发现，该公司将门卫室内卫生间及厨房所产生的污水，经过化粪池和隔油池处理后，通过铺设一根pvc管道排入位于厂区门口右侧的内部雨水井内，再通过内部雨水管网进一步排入××路市政雨水管网。××时××分，由××检测公司的采样人员，对××路××号的××公司厂区门口右侧的雨水井内排放的污水进行水质采样。××公司法定代表人李某现场签字并确认上述事实。执法队员现场拍照、摄像取证。

　　（以下空白）
　　附件：1. 现场附图；
　　　　　2. 现场照片×张；
　　　　　3. 现场摄像××分钟。
　　　　以上记录已阅，属实，无异议（手写）

被检查（勘验）人签名：李某　　　　　见证人签名：/
检查（勘验）人签名：施某、宋某　　　记录人签名：施某

第1页（共1页）

（二）调查（询问）笔录

上海市浦东新区城市管理综合行政执法局
调查（询问）笔录

时间：202×年××月××日××时××分至××时××分
地点：××路××号
被调查（询问）人：李某　　　性别：×　　年龄：××
身份证号码：123456789876543210
工作单位：××公司　　　　　　职务：×××
联系地址：××区××路××号
邮编：／　　　　　　　　联系电话：12345678901
调查（询问）人：施某、宋某　　记录人：施某

告知：我们是上海市浦东新区城市管理综合行政执法局的执法人员（出示执法证），根据《中华人民共和国行政处罚法》第五十五条的规定，依法进行调查。执法人员少于2人或身份与执法证件不符的，你有权拒绝调查询问；在接受调查（询问）之前，你有申请我们回避的权利；在调查（询问）过程中，你有陈述、申辩的权利；同时，你应当如实提供证据并协助调查，不得作伪证，否则将承担法律责任。你是否听清楚了？
答：听清楚了。
问：你是否申请回避？
答：不申请回避。
问：请你介绍下你的身份、联系方式，并请出示一下身份证件。
答：我叫李某，是××公司法定代表人，担任×××一职，身份证号码是123456789876543210，电话号码是12345678901，这是我的身份证、我公司的营业执照、法定代表人身份证明。
问：请介绍下你公司的生产地址、所从事的行业及生产经营状况。
答：我公司的生产地址位于××路××号，主要从事仓储等经营活动。我公司于××××年开始投产并经营至今，现场检查时，我公司正在经营。
问：你公司的雨水、污水是如何排放的？
答：我公司产生的污水通过化粪池处理后排入××路市政污水管网，雨水排入××路市政雨水管网。
问：202×年××月××日××时××分，天气晴好，我局执法人员至你公司现场检查时，发现位于你公司厂区门口右侧的雨水井内有明显的污水流出，并通过内部雨水管网进一步排入××路市政雨水管网。上述情况你是否了解？
（接下页）

被调查（询问）人签名：　李某　　　调查（询问）人签名：施某、宋某
时间：202×年××月××日　　　　　时间：202×年××月××日

第1页（共2页）

调查(询问)笔录(续页)

(续上页)

答： 上述情况我了解，现场由我陪同执法检查。我公司为了贪图方便，将门卫室卫生间及厨房产生的生活污水，经过化粪池、隔油池处理后，通过铺设一根 pvc 管道排入位于我公司厂区门口右侧的雨水井内，再通过内部雨水管网最终排入××路市政雨水管网。

问： 你公司何时开始将上述污水排入市政雨水管网的？

答： 我公司于202×年××月××日开始将上述污水排入市政雨水管网内。

问： 你公司的日均排水量是多少？

答： 根据我单位近三个月向自来水有限公司缴纳的水费单据计算得出，我公司的日均排水量为9立方米。

问： 202×年××月××日，执法人员会同受我局委托的××检测公司的采样人员，对位于你公司厂区门口右侧的雨水井内排放的污水进行水质采样。根据××检测公司于202×年××月××日出具的编号为××××××号的水质检测报告显示，你公司厂区门口右侧雨水井内排放的污水中，氨氮超过了《污水综合排放标准》(DB 31/199 - 2018) 规定的标准限值，你公司是否认可？

答： 我公司认可的，现场由我陪同采样。

问： 你公司在近两年中是否因"在雨水、污水分流地区，将污水排入雨水管网"被查处过？

答： 没有，这是我公司第一次被查处。

问： 根据《城镇排水与污水处理条例》第二十条第二款的规定，在雨水、污水分流地区，将污水排入雨水管网是涉嫌违法的行为，你公司是否清楚了？

答： 我公司清楚了。

问： 你公司是否已收到责令改正通知书？

答： 收到了，我们已经封堵雨水井内铺设的污水管道，并将产生的污水排入污水管网。

问： 你还有其他需要补充的吗？

答： 没有了。

(以下笔录无正文)

问： 你是否有阅读能力，若阅读有困难，我们可以读给你听。请你仔细核对以上笔录，若笔录有误请指出来，我们将给予更正，若笔录与你说的一致，请你确认无误后在笔录上逐页签名确认。

答： 以上笔录记载与本人口述无误(手写)

被调查(询问)人签名：___李某___　　　调查(询问)人签名：___施某、宋某___

时间：___202×年××月××日___　　　时间：___202×年××月××日___

五、常见问题解答

问：排放的污水适用何种水质检测标准？

答：对于雨水井内排放的污水，一般适用《污水综合排放标准》（DB 31/199 - 2018）。如果当事人属于汽修、医疗、生物制药等特殊行业，则应参照具体的行业标准来进行水质检测。

问：何种情况下需要制作执法协助函？

答：当执法人员无法确定当事人所在区域是否属于雨水、污水分流地区，或当事人的排水行为是否造成排水与污水处理设施运行故障时，可以采用协助调查。协助调查时，一般需制作执法协助函，采用直接送达或邮寄（挂号）的方法，送至相关职能部门。

问：什么是排水与污水处理设施？

答：根据《上海市排水与污水处理条例》的规定，排水与污水处理设施，是指用于排水与污水集中收集处理的公共基础设施，包括城镇排水与污水处理设施和农村生活污水处理设施。其中城镇排水与污水处理设施包括排水管道、检查井、排水泵站、污水处理设施、污泥处理处置设施、大气污染物处理设施。农村生活污水处理设施，包括对农村生活污水进行收集处理的建筑物、构筑物及设备。

第二十四项
货物运输经营者没有采取必要措施防止普通货物脱落扬撒

一、违法行为概述

（一）基本概念

该违法行为是指道路货物运输经营者在从事运输普通货物过程中未采取有效的措施，导致或者可能会导致货物脱落、扬撒等情况发生的行为。

（二）违法形态

（1）没有采取必要措施防止货物脱落。如：集装箱运输车辆在运输集装箱的过程中未按照要求采取转锁装置以防止箱体脱落或者已经产生箱体脱落的情形。

（2）没有采取必要措施防止货物扬撒。如：承运沙石、渣土等车辆在运输过程中未按照要求采取封闭式运输以防止货物扬撒或者在运输过程中已经产生扬撒的情形。

（三）适用法律条款

《中华人民共和国道路运输条例》

第二十六条第二款：货运经营者应当采取必要措施，防止货物脱落、扬撒等。

第六十八条第二款：客运经营者强行招揽旅客，货运经营者强行招揽货物或者没有采取必要措施防止货物脱落、扬撒等的，由县级以上地方人民政府交通运输主管部门责令改正，处1 000元以上3 000元以下的罚款；情节严重的，由原许可机关吊销道路运输经营许可证。

《道路货物运输及站场管理规定》

第三十二条：国家鼓励实行封闭式运输。道路货物运输经营者应当采取有效的措施，防止货物脱落、扬撒等情况发生。

第六十四条第二项：违反本规定，道路货物运输经营者有下列情形之一的，由交通运输主管部门责令改正，处1 000元以上3 000元以下的罚款；情节严重的，由原许可机关吊销道路运输经营许可证或者吊销其相应的经营范围：没有采取必要措施防止货物脱落、扬撒的。

二、执法检查与证据收集

（一）现场检查要点

（1）拍摄：拍摄现场照片或视频资料，体现违法地点等的具体细节。其中现场照片主要有车头照、车尾照、所有证件照、车内所装货物照、货单照、货物脱落或扬撒的情况照或者没有采取必要措施防止货物脱落或扬撒的情况照等。车头照和车尾照最好是45度角的斜拍车身全景照（车头照和车尾照的意义在于：照片内同时含有车牌信息，也含有车辆特征甚至所装运的货物的信息）。

（2）询问：现场向在场人进行调查询问，了解运输车辆上所载货物的类型、数量和起讫地，营运费用金额情况，车辆提供有效的道路运输证情况，车辆驾驶员身份信息以及个人从业资格证情况，货物脱落或扬撒的情况、程度或者未按照要求采取必要措施防止货物脱落或扬撒的情况、程度等。

（3）文书制作：对现场调查、询问、核实等经过进行记录，制作现场检查（勘验）笔录，绘制现场勘验图，请在场当事人签字；如现场未见当事人的，如实记录并可以请在场人作为见证人签字。

（4）其他：收集当事人身份信息，相关的书证、物证等。

（二）调查询问调查

1. 询问当事人的要点

现场检查时，当事人在场的，可当场询问并制作询问笔录；当事人不在场或不具备当场询问条件的，应送达调查（询问）通知书，载明要求当事人或委托代理人于指定时间、地点接受调查询问。询问当事人时，应以提问—回答的方式制作询问笔录，并同时音视频记录。

（1）确认当事人、委托人身份信息，要求被询问人提供身份证、营业执照、法定代表人身份证明等，委托他人代为履行被调查义务的，提交授权委托人的身份证、由委托人签名或者盖章的授权委托书，授权委托书必须记明委托事项和权限，核实收集。

（2）明确涉案运输车辆上所载货物的类型、数量和起讫地，营运费用金额情况,车辆能否提供道路运输证,车辆所提供的道路运输证的有效期及核定的经营范围是否与实际情况相一致,车辆驾驶员身份信息以及其能否提供个人从业资格证及相关从业资格证情况。这些都是对当事人及车辆的合法资质信息、从事营运行为的确认。至于违法内容可分为两种情况进行询问：一种是货物在运输过程中发生脱落或扬撒的情况、程度以及造成货物脱落或扬撒的原因；另一种是在执法巡查过程中发现当事人没有采取必要措施以防止货物脱落或扬撒以及没有采取必要措施的原因。

（3）若遇到货物脱落或扬撒,且涉案运输车辆不在现场时,出示现场检查（勘验）笔录及视听资料、现场勘验图等现场检查勘验证据,要求被询问人核实。

（4）记录被询问人想要补充说明和反映的其他相关情况。

2. 询问证人的要点

若遇到货物脱落或扬撒,且涉案运输车辆不在现场时,可通过走访调查或路面监控来查找涉案运输车辆,进而确认涉案当事人。

证人可能涉及绿化市容管理部门人员、关联养护公司工作人员、路面监控工作人员等。询问证人,可以提问—回答的方式制作询问笔录,并同时音视频记录。

询问前,应核实确认证人的身份,并就需要了解的情况进行调查或者核实,如涉案车辆的车牌号、货物脱落或扬撒等情况。可要求证人对证明的相关情况提供书面证明或其他证据材料。

（三）证据采集列表

证据种类	证据明细	证据收集方法
书　证	道路运输经营许可证、营业执照、法定代表人身份证、道路运输证、行驶证、货单、驾驶证、从业资格证、票据等	当事人提供、相关部门协助
	案件受理材料（全部案件来源）	检查发现、投诉举报、部门移送等
物证	涉案车辆、装载货物等	现场取证
视听资料	现场摄像、照片	现场取证
证人证言	证人询问笔录或陈述笔录	询问调查

续　表

证据种类	证据明细	证据收集方法
当事人的陈述	当事人询问笔录、陈述笔录	询问调查
勘验笔录、现场笔录	现场检查（勘验）笔录、复查记录	现场检查

三、参考案例解析

（一）基本案情

202×年××月××日××时××分，上海市浦东新区城市管理综合行政执法局执法队员周某（执法证号）、林某（执法证号）在××路××路南50米处执法检查时，发现驾驶员孙某驾驶一辆上海××有限公司的陕汽牌重型半挂牵引车沪D×××××、沪J××××挂。经查，该车装运2只20英尺的集装箱，从××路××路口运往××路××号××服务中心，运费为人民币××元。执法队员现场发现车辆右后侧和左前侧的2个锁扣没有按照要求进行上锁。现场确认车辆沪D×××××、沪J××××挂的道路运输证和驾驶员孙某的从业资格证都符合相关规定，资质齐全。

（二）调查取证

（1）202×年××月××日，执法人员对驾驶员孙某制作现场检查（勘验）笔录和调查（询问）笔录，驾驶员孙某对现场情况确认签字。执法队员现场拍摄取证，收集车辆沪D×××××、沪J××××挂的行驶证和道路运输证、驾驶员孙某的驾驶证和从业资格证、货单和票据等。

（2）202×年××月××日，执法人员对上海××有限公司的负责人李某进行调查询问，制作调查（询问）笔录，进一步了解装运集装箱时锁扣未上锁的原因，收集上海××有限公司的道路运输经营许可证、营业执照、法定代表人身份证明、委托代理书等证据材料。

（三）违法事实认定

通过现场检查及上述证据，认定事实如下：

202×年××月××日，当事人上海××有限公司的车辆陕汽牌重型半挂牵引车沪D×××××、沪J××××挂，装运2只20英尺的集装箱从××路路口运往××路××号××服务中心，运费为人民币××元。在途经××

路××路南 50 米处时,被执法队员现场发现车辆右后侧和左前侧的 2 个锁扣没有按照要求进行上锁,车辆沪D×××××、沪J××××挂的道路运输证和驾驶员孙某的从业资格证都符合相关规定、资质齐全。

(四) 作出处罚决定

根据《中华人民共和国道路运输条例》第六十八条第二款,货运经营者没有采取必要措施防止货物脱落的,由县级以上地方人民政府交通运输主管部门责令改正,处 1 000 元以上 3 000 元以下的罚款;情节严重的,由原许可机关吊销道路运输经营许可证。鉴于当事人初次发生,对当事人上海××有限公司作出罚款 1 000 元的处罚决定。

在作出处罚决定前,执法人员事先告知当事人拟作出行政处罚决定的事实、理由、依据及内容,并告知当事人依法享有的权利。当事人未在规定的期限内进行陈述申辩,执法人员作出罚款 1 000 元的处罚决定。

四、文书制作示例

（一）现场检查（勘验）笔录

上海市浦东新区城市管理综合行政执法局
现场检查（勘验）笔录

检查（勘验）地点：_____××路××路南50米处_____ 天气：__晴__
检查（勘验）时间：__202×__年__××__月__××__日__××__时__××__分至__××__时__××__分
被检查（勘验）人：_____孙某（单位全称或个人）_____
身份证号码（统一社会信用代码）：_____123456789876543210_____
住址或住所：__××区××路××号__ 联系电话：__12345678901__
现场负责人：__/__ 职务：__/__ 联系电话：__/__
检查（勘验）人：__周某、林某__ 记录人：__周某__

　　表明身份及告知记录：我们是上海市浦东新区城市管理综合行政执法局的行政执法人员（出示证件），现依法进行现场检查（勘验）。你（单位）享有以下权利：执法人员少于2人或者所出示的执法证件与其身份不符的，有权拒绝调查；依法享有申请回避以及陈述和申辩的权利。同时，你（单位）具有协助行政机关检查的义务。

　　现场检查（勘验）情况：202×年××月××日××时××分，上海市浦东新区城市管理综合行政执法局执法人员周某（执法证号）、林某（执法证号）在××路××路南50米处执法检查时，发现驾驶员孙某驾驶一辆上海××有限公司的陕汽牌重型半挂牵引车沪D×××××、沪J××××挂。经查，该车上装运有2只20英尺的集装箱，从××路××路口运往××路××号××服务中心，运费为人民币××元。经查，该车所装集装箱的右后侧和左前侧的2个锁扣没有按照要求进行上锁。现场已拍照、摄像取证。

　　（以下空白）
　　附件：1. 现场附图；
　　　　　2. 现场照片×张；
　　　　　3. 现场摄像××分钟。
　　以上记录已阅，属实，无异议（手写）

被检查（勘验）人签名：__孙某__ 见证人签名：__/__
检查（勘验）人签名：__周某、林某__ 记录人签名：__周某__

（二）调查（询问）笔录

1. 现场执法询问驾驶员时用

上海市浦东新区城市管理综合行政执法局
调查（询问）笔录

时间：＿＿202×＿年＿××＿月＿××＿日＿××＿时＿××＿分至＿××＿时＿××＿分

地点：＿＿＿＿＿＿××路××路南50米处＿＿＿＿＿＿

被调查（询问）人：＿＿孙某＿＿ 性别：＿×＿ 年龄：＿××＿

身份证号码：＿＿123456789876543210＿＿

工作单位：＿＿上海××有限公司＿＿ 职务：＿驾驶员＿

联系地址：＿＿××区××路××号＿＿

邮编：＿＿／＿＿ 联系电话：＿12345678901＿

调查（询问）人：＿周某、林某＿ 记录人：＿周某＿

告知：我们是上海市浦东新区城市管理综合行政执法局的执法人员（出示执法证），根据《中华人民共和国行政处罚法》第五十五条的规定，依法进行调查。执法人员少于2人或身份与执法证件不符的，你有权拒绝调查询问；在接受调查（询问）之前，你有申请我们回避的权利；在调查（询问）过程中，你有陈述、申辩的权利；同时，你应当如实提供证据并协助调查，不得作伪证，否则将承担法律责任。你是否听清楚了？

答：听清楚了。

问：你是否申请回避？

答：不需要。

问：请你介绍自己的姓名、身份、联系方式，并请出示一下身份证件。

答：我叫孙某，是车辆沪D×××××、沪J××××挂的驾驶员，联系电话是12345678901，身份证号码是123456789876543210，这是我的身份证。

问：请问你今天所驾驶的是何单位的车辆？

答：我今天驾驶的是上海××有限公司的车辆沪D×××××、沪J××××挂。

问：请问你今天所驾驶的车辆装载的是何货物，数量多少？

答：今天车辆沪D×××××、沪J××××挂上装载的是2只20英尺的集装箱。

问：请问你今天驾驶的车辆所装载的货物的起讫点为何处？

答：这些货物是从××路××路口运往××路××号××服务中心。

问：请问你今天此单业务的运费是多少？

答：运费为××元。

（接下页）

被调查（询问）人签名：＿孙某＿ 调查（询问）人签名：＿周某、林某＿

时间：＿202×年××月××日＿ 时间：＿202×年××月××日＿

第1页（共2页）

调查(询问)笔录(续页)

(续上页)

问：请问你能否出示今天所驾驶的车辆有效的道路运输证件？
答：车辆沪D×××××、沪J××××挂都办有相关道路运输证，证号分别为沪交运管货字×××号和沪交运管货字×××号。经营范围都是××××（依据道路运输证上的信息予以填写）。
问：请问你能否出示相应的个人从业资格证件？
答：有的。
问：车辆沪D×××××、沪J××××挂装载集装箱时是否采取了转锁装置以防止箱体脱落？
答：车辆沪D×××××、沪J××××挂装载集装箱的右后侧以及左前侧的2个锁扣坏了，已无法正常使用了。
问：以上情况是否属实？
答：以上情况属实。
问：以上内容还有何补充？
答：没有什么要补充的了。
(以下笔录无正文)

问：你是否有阅读能力，若阅读有困难，我们可以读给你听。请你仔细核对以上笔录，若笔录有误请指出来，我们将给予更正，若笔录与你说的一致，请你确认无误后在笔录上逐页签名确认。
答：以上笔录记载与本人口述一致（手写）

被调查(询问)人签名：___孙某___　　调查(询问)人签名：___周某、林某___
时间：___202×年××月××日___　　时间：___202×年××月××日___

2. 窗口调查询问当事人时用

上海市浦东新区城市管理综合行政执法局
调查(询问)笔录

时间：__202×__年__××__月__××__日__××__时__××__分至__××__时__××__分
地点：__××路××号受理窗口处__
被调查(询问)人：__李某__　　　　　　性别：__×__　年龄：__××__
身份证号码：__123456789876543210__
工作单位：__(车辆行驶证的所有人)上海××有限公司__　　职务：__×××__
联系地址：__××区××路××号__
邮编：__/__　　　　　　　联系电话：__12345678901__
调查(询问)人：__周某、林某__　　　记录人：__周某__

告知：我们是上海市浦东新区城市管理综合行政执法局的执法人员(出示执法证)，根据《中华人民共和国行政处罚法》第五十五条的规定，依法进行调查。执法人员少于2人或身份与执法证件不符的，你有权拒绝调查询问；在接受调查(询问)之前，你有申请我们回避的权利；在调查(询问)过程中，你有陈述、申辩的权利；同时，你应当如实提供证据并协助调查，不得作伪证，否则将承担法律责任。你是否听清楚了？
答：听清楚了。
问：你是否申请回避？
答：不需要。
问：请你介绍你的姓名、工作单位和职务，并请出示一下身份证件。
答：我叫李某，是上海××有限公司的×××，我的身份证号码是123456789876543210，电话号码是12345678901，这是我的身份证。
问：我中队在202×年××月××日××时××分发现车辆沪D×××××、沪J××××挂存在没有按照规定采取转锁装置以防止集装箱箱体脱落的行为，你是否知晓？
答：我已经知晓此事。我今天就是受上海××有限公司的委托，全权代表上海××有限公司来配合处理此事。这是我的身份证、我公司的营业执照、法定代表人身份证明和委托书。
问：请你简述一下事情经过。
答：202×年××月××日上午，我公司驾驶员孙某驾驶我公司的沪D×××××、沪J××××挂，至××路××路南50米处时遇你中队执法检查，因车辆锁扣未上锁一事被查处。
(接下页)

被调查(询问)人签名：__李某__　　调查(询问)人签名：__周某、林某__
时间：__202×年××月××日__　　时间：__202×年××月××日__

调查(询问)笔录(续页)

(续上页)

问：当时车上装运何物？起讫地为何处？此次运输是否有运费？

答：当时车上装运的是2只20英尺的集装箱，从××路××路路口处的仓库运往××路××号××服务中心。运费为××元。

问：车辆沪D×××××、沪J××××挂是否办有相关道路运输证件？

答：上海××有限公司办有道路运输经营许可证，证号为沪交运管许可×字××××××××××××号，经营范围含有货物专用运输(集装箱)。车辆沪D×××××、沪J××××挂也都办有相关道路运输证件，证号分别为沪交运管货字×××号和沪交运管货字×××号。

问：车辆沪D×××××、沪J××××挂装载集装箱时是否采取了转锁装置以防止箱体脱落？

答：没有，车辆沪D×××××、沪J××××挂装载集装箱的右后侧以及左前侧的2个锁扣坏了，当时无法正常使用。我们已经予以维修，目前已经恢复正常使用。

问：贵公司之前是否有因为"没有采取必要措施防止货物脱落"的行为被行政处罚过？

答：之前没有，这次是第一次被查到。

问：以上内容有何补充？

答：无。

(以下笔录无正文)

问：你是否有阅读能力，若阅读有困难，我们可以读给你听。请你仔细核对以上笔录，若笔录有误请指出来，我们将给予更正，若笔录与你说的一致，请你确认无误后在笔录上逐页签名确认。

答：以上笔录记载与本人口述一致(手写)

被调查(询问)人签名：____李某____　　调查(询问)人签名：____周某、林某____

时间：____202×年××月××日____　　时间：____202×年××月××日____

第2页(共2页)

五、常见问题解答

问：4 500 千克及以下普通货运车辆为何不在检查范围内？

答：根据 2023 年 7 月新修订的《中华人民共和国道路运输条例》第二十四条第三款规定：使用总质量 4 500 千克及以下普通货运车辆从事普通货运经营的，无须按照本条规定申请取得道路运输经营许可证及车辆营运证。

问："没有采取必要措施防止货物扬撒"和"没有采取必要措施防止货物脱落"在文书制作上有何区别？

答：针对"没有采取必要措施防止货物扬撒"的违法行为查处，可以参照"没有采取必要措施防止货物脱落"进行。两者区别之处在于扬撒的程度可以采用面积来表述，比如："该车所装黄沙在运输过程中发生扬撒，扬撒面积长约 5 米、宽约 0.5 米，总面积约 2.5 平方米。"

第二十五项
未经许可从事道路货运经营

一、违法行为概述

（一）基本概念

该违法行为是指从事道路货物运输①的经营者，未取得道路货物运输经营许可，擅自从事道路货物运输经营（使用总质量②4 500千克及以下普通货运车辆从事普通货运经营的，无须取得道路运输经营许可证）。

（二）违法形态

（1）道路货物运输经营者未取得中华人民共和国道路运输经营许可证，从事道路货运经营的。

（2）道路货物运输经营者使用无效的中华人民共和国道路运输经营许可证（含失效、伪造、变造、被注销等），从事道路货运经营的。

（三）适用法律条款

《中华人民共和国道路运输条例》

第六十三条第一款第一项：违反本条例的规定，有下列情形之一的，由县级以上地方人民政府交通运输主管部门责令停止经营，并处罚款；构成犯罪的，依法追究刑事责任：未取得道路运输经营许可，擅自从事道路普通货物运输经营，违法所得超过1万元的，没收违法所得，处违法所得1倍以上5倍以下的罚款；没有违法所得或者违法所得不足1万元的，处3 000元以上1万元以下的罚款，情节严重的，处1万元以上5万元以下的罚款。

第六十三条第一款第三项：违反本条例的规定，有下列情形之一的，由县级

---

① 道路货物运输，主要以运输货物种类分，道路货物运输车辆可分成普通货物运输、大型物件运输、危险货物运输、专用货物运输（集装箱运输、冷藏保鲜运输、罐式容器运输、车辆运输）。

② 总质量是指汽车装备齐全，并按规定装满客（包括驾驶员）、货时的重量。对于货车，汽车总质量＝整备质量＋核定载质量。

以上地方人民政府交通运输主管部门责令停止经营,并处罚款;构成犯罪的,依法追究刑事责任;未取得道路运输经营许可,擅自从事道路危险货物运输经营,违法所得超过2万元的,没收违法所得,处违法所得2倍以上10倍以下的罚款;没有违法所得或者违法所得不足2万元的,处3万元以上10万元以下的罚款。

二、执法检查与证据收集

(一)现场检查要点

(1)拍摄:对运输车辆车头、车尾45°方位进行拍摄,确认车辆基本信息并对车内货物种类、数量、包装信息等进行拍摄收集。

(2)现场勘验或检查比对:对运输车辆装载货物的类型、数量、人车证件等进行勘验。若车辆装运的是危险货物或危险化学品,还需勘验车辆装运货物的危险货物类别、驾押人员从业资格证件、危险货物运单、危险货物安全卡等。若驾驶人现场无法出示相关证件,执法人员可以使用移动执法设备进行数据比对。

(3)询问:现场向车辆驾驶人进行调查询问,获取运输起讫地、运输费用等。

(4)文书制作:对现场调查、测量、询问、核实等经过进行记录,制作现场检查(勘验)笔录,绘制现场勘验图,请在场当事人签字;如现场未见当事人的,如实记录并可以请在场人作为见证人签字。

(二)调查询问要点

(1)确认当事人、委托人身份信息,要求被询问人提供身份证、营业执照、法定代表人身份证明等,委托他人代为履行被调查义务的,提交授权委托人的身份证、由委托人签名或者盖章的授权委托书,授权委托书必须记明委托事项和权限,核实收集。

(2)询问驾驶员、押运员(危运)信息,所驾车辆号牌、型号、所有人信息,能否提供有效的道路运输经营许可证及道路运输证经营范围,明确涉案主体。

(3)询问车辆装运货物的性质、种类、数量,此次运输业务的费用(危运无须确认),明确货运经营行为。

(4)出示现场检查(勘验)笔录及视听资料、现场勘验图等现场检查勘验证据,要求被询问人核实记录。

(5)被询问人想要补充说明和反映的其他相关情况。

（三）证据采集列表

证据种类	证据明细	证据收集方法
书证	道路运输经营许可证、营业执照、法定代表人身份证、道路运输证、行驶证、货单、驾驶证、从业资格证、票据等	当事人提供、相关部门协助
	案件受理材料（全部案件来源）	检查发现、投诉举报、部门移送等
物证	现场摄像、照片	现场取证
	涉案车辆、装载货物等	现场取证
视听资料	执法音视频、照片	现场取证
证人证言	证人询问笔录或陈述笔录	询问调查
当事人陈述	当事人询问笔录、陈述笔录	询问调查
勘验笔录、现场笔录	现场检查（勘验）笔录	现场检查

三、参考案例解析

（一）基本案情

202×年××月××日××时××分，上海市浦东新区城市管理综合行政执法局执法队员周某（执法证号）、林某（执法证号）在浦东新区××路××路南350米处，对驾驶员叶某所驾驶的解放牌中型厢式货车沪××××××进行设卡检查。该车辆装运××牌运动鞋××箱，车辆行驶证显示该车载质量为7吨，由上海××汽车运输有限公司所有，驾驶员叶某现场无法出示所驾车辆沪××××××有效的道路运输证。

（二）调查取证

（1）202×年××月××日，执法人员制作现场检查（勘验）笔录，叶某作为现场负责人签字。执法队员现场拍摄取证。

（2）202×年××月××日，执法人员向上海××汽车运输有限公司委托人进行询问调查，制作询问笔录，收集运输合同、货单、营业执照、法定代表人身份证明、委托代理书等证据材料。

（三）**违法事实认定**

通过现场检查及上述证据，认定事实如下：

202×年××月××日，上海××汽车运输有限公司所属解放牌中型厢式货车（沪××××××），总质量12吨，装运××牌运动鞋××箱，从××市××路××号运往××市××路××号，运输费用为人民币3 000元。该沪××××××货运车辆未取得道路运输证，该车辆所有人上海××汽车运输有限公司未取得有效的道路运输经营许可证。

（四）**作出处罚决定**

根据《中华人民共和国道路运输条例》第六十三条第一款：未取得道路运输经营许可，擅自从事道路普通货物运输经营，违法所得超过1万元的，没收违法所得，处违法所得1倍以上5倍以下的罚款；没有违法所得或者违法所得不足1万元的，处3 000元以上1万元以下的罚款，情节严重的，处1万元以上5万元以下的罚款。因当事人无其他严重情节，拟对当事人上海××汽车运输有限公司作出罚款3 000元的处罚决定。

在作出处罚决定前，执法人员事先告知当事人拟作出行政处罚决定的事实、理由、依据及内容，并告知当事人依法享有的权利。当事人上海××汽车运输有限公司放弃陈述申辩，故作出罚款3 000元的处罚决定。

四、文书制作示例

（一）现场检查（勘验）笔录

上海市浦东新区城市管理综合行政执法局
现场检查（勘验）笔录

检查（勘验）地点： ××路××路南 350 米处　　**天气：** 晴
检查（勘验）时间： 202×年××月××日××时××分至××时××分
被检查（勘验）人： 叶某（单位全称或个人）
身份证号码（统一社会信用代码）： 123456789876543210
住址或住所： ××区××路××号　　**联系电话：** 12345678901
现场负责人： ／　**职务：** ／　**联系电话：** ／
检查（勘验）人： 周某、林某　　**记录人：** 林某

　　表明身份及告知记录： 我们是上海市浦东新区城市管理综合行政执法局的行政执法人员（出示证件），现依法进行现场检查（勘验）。你（单位）享有以下权利：执法人员少于2人或者所出示的执法证件与其身份不符的，有权拒绝调查；依法享有申请回避以及陈述和申辩的权利。同时，你（单位）具有协助行政机关检查的义务。

　　现场检查（勘验）情况： 202×年××月××日××时××分，上海市浦东新区城市管理综合行政执法局执法队员周某（执法证号）、林某（执法证号）在浦东新区××路××路南350米处对驾驶员叶某所驾驶的上海××汽车运输有限公司所有的解放牌中型厢式货车沪×××××进行设卡检查。经查，该车辆总质量12吨，装运××牌运动鞋××箱，由××市××路××号运往××市××路××号，此次运输费用为人民币3 000元。驾驶员叶某现场出示个人从业资格证件，无法出示所驾车辆沪×××××有效的道路运输证。驾驶员叶某现场签字并确认上述事实。执法队员现场拍照、摄像取证。

　　（以下空白）

　　附件：1. 现场附图；
　　　　 2. 现场照片×张；
　　　　 3. 现场摄像××分钟。
　　以上记录已阅，属实，无异议（手写）

被检查（勘验）人签名： 叶某　　**见证人签名：** ／
检查（勘验）人签名： 周某、林某　　**记录人签名：** 林某

(二)调查(询问)笔录

上海市浦东新区城市管理综合行政执法局
调查(询问)笔录

时间：__202×__年__××__月__××__日__××__时__××__分至__××__时__××__分
地点：__××路××号__
被调查(询问)人：__李某__　　性别：__×__　年龄：__××__
身份证号码：__123456789876543210__
工作单位：__上海××汽车运输有限公司__　　职务：__×××__
联系地址：__××区××路××号__
邮编：__/__　　　　　　　　　联系电话：__12345678901__
调查(询问)人：__周某、林某__　　记录人：__林某__

告知：我们是上海市浦东新区城市管理综合行政执法局的执法人员(出示执法证)，根据《中华人民共和国行政处罚法》第五十五条的规定，依法进行调查。执法人员少于2人或身份与执法证件不符的，你有权拒绝调查询问；在接受调查(询问)之前，你有申请我们回避的权利；在调查(询问)过程中，你有陈述、申辩的权利；同时，你应当如实提供证据并协助调查，不得作伪证，否则将承担法律责任。你是否听清楚了？
答：听清楚了。
问：你是否申请回避？
答：不申请回避。
问：请你介绍下你的身份、联系方式，并请出示身份证件。
答：我叫李某，是上海××汽车运输有限公司的×××，身份证号码是123456789876543210，电话号码是12345678901，这是我的身份证、我单位的营业执照、法定代表人身份证明和委托书。今日我受上海××汽车运输有限公司的委托，全权代表上海××汽车运输有限公司接受调查询问。
问：请你简述事情的经过。
答：202×年××月××日下午，我公司驾驶员叶某驾驶我公司所有的解放牌中型厢式货车沪××××××行驶至上海市浦东新区××路××路南350米处时，因涉嫌使用无道路运输证的车辆进行货物运输，被你中队执法人员查处。
问：车辆沪××××××总质量是多少？
答：该车总质量为12吨。
(接下页)

被调查(询问)人签名：__李某__　　调查(询问)人签名：__周某、林某__
时间：__202×年××月××日__　　时间：__202×年××月××日__

调查(询问)笔录(续页)

(续上页)

问： 当时车辆装运的是什么货物？

答： 车辆装运的是××牌运动鞋××箱。

问： 该车辆装运货物由何处运往何处？

答： 由××市××路××号运往××市××路××号。

问： 此次运输是否有费用？

答： 有的。此次运输费用3 000元。是××运动有限公司委托我司进行运输的。这是运输合同。

问： 你是否能出示车辆沪××××××的道路运输证和你公司的道路运输经营许可证？

答： 无法出示。由于公司刚刚成立，急于开展业务；我公司还没有取得道路运输经营许可证和车辆道路运输证。

问： 你公司是否因相同违法行为接受过处罚？

答： 之前没有被处罚过。

问： 你还有其他需要补充的吗？

答： 没有了。

(以下笔录无正文)

问： 你是否有阅读能力，若阅读有困难，我们可以读给你听。请你仔细核对以上笔录，若笔录有误请指出来，我们将给予更正，若笔录与你说的一致，请你确认无误后在笔录上逐页签名确认。

答： 以上笔录记载与本人口述无误(手写)

被调查(询问)人签名：__李某__　　调查(询问)人签名：__周某、林某__

时间：__202×年××月××日__　　时间：__202×年××月××日__

五、常见问题解答

问：如何认定道路货运经营的当事人？

答：虽然出现在执法第一现场的是驾驶员和所驾车辆，但实际货运经营者应是当事人，即道路运输证"业户名称项"；若现场无法出示道路运输证，以车辆行驶证上的"所有人"项为当事人；执法人员应取得完整证据链，后续对实际当事人进行调查询问更为主动便利。

问：如何确定运输的费用？

答：如现场货运车辆驾驶员不清楚或抗拒供述运输费用，执法人员可以要求提供此次的货单、运输合同等证明营运行为；也可进一步对托运方进行调查询问，从而确定此次货运的相关情况。

第二十六项
出租汽车驾驶员在载客营运途中无正当理由中断服务

一、违法行为概述

（一）基本概念

该违法行为是指出租汽车驾驶员在客运服务①过程中拒绝乘客的运送要求，是拒载行为的实际表现。

（二）违法形态

该行为的违法形态表现为：取得出租汽车准营证的出租汽车驾驶员已接受乘客发出的邀约邀请，出租汽车的状态为营运途中，驾驶员中途无正当理由中断业务的行为。

拒载的表现形式有以下六种：

（1）车辆开启空车标志后，经乘客扬招停靠后拒绝运送要求的。

（2）车辆开启空车标志后，在客运集散点或者道路边停靠时，驾驶员询问乘客目的地后拒绝运送的。

（3）车辆开启空车标志后，在客运集散点或者道路边停靠时，未及时标明本车处于停运或者电调状态，在乘客告知目的地后拒绝运送的（有证据能够证明车辆空车标志、顶灯确实出现故障的除外）。

（4）车辆开启空车标志后，在营运站内不服从调派的。

（5）营运途中无正当理由中断服务的。

（6）车辆虽未开启空车标志，或者车辆顶灯显示停运、电调的，驾驶员询问乘客目的地后拒绝运送的。

---

① 客运服务是指按照乘客意愿提供运送服务，并且按照里程和时间收费的出租汽车经营活动。

（三）适用法律条款

《上海市出租汽车管理条例》

第二十四条：客运服务驾驶员不得拒绝乘客的运送要求，有下列行为之一的属拒绝运送乘客的行为：

（1）所驾驶的车辆开启空车标志灯后，遇乘客招手，停车后不载客的。

（2）所驾驶的车辆开启空车标志灯后，在营运站内不服从调派的。

（3）所驾驶的车辆开启空车标志灯后，在客运集散点或者道路边待租时拒绝载客的。

（4）载客营运途中无正当理由中断服务的。

第四十四条：对客运服务驾驶员违反本条例的行为，由市交通执法总队、区交通执法机构按照下列规定给予处罚：

（1）违反第十三条第四款的，责令其立即改正，可并处200元罚款。

（2）违反第十九条第一款，第二十三条第四、五、六项的，没收其非法所得，可并处200元以上2 000元以下罚款。

（3）违反第二十一条第二款，第二十三条第一、二、三、七项的，责令其改正，可并处警告或者50元以上200元以下罚款。

（4）违反第二十四条的，责令其暂停营业十五天，并处200元罚款。

驾驶员违反本条例情节严重的，由市交通执法总队、区交通执法机构责令其暂停营业十五天以下，或者取消其客运服务的营运资格。

《巡游出租汽车经营服务管理规定》

第二十三条第一款第八项：巡游出租汽车驾驶员应当按照国家出租汽车服务标准提供服务，并遵守下列规定：按照乘客指定的目的地选择合理路线行驶，不得拒载、议价、途中甩客、故意绕道行驶①。

第四十八条第一款第一项：巡游出租汽车驾驶员违反本规定，有下列情形之一的，由县级以上地方人民政府出租汽车行政主管部门责令改正，并处以200元以上500元以下罚款：拒载、议价、途中甩客或者故意绕道行驶的。

---

① 《巡游出租汽车经营服务管理规定》第五十二条第五项：
本规定中下列用语的含义：
"拒载"是指在道路上空车待租状态下，巡游出租汽车驾驶员在得知乘客去向后，拒绝提供服务的行为；或者巡游出租汽车驾驶员未按承诺提供电召服务的行为。
"甩客"是指在运营途中，巡游出租汽车驾驶员无正当理由擅自中断载客服务的行为。

二、执法检查与证据收集

（一）现场检查要点

（1）拍摄：对出租汽车正面、侧面、后面进行拍摄，要体现出车牌号、顶灯及空车标志牌，固定该出租汽车正处于营运状态的证据。

（2）询问：询问当事人驾驶员已取得准营证，否则，该案件案由应改为驾驶员无从业资格证驾驶巡游出租汽车，且同时应当对该巡游出租汽车的经营者将客运服务车辆交于无准营证的人员驾驶的违法行为进行立案调查。询问当事人驾驶员被叫车、招揽的过程，核实拒载的理由等；询问乘客的叫车、扬招过程，驾驶员拒载的理由等；若有见证人，询问见证人事发情况等。

需要说明的是，在实际执法检查过程中，考虑到载客营运途中无正当理由中断服务的违法行为的特殊性，现场不易发现该违法行为，通常为事后由乘客投诉至执法部门，执法部门再启动事后追查程序。故在遇到该类案件时，执法部门可以调取道路监控，并以制作情况说明的方式代替现场执法检查。

（3）文书制作：对现场事发时间、地点、事情经过等进行记录，制作现场检查（勘验）笔录，绘制现场勘验图，请在场当事人签字。若该案件为投诉件，没有案发第一现场，需要制作情况说明，对投诉内容、初步核实的情况等进行描述。

（4）其他：收集当事人驾驶员身份证以及从业资格证信息，车辆行驶证以及营运证信息，见证人的见证情况（若有），相关的书证、物证等。

（二）调查询问要点

1. 询问乘客/投诉举报人的要点

现场检查时，乘客在场的，可当场询问并制作询问笔录；投诉举报人不在场或不具备当场询问条件的，可以通过电话提问—回答的方式制作询问笔录，并同时音视频全过程记录。

（1）乘客/投诉举报人的身份信息。

（2）涉案车辆车牌号、所属企业信息。

（3）涉案车辆状态（空车、电调、待运等）。

（4）驾驶员信息（服务卡号、外貌、性别等）。

（5）乘客/投诉举报人上车地点及时间。

（6）驾驶员是否询问乘客目的地。

（7）驾驶员得知乘客/投诉举报人目的地后通过何种方式或理由中途中断

服务的。

（8）乘客/投诉举报人下车地点及时间。

（9）乘客/投诉举报人是否有相关的音视频、照片等证据。

2. 询问当事人的要点

现场检查时，当事人在场的，可当场询问并制作询问笔录；当事人不在场或不具备当场询问条件的，应送达调查(询问)通知书，载明要求当事人或委托代理人于指定时间、地点接受调查询问。询问当事人时，应以提问—回答的方式制作询问笔录，并同时音视频记录。

（1）当事人或委托人的基本信息，询问前要求当事人提供身份证或驾驶证，还包括出租车营运证和驾驶员准营证，并进行核实。

（2）涉案车辆车牌号、所属企业名称。

（3）当时车辆状态(空车、电调、待运等)。

（4）乘客上车方式(扬招、网络预约、场站排队等)及乘客准备前往的目的地。

（5）确认乘客上车点是否为出租汽车可停靠的上下客区域。

（6）当事人是否有询问乘客目的地。

（7）载客营运途中中断服务的原因及结果。

（8）驾驶员是否在一年内因无正当理由中断服务的违法行为受到过处罚。

（三）证据采集列表

证据种类	证据明细	证据收集方法
书　证	当事人身份证明材料(身份证、驾驶证、准营证等)、行驶证、车辆营运证件、投诉人涉案材料	当事人提供、投诉人提供
	案件受理材料(全部案件来源)	检查发现、投诉举报、部门移送等
物　证	涉案客运车辆	现场取证
电子数据	监控视频、车辆GPS运行轨迹、车辆当日营运数据	涉事方调取、车辆所属公司调取
视听资料	执法全记录	现场取证
	道路监控视频及情况说明	公安部门提供

续 表

证据种类	证据明细	证据收集方法
证人证言	证人询问笔录或陈述笔录	询问调查
当事人的陈述	当事人询问笔录、陈述笔录	询问调查
勘验笔录、现场笔录	现场检查（勘验）笔录	现场检查

三、参考案例解析

（一）基本案情

投诉人王某以照片、录像、发票等为证，投诉上海市××出租车公司的沪×××××出租车中途甩客。202×年××月××日××时××分，上海市浦东新区城市管理综合行政执法局执法队员周某（执法证号）、林某（执法证号）约谈投诉工单任务号××××××涉及的上海市××出租车公司。该公司要求沪×××××出租车202×年××月××日案发日当班的驾驶员李某至××中队配合调查。

（二）调查取证

（1）202×年××月××日，执法人员向投诉人王某进行询问调查，制作询问笔录，收集现场照片、录像、发票等证据材料。

（2）202×年××月××日，执法人员调取案发路段监控，制作情况说明，当事人上海××出租公司驾驶员李某对上述监控记录情况签字认可。

（3）202×年××月××日，执法人员向驾驶员李某进行询问调查，制作询问笔录。执法队员对车辆、驾驶员拍照取证，收集驾驶员身份证、驾驶证、准营证，车辆行驶证、营运证复印件。

（4）202×年××月××日，执法人员向驾驶员李某所在公司调取车辆GPS当差运行轨迹以及当日营运数据。

（5）202×年××月××日，执法人员查询历史数据库，未查到驾驶员李某一年内案件信息。

（三）违法事实认定

通过调查检查及所收集证据，认定事实如下：

经查,沪××××××出租车驾驶员为李某,身份证号为123456789876543210,从业资格证号为××××××。202×年××月××日××时××分驾驶员李某驾驶上海市××出租车公司的沪××××××出租车,在××路附近,在对投诉人王某从事出租汽车客运服务时,发生中途甩客行为。经查,驾驶员李某属于首次被发现载客运营途中无正当理由中断服务。

(四) 作出处罚决定

根据《上海市出租汽车管理条例》第四十四条第一款第四项,按照现行自由裁量基准,鉴于当事人首次被发现载客运营途中无正当理由中断服务,拟对当事人李某作出暂停营业十五天,并处200元罚款的行政处罚决定。

在作出处罚决定前,执法人员送达听证告知书,告知当事人拟作出行政处罚决定的事实、理由、依据及内容,并告知当事人依法享有的权利。

听证期满,当事人未提出听证与陈述、申辩,经重大法制审核、集体讨论,对当事人李某作出暂停营业十五天,并处200元罚款的行政处罚决定。

四、文书制作示例

（一）情况说明

上海市浦东新区城市管理综合行政执法局
情况说明
（适用投诉举报类案件）

202×年××月××日浦东新区城市管理综合行政执法局××中队接市民王某投诉举报：202×年××月××日××时××分，该市民乘坐上海××出租汽车公司车牌号为沪××××××的车辆，驾驶员称路程太近让其在××路附近中途下车，王某要求执法部门对驾驶员依法处理。

202×年××月××日浦东新区城市管理综合行政执法局××中队执法队员周某（执法证号）、林某（执法证号）至××派出所，调取202×年××月××日××时××分××秒××路附近道路监控。道路监控显示，上海××出租汽车公司车牌号为沪××××××的车辆在202×年××月××日××时××分××秒××路有×位乘客下车，乘客下车后车辆随即驶离。

经查，该投诉案件涉案驾驶员为李某，身份证号为123456789876543210。202×年××月××日浦东新区城市管理综合行政执法局××中队约谈涉案驾驶员李某，开展进一步调查。

执法队员：周某、林某
时间：202×年××月××日

(二)调查(询问)笔录

上海市浦东新区城市管理综合行政执法局
调查(询问)笔录

时间：＿＿202×＿年＿××＿月＿××＿日＿××＿时＿××＿分至＿××＿时＿××＿分
地点：＿＿＿＿＿＿＿＿＿＿××路××号＿＿＿＿＿＿＿＿＿＿
被调查(询问)人：＿＿＿李某＿＿＿　性别：＿×＿　年龄：＿××＿
身份证号码：＿＿＿＿123456789876543210＿＿＿＿
工作单位：＿＿上海××出租车公司＿＿　职务：＿驾驶员＿
联系地址：＿＿＿＿＿××区××路××号＿＿＿＿＿
邮编：＿＿／＿＿　联系电话：＿＿12345678901＿＿
调查(询问)人：＿＿周某、林某＿＿　记录人：＿＿林某＿＿

告知：我们是上海市浦东新区城市管理综合行政执法局的执法人员(出示执法证)，根据《中华人民共和国行政处罚法》第五十五条的规定，依法进行调查。执法人员少于2人或身份与执法证件不符的，你有权拒绝调查询问；在接受调查(询问)之前，你有申请我们回避的权利；在调查(询问)过程中，你有陈述、申辩的权利；同时，你应当如实提供证据并协助调查，不得作伪证，否则将承担法律责任。你是否听清楚了？
答：听清楚了。
问：你是否申请回避？
答：不需要。
问：202×年××月××日，我们接到乘客投诉沪××××××驾驶员存在中途甩客行为，特向你了解相关情况。请你介绍自己的姓名、身份、联系方式，并请出示一下身份证件。
答：我叫李某，我的身份证号码是123456789876543210，这是我的身份证。我是××出租车公司的驾驶员，驾驶出租车号牌为沪××××××。
问：你驾驶的沪××××××出租车是否有营运证？
答：我驾驶的沪××××××出租车有营运证，证号是××××××××。
问：你是否有出租汽车准营证？
答：我有准营证，这是我的出租汽车准营证，准营证号是××××××。
问：你于202×年××月××日××时××分在××路具体发生了什么事？
答：202×年××月××日××时××分，我在××路距离上客点不远的地方让乘客下车了。

(接下页)

被调查(询问)人签名：＿＿李某＿＿　调查(询问)人签名：＿周某、林某＿
时间：＿202×年××月××日＿　时间：＿202×年××月××日＿

调查(询问)笔录(续页)

(续上页)

问：你为何让乘客下车？

答：我嫌距离太近，就让乘客下车自己走过去。

问：当时乘客上你车时车辆属于什么状态？

答：空车灯亮起，顶灯显示"待运"状态。

问：当时你车上有几位乘客？

答：有×位，×男×女。

问：当时乘客告知你目的地是哪里？

答：到××××。

问：你一年内是否因中途抛客的行为被查处过？

答：没有。

问：请看本机关调取的道路监控和制作的情况说明，你是否认可上述监控视频为202×年××月××日××时××分你在××路附近实施载客营运途中无正当理由中断服务行为的实际情况？

答：我看过了，确实记录了202×年××月××日××时××分我在××路附近实施载客营运途中无正当理由中断服务的行为。

问：你还有何补充？

答：没有什么要补充的了。

(以下笔录无正文)

问：你是否有阅读能力，若阅读有困难，我们可以读给你听。请你仔细核对以上笔录，若笔录有误请指出来，我们将给予更正，若笔录与你说的一致，请你确认无误后在笔录上逐页签名确认。

答：以上笔录与本人口述内容一致(手写)

被调查(询问)人签名：___李某___　　调查(询问)人签名：___周某、林某___

时间：___202×年××月××日___　　时间：___202×年××月××日___

上海市浦东新区城市管理综合行政执法局
调查（询问）笔录

时间：__202×__年__××__月__××__日__××__时__××__分至__××__时__××__分
地点：_____××路××号_____
被调查（询问）人：_____王某_____ 性别：__×__ 年龄：__××__
身份证号码：_____123456789876543210_____
工作单位：_____/_____ 职务：_____/_____
联系地址：_____××区××路××号_____
邮编：_____/_____ 联系电话：_____12345678901_____
调查（询问）人：_____周某、林某_____ 记录人：_____林某_____

告知：我们是上海市浦东新区城市管理综合行政执法局的执法人员（出示执法证），根据《中华人民共和国行政处罚法》第五十五条的规定，依法进行调查。执法人员少于2人或身份与执法证件不符的，你有权拒绝调查询问；在接受调查（询问）之前，你有申请我们回避的权利；在调查（询问）过程中，你有陈述、申辩的权利；同时，你应当如实提供证据并协助调查，不得作伪证，否则将承担法律责任。你是否听清楚了？
答：听清楚了。
问：你是否申请回避？
答：不需要。
问：请你介绍下你的身份信息。
答：我叫王某，我的身份证号码是123456789876543210。
问：你是否有投诉出租车中途甩客的行为？
答：是的。
问：你投诉的出租汽车车牌号是多少？
答：是沪××××××。
问：你还记得当时驾驶员的服务卡号是多少吗？
答：我当时拍了照片，是××××××。
问：事发时间是何时？
答：202×年××月××日××时××分至202×年××月××日××时××分。
问：当时你们是几个人出行？
答：我们是×个人出行，×男×女。
问：你们是通过何种方式遇到该辆出租汽车的？
答：我们是在出租车集散点游客排队处遇到的。
（接下页）

被调查（询问）人签名：_____王某_____ 调查（询问）人签名：_____周某、林某_____
时间：_____202×年××月××日_____ 时间：_____202×年××月××日_____

调查(询问)笔录(续页)

(续上页)

问：你们的目的地是哪里？
答：是××××。
问：你们遇到该辆出租车时，该车顶灯是什么状态？
答：空车灯亮起，顶灯显示"待运"。
问：请详细说一下当时的情况。
答：当时我们上了这辆出租车，然后告知驾驶员目的地后驾驶员开车，计价器开始计费，但是途中说路程太近了，让我们自己走过去就把我们赶下了车。
问：你是否有证据证明当时的情况？
答：我在与驾驶员争辩中拍了录像，这是当时的录像。
问：你还有何补充？
答：没有补充。
(以下笔录无正文)

问：你是否有阅读能力，若阅读有困难，我们可以读给你听。请你仔细核对以上笔录，若笔录有误请指出来，我们将给予更正，若笔录与你说的一致，请你确认无误后在笔录上逐页签名确认。
答：以上笔录与本人口述一致(手写)

被调查(询问)人签名：____王某____　　调查(询问)人签名：____周某、林某____
时间：　202×年××月××日　　　　时间：　202×年××月××日

五、常见问题解答

问：如何去判断驾驶员提出的理由是否"正当"？以及常见的"正当"理由有哪些？

答：驾驶员在有意图拒载时，为逃避法律风险，通常不会直接将乘客赶下车，而是采用各种"理由"让乘客下车。常见的"理由"有：车辆计价器存在故障无法计费、目的地很近走几分钟就能到、车辆油/电不足了无法送到目的地、家中有急事无法继续送客，等等。面对驾驶员所述的理由，执法人员需要抱有对当事人有利的法律思维去执法，寻找能印证驾驶员所述理由的证据去办理案件。以"油/电不足无法送到目的地"的理由为例，执法队员可以通过要求驾驶员出具加油、充电凭证，或向其所属出租汽车公司调取GPS轨迹、营运数据等多种方式，印证驾驶员的理由是否正当。所以，看似是带有主观性的"正当性"判断，也可以通过寻找"证据"的客观方式作出合理判断。

问：如何正确选择"拒载"类案件的案由？

答：根据《上海市出租汽车管理条例》第二十四条的规定，客运服务驾驶员不得拒绝乘客的运送要求，有下列行为之一的，属拒绝运送乘客的行为：1）所驾驶的车辆开启空车标志灯后，遇乘客招手，停车后不载客的；2）所驾驶的车辆开启空车标志灯后，在营业站内不服从调派的；3）所驾驶的车辆开启空车标志灯后，在客运集散点或者道路边待租时拒绝载客的；4）载客营运途中无正当理由中断服务的。

执法人员需要根据案件的实际要素去选择对应的案由。针对本指引所述的"载客营运途中无正当理由中断服务"，需要有以下对应的要点：1）驾驶巡游出租汽车的驾驶员已取得准营证；2）乘客已上车并告知驾驶员目的地；3）驾驶员已启动车辆；4）驾驶员以不正当理由使得乘客中途下车，中断服务。在上述要点均满足的情况下，可以适用"载客营运途中无正当理由中断服务"的案由。

问：有哪些情形不属于拒载？

答：（1）乘客指示的运输目的地在本市行政区域范围以外，且不同意随同驾驶员到就近的公安机关办理验证登记手续的。

（2）乘客夜间指示的运输目的地在郊县、冷僻地区，且不同意随同驾驶员到就近的公安机关办理验证登记手续的。

（3）乘客指示的运输目的地属于机动车限行区域的。

（4）乘客的数量超过车辆额定乘员的。

（5）乘客随身携带的物品过大，车辆无法安全容纳的。

（6）乘客拒绝佩戴安全带的。

（7）乘客随身携带烈性动物，未采取有效管束措施的。

（8）经驾驶员劝阻，乘客依然坚持在车厢内吸烟的。

（9）乘客随身携带危险货物的。

（10）醉酒或精神病患乘客，无人陪同的。

问：有哪些情况属于"情节严重"并将处以"暂停营业十五天"的处罚？

答：首次发生多收费，超过标准100元以上不到200元，或者超过标准1倍以上2倍以下的；擅自降价，发生两次以上的；载客不使用计价器的；计价器损坏，在当次营运业务结束后继续营业，发生两次以上的；擅自拆动计价器钳印；不使用或者使用不符合规定的车费发票，造成乘客投诉或者媒体曝光等不良影响的；未按规定输出营运管理卡内营运数据，或者营运时未使用本人营运管理卡，发生两次以上的；擅自将客运服务车辆交与其他出租汽车公司从业人员的；揽客合乘，发生两次以上的；扰乱营业站点秩序的。

问：有哪些情况属于"情节严重"并将处以"取消客运服务的营运资格"的处罚的？

答：一年内已被处暂停营业，再次发生应处以暂停营业的违法行为的；再次发生多收费，且在当次营运业务中多收费金额超过标准100元以上不到200元或者超过标准；被处暂停营业期间继续营业的；利用客运服务车辆进行违法犯罪活动的；故意造成计价器失准或损坏，以及利用其他手段舞弊的；被处行政拘留或者被追究刑事责任的；窃取乘客卡内资金的；多收费超过标准200元以上或者超过标准2倍以上；不使用或者不按规定使用发票且多收费的；恶意捉弄、侮辱或殴打乘客的。

问：对于执法人员着制服检查乘客被拒载案件时，存在难以取证的问题，执法人员是否可以便衣执法？

答：根据《上海市高级人民法院行政庭关于审理出租汽车管理行政案件的若干意见》第六条：两人以上身着便衣的交通管理执法人员发现出租汽车驾驶员有拒载、宰客等违法行为，出示执法证件并表明身份后调查取得的证据（包括对违法行为人的调查笔录、对乘客的询问笔录、录音录像等视听资料等），经庭审审查具有关联性、合法性、真实性的，可以采信。"便衣"执法从始至终，都是保持中立的形式收集证据，没有主动诱使当事人违反法律，因此务必与"钓鱼执法"进行区分。

问：便衣查处出租汽车拒载有哪些注意事项？

答：（1）根据投诉举报等信息，锁定目标执法区域。

（2）指定二名以上执法人员实施乘车执法。

（3）乘车执法人员在行动中应着便服。

（4）乘车执法人员在行动中应携带本人执法证件。

（5）乘车执法人员发现出租汽车拒载的，应当立即出示执法证件，表明交通执法人员身份，并开展调查取证工作。

（6）出租汽车未出现拒载的，乘车执法人员应在车辆启动前出示执法证件，表明执法人员身份，告知驾驶员正在执行乘车执法任务的事实，并下车另行确定执法目标。

（7）注意现场检查、办案过程中的执法全记录。

第二十七项

未经许可从事出租汽车客运服务

一、违法行为概述

(一)基本概念

该违法行为是指未依法取得经营许可从事出租汽车客运服务,或者使用非本市车辆用于起点和终点在本市行政区域内的出租汽车经营活动。

(二)违法形态

(1) 利用未取得营业性客运证件的车辆,以扬招候客方式从事经营性客运活动。

(2) 利用未取得营业性客运证件的车辆,以互联网技术为依托,构建服务平台从事经营性客运活动。目前主要以网约车非法客运为主。

(3) 使用非本市车辆用于起点和终点在本市行政区域内的出租汽车经营活动。

(三)适用法律条款

《上海市出租汽车管理条例》

第十三条第五款:车辆未经批准不得用于出租汽车客运服务;非本市车辆不得用于起点和终点在本市行政区域内的出租汽车经营活动。

第四十八条第一款:擅自从事出租汽车客运服务的,由市交通执法总队、区交通执法机构没收其非法所得,并处2 000元以上5万元以下罚款。

第四十八条第二款:有前款规定的违法行为的,市或者区交通行政管理部门可以将车辆扣押,并且出具扣押证明。扣押后按期履行行政处罚决定的,市或者区交通行政管理部门应当立即解除扣押,并归还扣押的车辆;逾期不履行行政处罚决定的,市或者区交通行政管理部门可以将扣押的车辆按照有关规定拍卖。

二、执法检查与证据收集

(一)现场检查要点

(1) 拍摄:车辆信息(车牌车貌)、驾驶员和乘坐人身份信息、打车途径、打车软件界面显示的起讫地以及费用结算和支付情况等。

（2）询问：现场检查时，现场向在场人进行调查询问，勘验收集现场基础证据，包括具体时间、地点，车辆信息、驾驶员和乘坐人身份信息，打车途径、起讫地以及费用等。初步锁定驾驶员身份，查明车辆的行驶证载明的使用性质及营运资格等情况。

（3）文书制作：对现场调查、测量、询问、核实等经过进行记录，制作现场检查（勘验）笔录，绘制现场勘验图，请在场当事人签字。记录内容包括：1）案件来源情况，检查时间、检查具体地点；2）驾驶员现场提供的身份信息、车辆营运资格证书和驾驶员从业资格证书；3）车辆信息：车辆颜色、品牌、车牌号、载客情况；4）打车平台信息、行车规划线路、收费及扣费情况；5）乘坐人与驾驶员是否相识的客观事实情况；6）驾驶员的当场供述内容；7）如有现场见证人的，见证情况；8）绘制检查地点具体四至方位图及被检车辆的位置示意图；9）拍摄现场照片及视频资料，违法现场地点的参照物和具体违法内容（车头照、车尾照、所有证件照、订单信息等）。

（4）其他：收集驾驶员和乘坐人的身份信息，相关的书证、物证等。

（二）调查询问要点

1. 询问驾驶员的要点

现场检查时，当事人在场的，可当场询问并制作询问笔录；当事人不在场或不具备当场询问条件的，应送达调查（询问）通知书，载明要求当事人或委托代理人于指定时间、地点接受调查询问。询问当事人时，应以提问—回答的方式制作询问笔录，并同时音视频记录。

（1）询问驾驶员现场检查的具体时间、具体地址；确认驾驶员本人实施违法行为的具体时间及具体的违法形态；要求驾驶员提供身份证、行驶证、驾驶证等身份证明，核对车辆信息、车辆的运营证、驾驶员的准营证等；调查确认驾驶员是否有历史同类违法行为。

（2）通过询问驾驶员以及查看驾驶员手机里打车平台的软件界面等方式，核实乘车途径、乘坐时间、起讫地、车费金额支付情况等信息，确认收款账户所有人信息。

（3）出示现场检查（勘验）笔录及视听资料、现场勘验图等现场检查勘验证据，要求驾驶员核实。

（4）记录驾驶员想要补充说明和反映的其他相关情况及对记录内容是否有异议。

2. 询问乘坐人的要点

询问乘车人时,应以提问—回答的方式制作询问笔录,并同时音视频记录。

(1) 询问乘坐人现场检查的具体时间、具体地址;确认驾驶员实施违法行为的具体时间及具体的违法形态;请乘坐人提供身份证等身份证明材料、核对车辆信息等。

(2) 通过询问乘坐人以及查看乘坐人手机里打车平台的软件界面等方式,核实乘车途径、乘坐时间、起讫地、车费金额支付情况等信息,确认收款账户信息。

(3) 出示现场检查(勘验)笔录及视听资料、现场勘验图等现场检查勘验证据,要求乘坐人核实。

(4) 记录乘坐人想要补充说明和反映的其他相关情况及对记录内容是否有异议。

3. 对于网约车非法客运行为的调查核实

通过交通执法信息平台,查明相关订单信息与乘客、驾驶员手机上订单信息是否一致;驾驶员在打车平台用户终端注册账号的基本信息。

(三) 证据采集列表

证据种类	证据明细	证据收集方法
书 证	身份证、驾驶证、车辆产权证、行驶证	当事人提供、相关部门协助调查
	案件受理材料(全部案件来源)	检查发现、举报投诉、部门移送等
物 证	涉案车辆等	现场取证
视听资料	现场摄像、拍照	现场取证
证人证言	证人调查笔录、陈述笔录	询问调查
电子数据	网络订单	乘坐人、驾驶员处调取
当事人的陈述	当事人调查(询问)笔录	询问调查
勘验笔录、现场笔录	现场检查(勘验)笔录	现场检查

三、参考案例解析

（一）基本案情

202×年××月××日××时××分，上海市浦东新区城市管理综合行政执法局执法队员周某（执法证号）、林某（执法证号）在××路××号查获一辆由李某驾驶的车牌号为×××××××白色××品牌小型轿车，车上载有一名男性乘客。经查，乘客陈某和驾驶员李某互不相识，通过"××"打车软件平台网络约车，从××路××号上车到××路××号，已预付人民币××元。该车所有人为李某，行驶证显示使用性质为非营运，驾驶员李某现场未能出示有效的车辆营运证和从业资格证件。

（二）调查取证

（1）202×年××月××日，执法人员制作现场检查（勘验）笔录，车辆驾驶员李某作为当事人签字，执法队员现场拍摄取证。

（2）202×年××月××日，执法人员对涉嫌擅自从事出租汽车营运的当事人李某进行询问调查，制作询问笔录，收集李某身份证复印件。

（3）202×年××月××日，执法人员向乘坐车辆的乘客陈某进行询问调查，制作询问笔录，收集打车软件平台中相关截图、付款凭证及陈某身份证复印件。

（三）违法事实认定

通过现场检查及上述证据，认定事实如下：

驾驶员李某通过"××"打车软件平台与陈某网络约车，驾驶车牌号为×××××××的白色××品牌小型轿车，将陈某从××路××号上车送至××路××号，车费为人民币××元。李某和乘坐人陈某互不相识。该车所有人为李某，行驶证显示使用性质为非营运，驾驶员李某始终无法出示有效的车辆营运证和出租汽车（网约车）准营证。

（四）作出处罚决定

根据《上海市出租汽车管理条例》第四十八条第一款：擅自从事出租汽车客运服务的，由市交通执法总队、区交通执法机构没收其非法所得，并处2 000元以上5万元以下罚款。按照现行自由裁量基准，结合案情，当事人从事非法客运活动第一次被查获，拟对李某作出没收非法所得，并处罚款1万元的处罚决定。

在作出处罚决定前，执法人员事先告知当事人拟作出行政处罚决定的事实、理由、依据及内容，并告知当事人依法享有的权利。当事人放弃陈述申辩，执法人员作出罚款1万元的处罚决定。

四、文书制作示例

(一)现场检查(勘验)笔录

上海市浦东新区城市管理综合行政执法局
现场检查(勘验)笔录

检查(勘验)地点：××路××号　　　　　　　　　　天气：晴
检查(勘验)时间：202×年××月××日××时××分至××时××分
被检查(勘验)人：李某(单位名称或个人)
身份证号码(统一社会信用代码)：123456789876543210
住址或住所：××区××路××号　　联系电话：12345678901
现场负责人：/　　职务：/　　联系电话：/
检查(勘验)人：周某、林某　　记录人：林某

　　表明身份及告知记录：我们是上海市浦东新区城市管理综合行政执法局的行政执法人员(出示证件)，现依法进行现场检查(勘验)。你(单位)享有以下权利：执法人员少于2人或者所出示的执法证件与其身份不符的，有权拒绝调查；依法享有申请回避以及陈述和申辩的权利。同时，你(单位)具有协助行政机关检查的义务。

　　现场检查(勘验)情况：202×年××月××日××时××分，上海市浦东新区城市管理综合行政执法局执法队员周某(执法证号)、林某(执法证号)在××路××号查获一辆由李某驾驶的车牌号为×××××××白色××品牌小型轿车，车上载有一名男性乘客。经查，乘客陈某和驾驶员李某互不相识，通过"××"打车软件平台网络约车，从××路××号上车到××路××号，车费为人民币××元。该车所有人为李某，行驶证显示使用性质为非营运，驾驶员李某现场未能出示有效的车辆营运证和从业资格证件，具体情况有待进一步调查。执法队员现场拍照、摄像取证。

　　(以下空白)

　　附件：1. 现场附图；
　　　　 2. 现场照片×张；
　　　　 3. 现场摄像××分钟。
　　　　 以上记录已阅，属实，无异议(手写)

被检查(勘验)人签名：李某　　　　　见证人签名：/
检查(勘验)人签名：周某、林某　　　记录人签名：林某

(二) 调查(询问)笔录

上海市浦东新区城市管理综合行政执法局
调查(询问)笔录

时间：　202×　年　××　月　××　日　××　时　××　分至　××　时　××　分
地点：　　　　　　　　　××路××号　　　　　　　　
被调查(询问)人：　　　陈某　　　　　性别：　×　　年龄：　××
身份证号码：　　　　　123456789876543210　　　　
工作单位：　　　　××公司　　　　　职务：　　×××
联系地址：　　　　　××区××路××号　　　　　
邮编：　　　　/　　　　　　联系电话：　　12345678901
调查(询问)人：　　周某、林某　　　　记录人：　　林某

告知：我们是上海市浦东新区城市管理综合行政执法局的执法人员(出示执法证)，根据《中华人民共和国行政处罚法》第五十五条的规定，依法进行调查。执法人员少于2人或身份与执法证件不符的，你有权拒绝调查询问；在接受调查(询问)之前，你有申请我们回避的权利；在调查(询问)过程中，你有陈述、申辩的权利；同时，你应当如实提供证据并协助调查，不得作伪证，否则将承担法律责任。你是否听清楚了？
答：听清楚了。
问：你是否申请回避？
答：不申请。
问：请你介绍自己的姓名、身份、联系方式，并请出示一下身份证件及谈话通知书要求携带的有关材料。
答：我叫陈某，身份证号123456789876543210。
问：请你确认一下，刚才执法人员检查时，你乘坐的车辆是否为我们出示给你看的照片上的车身颜色为白色、车牌号为×××××××的这辆车？
答：是的。
问：你与该车驾驶员是否认识？
答：不认识。
问：你是通过何种途径与驾驶员约定上车的？请描述下当时的情形。
答：我是通过手机上的"××"打车平台叫的网约车，然后有人接单，订单里显示："×师傅，×××××××"提供的服务，然后我在订单约定的上车地点等车来接我。

(接下页)

被调查(询问)人签名：　　陈某　　　调查(询问)人签名：　　周某、林某
时间：　　202×年××月××日　　　时间：　　202×年××月××日

第1页(共2页)

调查(询问)笔录(续页)

(续上页)

问：当时车上除了驾驶员，共有几位乘坐人？
答：就我一位乘坐人。
问：你乘坐这辆车是从哪里上车到哪里？
答：从××路××号上车到××路××号。
问：车费多少钱？是否已经支付？
答：××元，已支付。
问：你是否有该车驾驶员的联系方式？
答：没有。
问：以上情况是否属实？有无补充？
答：属实，无补充。
(以下笔录无正文)

问：你是否有阅读能力，若阅读有困难，我们可以读给你听。请你仔细核对以上笔录，若笔录有误请指出来，我们将给予更正，若笔录与你说的一致，请你确认无误后在笔录上逐页签名确认。
答：以上笔录记载与本人口述无误(手写)

被调查(询问)人签名：____陈某____　　调查(询问)人签名：____周某、林某____

时间：____202×年××月××日____　　时间：____202×年××月××日____

上海市浦东新区城市管理综合行政执法局
调查(询问)笔录

时间：202×年××月××日××时××分至××时××分
地点：××路××号

被调查(询问)人：	李某	性别：	×	年龄：	××

身份证号码：1234567898765432l0
工作单位：××公司　　　　　　职务：×××
联系地址：××区××路××号
邮编：　　　/　　　联系电话：12345678901
调查(询问)人：周某、林某　　　记录人：林某

告知：我们是上海市浦东新区城市管理综合行政执法局的执法人员(出示执法证)，根据《中华人民共和国行政处罚法》第五十五条的规定，依法进行调查。执法人员少于2人或身份与执法证件不符的，你有权拒绝调查询问；在接受调查(询问)之前，你有申请我们回避的权利；在调查(询问)过程中，你有陈述、申辩的权利；同时，你应当如实提供证据并协助调查，不得作伪证，否则将承担法律责任。你是否听清楚了？

答：听清楚了。

问：你是否申请回避？

答：不需要。

问：你今天为何来接受询问？

答：我来处理202×年××月××日车牌为×××××××的白色××品牌小型轿车被查扣一事。

问：请介绍一下你的身份。

答：我是李某，身份证号是123456789876543210，车牌为×××××××的白色××品牌小型轿车是我本人所有，我是事发当天的驾驶员。

问：你当时从何处载几位乘客准备送往何处？

答：202×年××月××日早上××点××分左右，我通过"××"打车软件接到一笔用车订单，起点是××路××号，终点是××路××号。乘客是一名男乘客，我是在接到乘客后，行驶至××路××号门口处时被你们查获的。

问：车费多少，是否收到？

答：平台显示这笔订单费用是××.××元，费用已经进入我的账户。

问：你与以上网约车业务中的乘车人员是何关系？

答：我不认识这位乘车人员，我都是通过"××"打车软件发给我的订单去接送他们的。

(接下页)

被调查(询问)人签名：　李某　　　调查(询问)人签名：　周某、林某
时间：　202×年××月××日　　　时间：　202×年××月××日

调查（询问）笔录（续页）

（续上页）

问：你是用何种方式与乘车人员约定好去接人的？

答：我通过手机打车软件车主端看到这些订单，然后根据订单信息中显示的乘车人员上车地点，驾驶车辆去上车地点接人，然后通过软件中的路线导航，将乘车人员送达目的地下车。

问：你手机软件"××"平台上使用的账户是谁的？

答：我手机软件"××"平台上使用的账户是我本人的，从事网约车经营活动产生的所有收益均转入我的账户。

问：你从注册"××"平台账号到目前为止，从事网约车经营活动的行为大概有多久时间？

答：×个月。

问：车牌为××××××××的白色××品牌小型轿车是否有上海市出租汽车营运证？

答：该车辆使用性质为非营运，没有上海市出租汽车营运证。

问：你本人是否持有出租汽车准营证？

答：我没有上海市的出租汽车（网约车）准营证。

问：在此之前你是否因非法客运行为被执法人员查处过？

答：没有，这是第一次被查获。

问：以上情况是否属实，有无补充？

答：情况属实。没有需要补充的了。

（以下笔录无正文）

问：你是否有阅读能力，若阅读有困难，我们可以读给你听。请你仔细核对以上笔录，若笔录有误请指出来，我们将给予更正，若笔录与你说的一致，请你确认无误后在笔录上逐页签名确认。

答：以上笔录记载与本人口述无误（手写）

被调查（询问）人签名：＿＿李某＿＿　　调查（询问）人签名：＿＿周某、林某＿＿

时间：＿＿202×年××月××日＿＿　　时间：＿＿202×年××月××日＿＿

五、常见问题解答

问：私人小客车合乘出行（顺风车）如何认定？

答：以"合乘出行"名义从事非法客运行为相比其他类型非法客运，具有行为表象合法、公众同情度高、舆论争议性大等干扰性特征。有效区分"合乘出行"及以"合乘出行"名义从事非法客运行为的实质属性，应结合案件整体情况，如驾驶员单日承接合乘业务数量、合乘出行时间等因素，综合判定是否构成非法客运。

1. 驾驶员信息相关情况比对

（1）实际驾驶员非车辆所有人，且与车辆所有人非配偶、父母、子女关系的，可以认定为非法客运。执法过程中应当调查驾驶员是否为车辆所有人。非车辆所有人的，应当查明与所有人的关系。驾驶员与车辆所有人非配偶、父母、子女关系，但利用该车辆通过网络平台提供合乘出行服务的，可以认定为非法客运。

（2）驾驶员平台账户中登记的日常出行路线与检查当日出行线路严重不符的，可以认定为非法客运。调查取证应取得驾驶员平台账户中登记的日常出行路线、起讫地等信息，以及驾驶员实际居住地点及工作地点、行驶线路等信息。检查当日出行线路与驾驶员实际上下班地点及行驶线路完全不符的（乘客出行线路、起讫地与驾驶员实际上下班地点及行驶线路相差 3 千米以上的），可以认定为非法客运。

2. 历史订单相关情况信息比对

（1）单日提供"合乘出行"服务超过五次以上的，可以认定为非法客运。调查取证应当取得驾驶员提供"合乘出行"的历史订单信息，订单信息中存在单日提供"合乘出行"服务超过五次以上的（"一车多乘"的除外），可以认定为非法客运。

（2）多次单日提供"合乘出行"服务超过三次以上的，可以认定为非法客运。驾驶员历史订单显示至少三日以上单日提供"合乘出行"服务超过三次以上的（"一车多乘"的除外），可以认定为非法客运。

第二十八项
使用未取得营运证的船舶从事水路运输

一、违法行为概述

（一）基本概念

该违法行为是指从事水路运输经营的企业或个人，使用未取得中华人民共和国船舶营业运输证等相关船舶营运证件①的船舶从事水路运输经营的行为。

（二）违法形态

（1）船舶营运证件未通过年度核查或者未参加年度核查的。

（2）船舶营运证件有效期届满未换证或者水路运输经营者使用与实际情况不符的船舶营运证件的。

（3）水路运输经营者未取得营运证件的。

（三）法律依据

《国内水路运输管理条例》

第十四条第一款：水路运输经营者新增船舶投入运营的，应当凭水路运输业务经营许可证件、船舶登记证书和检验证书向国务院交通运输主管部门或者设区的市级以上地方人民政府负责水路运输管理的部门领取船舶营运证件。

第三十四条第一款：水路运输经营者使用未取得船舶营运证件的船舶从事水路运输的，由负责水路运输管理的部门责令该船停止经营，没收违法所得，并处违法所得 1 倍以上 5 倍以下的罚款；没有违法所得或者违法所得不足 2 万元

---

① 船舶营运证件是指中华人民共和国船舶营业运输证，是船舶从事国内营业性运输的资格凭证，是随船证明文书，一切从事国内营业性水路运输活动的船舶均须随船携带有效的船舶营业运输证。该证件由交通运输部统一印制，各省、自治区、直辖市交通运输厅（局、委）具体负责本行政区域内的船舶营业运输证的发放、监督管理和年度审验工作。中华人民共和国船舶营业运输证标准编号为 JT/T 1385.4－2021，自 2022 年 2 月 1 日起实施。原交通部发布的《船舶营业运输证管理规定》（交通部令 2001 年第 8 号）同时废止。

的,处 2 万元以上 10 万元以下的罚款。

二、执法检查与证据收集

(一) 现场检查要点

(1) 拍摄:船舶的船名、船号、船长等。

(2) 询问:现场向在场人进行调查询问,了解被检查船舶是否取得营运证件,取得的营运证件信息是否与船舶相符,营运证件是否通过年度核查。

(3) 文书制作:对现场调查、询问、核实等经过进行记录,制作现场检查(勘验)笔录,绘制现场勘验图,请在场当事人签字;如现场未见当事人的,如实记录并可以请在场人作为见证人签字。

(二) 调查询问要点

现场检查时,当事人在场的,可当场询问并制作询问笔录;当事人不在场或不具备当场询问条件的,应送达调查(询问)通知书,载明要求当事人或委托代理人于指定时间、地点接受调查询问。询问当事人时,应以提问—回答的方式制作询问笔录,并同时音视频记录。

(1) 确认当事人、委托人身份信息,要求被询问人提供身份证、营业执照、法定代表人身份证明、水路运输业务经营许可证件、船舶登记证书等,委托他人代为履行被调查义务的,提交授权委托人的身份证、由委托人签名或者盖章的授权委托书,授权委托书必须记明委托事项和权限,核实收集。

(2) 出示现场检查(勘验)笔录及视听资料、现场勘验图等现场检查勘验证据,要求被询问人核实。

(3) 记录被询问人想要补充说明和反映的其他相关情况。

(三) 证据采集列表

证据种类	证据明细	证据收集方法
书 证	当事人身份证明材料(企业营业执照、法定代表人身份证、授权委托书等)	当事人提供、相关部门协助
	船舶国籍证书、国内水路运输业务经营许可证、检查时在船上实际操作船舶人员身份证等	
	案件受理材料(全部案件来源)	检查发现、投诉举报、部门移送等

续　表

证据种类	证据明细	证据收集方法
物证	涉案船舶、船舶装载物资等	现场取证
电子数据	AIS船舶动态信息、海事系统平台核查船舶进出港报告信息	海事平台调取
视听资料	现场摄像、拍摄照片	现场取证
证人证言	证人调查(询问)笔录或陈述笔录	询问调查
当事人的陈述	当事人调查(询问)笔录、陈述笔录	询问调查
勘验笔录、现场笔录	现场检查(勘验)笔录	现场检查

三、参考案例解析

（一）基本案情

202×年××月××日××时××分,上海市浦东新区城市管理综合行政执法局执法队员周某(执法证号)、林某(执法证号)对停泊于××河××侧的×××船舶进行现场检查,该船舶船长李某全程陪同。经查,船舶所有权登记证书显示该船舶属于××航运公司所有,船舶正在装载建筑材料,执法队员要求船长出示船舶营业运输证,船长不能当场出示。

（二）调查取证

（1）202×年××月××日,执法人员制作现场检查(勘验)笔录,×××船舶船长李某作为当事人签字。执法队员现场拍摄取证,收集李某的身份证复印件、承运合同、货物清单等。

（2）202×年××月××日,执法人员对接受船舶所有人××航运公司委托的船长李某进行询问调查,制作询问笔录,收集××航运公司营业执照、法定代表人身份证明、委托代理书、水路运输业务经营许可证件及船舶登记证书复印件等证据材料。

（三）违法事实认定

通过现场检查及上述证据,认定事实如下：

202×年××月××日××时××分,××航运公司所有的×××船舶停泊于××河××侧装载建筑材料,船长李某不能当场出示船舶营业运输证,检查时尚未收到运费。经查,当事人××航运公司未按规定为该船办理船舶营业运输证。

(四) 作出处罚决定

根据《国内水路运输管理条例》第三十四条第一款,水路运输经营者使用未取得船舶营运证件的船舶从事水路运输的,由负责水路运输管理的部门责令该船停止经营,没收违法所得,并处违法所得1倍以上5倍以下的罚款;没有违法所得或者违法所得不足2万元的,处2万元以上10万元以下的罚款。鉴于当事人没有违法所得,且能够积极配合调查,拟对当事人××航运公司作出罚款2万元的处罚决定。

在作出处罚决定前,执法人员事先告知当事人拟作出行政处罚决定的事实、理由、依据及内容,并告知当事人依法享有的权利。当事人××航运公司在规定期限内未作出陈述申辩,故作出罚款2万元的处罚决定。

四、文书制作示例

（一）现场检查（勘验）笔录

<h3 style="text-align:center">上海市浦东新区城市管理综合行政执法局
现场检查（勘验）笔录</h3>

检查（勘验）地点：_____××河××侧_____ 天气：__晴__

检查（勘验）时间：__202×__年__××__月__××__日__××__时__××__分至__××__时__××__分

被检查（勘验）人：_____××航运公司（单位全称或个人）_____

身份证号码（统一社会信用代码）：_____123456789876543210_____

住址或住所：__××区××路××号__ 联系电话：__12345678901__

现场负责人：__李某__ 职务：__船长__ 联系电话：__98765432109__

检查（勘验）人：__周某、林某__ 记录人：__林某__

  表明身份及告知记录：我们是上海市浦东新区城市管理综合行政执法局的行政执法人员（出示证件），现依法进行现场检查（勘验）。你（单位）享有以下权利：执法人员少于2人或者所出示的执法证件与其身份不符的，有权拒绝调查；依法享有申请回避以及陈述和申辩的权利。同时，你（单位）具有协助行政机关检查的义务。

  现场检查（勘验）情况：202×年××月××日××时××分，上海市浦东新区城市管理综合行政执法局执法队员周某（执法证号）、林某（执法证号）对停泊于××河××侧的×××船舶进行现场检查，该船舶船长李某全程陪同。经查，船舶所有权登记证书显示该船舶属于××航运公司所有，船舶正在装载建筑材料，处于营运中。船长不能当场出示船舶营业运输证。执法队员全程拍摄取证。

  （以下空白）

  附件：1. 现场附图；
     2. 现场照片×张；
     3. 现场摄像××分钟。
    以上记录已阅，属实，无异议（手写）

被检查（勘验）人签名：李某   见证人签名：/
检查（勘验）人签名：周某、林某   记录人签名：林某

(二) 调查(询问)笔录

上海市浦东新区城市管理综合行政执法局
调查(询问)笔录

时间：____202×____年____××____月____××____日____××____时____××____分至____××____时____××____分
地点：____××路××号____
被调查(询问)人：____李某____　　　性别：__×__　年龄：__××__
身份证号码：____123456789876543210____
工作单位：____××航运公司____　　　职务：____船长____
联系地址：____××区××路××号____
邮编：____/____　　　联系电话：____12345678901____
调查(询问)人：____周某、林某____　　　记录人：____林某____

告知：我们是上海市浦东新区城市管理综合行政执法局的执法人员(出示执法证)，根据《中华人民共和国行政处罚法》第五十五条的规定，依法进行调查。执法人员少于2人或身份与执法证件不符的，你有权拒绝调查询问；在接受调查(询问)之前，你有申请我们回避的权利；在调查(询问)过程中，你有陈述、申辩的权利；同时，你应当如实提供证据并协助调查，不得作伪证，否则将承担法律责任。你是否听清楚了？
答：听清楚了。
问：你是否申请回避？
答：不申请回避。
问：请介绍下你的身份、联系方式，并请出示一下身份证件。
答：我叫李某，是××航运公司×××船舶的船长，身份证号码是123456789876543210，电话号码是12345678901，我今天前来接受关于水路运输经营者使用未取得船舶营运证件的船舶从事水路运输一事的调查。这是我的身份证、我单位的营业执照、法定代表人身份证明、委托书等。
问：请问×××船舶所有人是谁？
答：该船舶所有人是××航运公司。这是××航运公司的委托书，委托我全权负责处理该船的所有相关事宜。这是我公司的水路运输业务经营许可证。
问：请问该船舶什么时候开始营业的？营业收入多少？
答：被查当日首次营业，目前还没有营业收入。
问：请问该船本航次是从何时何地出发，装载何种货物多少吨，准备卸到哪里？
(接下页)

被调查(询问)人签名：____李某____　　　调查(询问)人签名：____周某、林某____
时间：____202×年××月××日____　　　时间：____202×年××月××日____

调查(询问)笔录(续页)

(续上页)

答： 该船本航次是于202×年××月××日××时××分空船从××码头出港，于202×年××月××日××时××分到达××码头，准备装载××后驶往××码头卸货，在装船时遇到你们执法人员检查。

问： 请问202×年××月××日××时××分执法人员在你船检查时，船上有持证船员几名？

答： 有××名。

问： 根据要求，该船应办理中华人民共和国船舶营业运输证。但检查当天你未出示，请你具体说明下情况。

答： 该船未办理中华人民共和国船舶营业运输证。

问： 以上内容还有何补充？

答： 以上情况属实。没有什么要补充的了。

(以下笔录无正文)

问： 你是否有阅读能力，若阅读有困难，我们可以读给你听。请你仔细核对以上笔录，若笔录有误请指出来，我们将给予更正，若笔录与你说的一致，请你确认无误后在笔录上逐页签名确认。

答： 以上笔录记载与本人口述无误(手写)

被调查(询问)人签名：___李某___　　调查(询问)人签名：___周某、林某___

时间：___202×年××月××日___　　时间：___202×年××月××日___

五、常见问题解答

问:检查时发现被检查船舶已办理船舶营运证件但未随船携带怎么处理?

答:在现实执法检查中,往往会遇到该情形。根据《国内水路运输管理条例》第十四条第二款规定:从事水路运输经营的船舶应当随船携带船舶营运证件,如果被检查船舶已办理营运证件但未随船携带,此时依据《国内水路运输管理条例》第三十四条第二款的规定:从事水路运输经营的船舶未随船携带船舶营运证件的,责令改正,可以处 1 000 元以下的罚款。

第二十九项

非法占用土地

一、违法行为概述

（一）基本概念

该违法行为是指行为人未经批准或者采取欺骗手段骗取批准，或者超过批准的数量，非法占用土地实施建设、固化地面、堆物等的行为。[①]

（二）违法形态

（1）未取得或采取欺骗手段骗取国有土地划拨决定书、国有建设用地出让合同等供地批准文件而占用土地的行为。

（2）未取得或采取欺骗手段骗取临时用地批准文件而占用土地的行为。

（3）未取得或采取欺骗手段骗取宅基地批准使用文件或不动产权证书而占用土地的行为。

（三）适用法律条款

《中华人民共和国土地管理法》

第二条第三款：任何单位和个人不得侵占、买卖或者以其他形式非法转让土地。土地使用权可以依法转让。

第四十四条：建设占用土地，涉及农用地转为建设用地的，应当办理农用地转用审批手续。

永久基本农田转为建设用地的，由国务院批准。

在土地利用总体规划确定的城市和村庄、集镇建设用地规模范围内，为实施该规划而将永久基本农田以外的农用地转为建设用地的，按土地利用年度计划，分批次按照国务院规定，由原批准土地利用总体规划的机关或者其授权的机关

[①] 根据《中华人民共和国土地管理法》的有关规定，因国家建设或其他原因需要使用土地，必须报有审批权的人民政府批准。使用农用地的，要经过农用地转用审批；使用农民集体所有土地的，要经过土地征用审批等。只有经法定程序审批才能取得合法的土地权益。

批准。在已批准的农用地转用范围内,具体建设项目用地可以由市、县人民政府批准。在土地利用总体规划确定的城市和村庄、集镇建设用地规模范围外,将永久基本农田以外的农用地转为建设用地的,由国务院或者国务院授权的省、自治区、直辖市人民政府批准。

第七十七条第一款:未经批准或者采取欺骗手段骗取批准,非法占用土地的,由县级以上人民政府自然资源主管部门责令退还非法占用的土地,对违反土地利用总体规划擅自将农用地改为建设用地的,限期拆除在非法占用的土地上新建的建筑物和其他设施,恢复土地原状,对符合土地利用总体规划的,没收在非法占用的土地上新建的建筑物和其他设施,可以并处罚款;对非法占用土地单位的直接负责的主管人员和其他直接责任人员,依法给予处分;构成犯罪的,依法追究刑事责任。超过批准的数量占用土地,多占的土地以非法占用土地论处。

第八十三条:依照本法规定,责令限期拆除在非法占用的土地上新建的建筑物和其他设施的,建设单位或者个人必须立即停止施工,自行拆除;对继续施工的,作出处罚决定的机关有权制止。建设单位或者个人对责令限期拆除的行政处罚决定不服的,可以在接到责令限期拆除决定之日起十五日内,向人民法院起诉;期满不起诉又不自行拆除的,由作出处罚决定的机关依法申请人民法院强制执行,费用由违法者承担。

《中华人民共和国土地管理法实施条例》

第五十七条第一款:依照《土地管理法》第七十七条的规定处以罚款的,罚款额为非法占用土地每平方米 100 元以上 1 000 元以下。

第五十八条:依照《土地管理法》第七十四条、第七十七条的规定,县级以上人民政府自然资源主管部门没收在非法转让或者非法占用的土地上新建的建筑物和其他设施的,应当于九十日内交由本级人民政府或者其指定的部门依法管理和处置。

《最高人民法院关于审理破坏土地资源刑事案件具体应用法律若干问题的解释》

第三条:违反土地管理法规,非法占用耕地改作他用,数量较大,造成耕地大量毁坏的,依照《刑法》第三百四十二条的规定,以非法占用耕地罪定罪处罚:

(1)非法占用耕地"数量较大",是指非法占用基本农田五亩以上或者非法占用基本农田以外的耕地十亩以上。

(2)非法占用耕地"造成耕地大量毁坏",是指行为人非法占用耕地建窑、建坟、建房、挖沙、采石、采矿、取土、堆放固体废弃物或者进行其他非农业建设,造成基本农田五亩以上或者基本农田以外的耕地十亩以上种植条件严重毁坏或者严重污染。

二、执法检查与证据收集

(一)现场检查要点

(1)拍摄:非法占用土地的具体位置(四至范围)或门牌号,现状建设情形,土地用途等。

(2)现场实地测量或委托测绘:非法占用土地的位置、面积,以及建筑物、构筑物的位置,占用土地面积等。

(3)询问:现场向在场人进行调查询问,了解非法占用土地的当事人情况、持续时间、建设内容、土地用途及审批情况等。

(4)文书制作:对现场调查、测量、询问、核实等经过进行记录,制作现场检查(勘验)笔录,绘制现场勘验图,请在场当事人签字;如现场未见当事人的,如实记录并可以请在场人作为见证人签字。

(5)其他:收集当事人身份信息、在场人或旁证身份信息,相关的书证、物证等。

(二)调查询问要点

1. 询问当事人的要点

现场检查时,当事人在场的,可当场询问并制作询问笔录;当事人不在场或不具备当场询问条件的,应送达调查(询问)通知书,载明要求当事人或委托代理人于指定时间、地点接受调查询问。询问当事人时,应以提问一回答的方式制作询问笔录,并同时音视频记录。

(1)确认当事人、委托人身份信息,要求被询问人提供身份证、营业执照、法定代表人身份证明等,委托他人代为履行被调查义务的,提交授权委托人的身份证、由委托人签名或者盖章的授权委托书,授权委托书必须记明委托事项和权限,核实收集。

(2)确认非法占用土地的具体位置、实施时间、建设内容、土地用途以及是否获得用地批准等情况,并请被询问人提供相关用地申请材料等。

(3)出示现场检查(勘验)笔录及视听资料、现场勘验图等现场检查勘验证据,要求被询问人核实。

(4) 记录被询问人想要补充说明和反映的其他相关情况。

2. 询问证人的要点

证人可能涉及非法占用土地的租赁人、了解情况的相邻方、村居委、镇相关工作人员等。询问证人，可以提问—回答的方式制作询问笔录，并同时音视频记录。

(1) 询问前，应核实确认证人的身份，并就需要了解的情况进行调查或者核实，如非法占用土地的具体位置、实施时间、建设内容、土地用途以及是否获得用地批准等情况。

(2) 对非法占用土地的租赁人进行调查时，应调查了解该非法占用土地何时何地由何人进行设置，及非法占用土地的建设人（承租人），收集租赁合同、付款凭证等证据。

(3) 可要求证人对证明的相关情况提供书面证明或其他证据材料。

(三) 证据采集列表

证据种类	证据明细	证据收集方法
书 证	当事人身份证明材料	当事人提供、相关部门协助
	地类及权属证明材料	
	土地利用现状图、土地利用总体规划图、国家永久基本农田数据库等	
	土地来源材料，包括预审、先行用地、临时用地、土地征收、农用地转用、供地等相关审批材料、设施农用地备案材料、土地取得协议或者合同、骗取批准的证明材料等	
	项目立项、规划、环评、建设等审批材料	
	破坏耕地等农用地涉嫌犯罪的相关认定意见、鉴定意见材料	
	案件受理材料（全部案件来源）	检查发现、投诉举报、部门移送等
物 证	相关土壤、建筑物、构筑物、固化地面、堆物以及其他相关设施等	现场取证

续 表

证据种类	证据明细	证据收集方法
视听资料	执法视频、取证照片	现场取证
证人证言	证人询问笔录或陈述笔录	询问调查
当事人陈述	当事人询问笔录、陈述笔录	询问调查
勘验笔录、现场笔录	现场检查(勘验)笔录、复查记录	现场检查
鉴定意见	勘测定界图、勘测定界报告	委托勘测、鉴定

三、参考案例解析

（一）基本案情

根据202×年××月××日收到的"202×年部卫片×—×月的清单"显示，在××区××镇××村××组存在违法用地行为（图斑号：S××××）。202×年××月××日××时××分，上海市浦东新区城市管理综合行政执法局执法队员周某（执法证号）、林某（执法证号）前往图斑指定地块进行检查。经查，该地块占地面积约×亩（实际占地面积以土地勘测报告书为准），现场建了三幢临时工棚及固化地面。该地块的建设者和使用人为×××建设有限公司，其工作人员张某全程陪同检查。现场工作人员张某称该地块至今未取得相关用地审批手续。××镇××村村民委员会工作人员李某作为旁证陪同检查。

（二）调查取证

（1）202×年××月××日，执法人员制作现场检查（勘验）笔录，×××建设有限公司员工张某作为现场负责人签字，××镇××村村民委员会工作人员李某作为见证人签字。执法队员现场拍摄取证，收集张某、李某的身份证复印件。

（2）202×年××月××日，执法人员向涉嫌非法占地的建设和使用人×××建设有限公司委托代理人张某进行询问调查，制作询问笔录，收集土地租赁合同、×××建设有限公司营业执照、法定代表人身份证明、委托代理书等证据材料。

（3）202×年××月××日，执法人员向××村村民委员会李某进行询问调查，制作询问笔录，收集土地租赁合同、××镇××村村民委员会组织代码证、法定代表人身份证明、委托代理书等证据材料。

(4) 202×年××月××日,执法人员、××村村民委员会、×××建设有限公司受托人均至现场,由上海市自然资源确权登记事务中心对该宗违法用地现场进行勘测,现场用地界线较明显,四方均在土地案件现场勘测笔录上签字确认。××月××日,收到土地案件现场勘测报告书,该案件占用土地面积为×平方米,其中农用地为×平方米。

(5) 202×年××月××日,执法人员向××区自然资源主管部门发出违法用地项目土地利用总体规划情况征询表,请求对以下事实予以认定:1) 该项目是否符合土地利用总体规划;2) 该项目占用耕地面积、永久基本农田面积、规划农用地面积、规划建设用地面积、规划未利用地面积。××月××日××区自然资源主管部门回复意见:该项目不符合土地利用总体规划的面积×平方米,其中占用规划农用地面积×平方米,占用耕地面积×平方米。

(6) 202×年××月××日,执法人员现场复查发现,当事人×××建设有限公司仍未拆除涉案地块上的三幢临时工棚及固化地面,执法人员制作现场复查记录并拍摄取证。

(三) 违法事实认定

通过现场检查及上述证据,认定事实如下:

当事人×××建设有限公司于202×年××月××日在××区××镇××村××组在建×××路口往东200米处建有三幢临时工棚及固化地面,至202×年××月××日建设完成。经部卫片核查和当事人自认,该地块未取得合法用地许可。202×年××月××日,执法人员现场复查发现,当事人×××建设有限公司仍未拆除三幢临时工棚及固化地面。

(四) 作出处罚决定

根据《中华人民共和国土地管理法》第七十七条第一款、《中华人民共和国土地管理法实施条例》第五十七条第一款,以及《上海市土地管理行政处罚裁量基准实施办法》(沪规划资源规〔2021〕10号)的规定,综合考量占用土地性质、经营性质及占用面积,对当事人×××建设有限公司拟作出行政处罚如下:1) 责令其自收到行政处罚决定书之日起退还非法占用的土地;2) 限期十五日内拆除在非法占用的土地上的新建建筑物及其他相关设施;3) 罚款人民币×××××元。

在作出处罚决定前,执法人员依法告知当事人拟作出行政处罚决定的事实、理由、依据及内容,并告知当事人依法享有的权利。当事人×××建设有限公司放弃听证后,执法机关经重大法制审核和集体讨论后对当事人依法作出上述处罚决定。

四、文书制作示例

(一) 现场检查(勘验)笔录

上海市浦东新区城市管理综合行政执法局
现场检查(勘验)笔录

检查(勘验)地点： ××镇××村××组在建×××路口往东200米　　**天气：** 晴
检查(勘验)时间： 202×年××月××日××时××分至××时××分
被检查(勘验)人： ×××建设有限公司(单位全称或个人)
身份证号码(统一社会信用代码)： 123456789876543210
住址或住所： ××区××路××号　　**联系电话：** 12345678901
现场负责人： 张某　　**职务：** ×××　　**联系电话：** 98765432109
检查(勘验)人： 周某、林某　　**记录人：** 林某

　　表明身份及告知记录： 我们是上海市浦东新区城市管理综合行政执法局的行政执法人员(出示证件)，现依法进行现场检查(勘验)。你(单位)享有以下权利：执法人员少于2人或者所出示的执法证件与其身份不符的，有权拒绝调查；依法享有申请回避以及陈述和申辩的权利。同时，你(单位)具有协助行政机关检查的义务。

　　现场检查(勘验)情况： 202×年××月××日××时××分，上海市浦东新区城市管理综合行政执法局执法队员周某(执法证号)、林某(执法证号)前往××镇××村××组(S×××号图斑)所在地块进行检查，村委会工作人员李某陪同检查。经查，该地块位于××村××组在建×××路口往东200米处，四至范围为：东至×××，西至×××，南至×××，北至×××，占地面积约×××亩(实际占地面积以土地勘测报告书为准)，现场建有×××(建设内容)。×××建设有限公司工作人员张某称其所属公司为该地块建设单位，现场无法出示相关用地手续。执法队员现场拍照、摄像取证。

　　(以下空白)

　　附件： 1. 现场附图；
　　　　　 2. 现场照片×张；
　　　　　 3. 现场摄像××分钟。
　　　　　 以上记录已阅，属实，无异议(手写)

被检查(勘验)人签名： 张某　　　　　　**见证人签名：** 李某
检查(勘验)人签名： 周某、林某　　　　**记录人签名：** 林某

(二) 调查(询问)笔录

上海市浦东新区城市管理综合行政执法局
调查(询问)笔录

时间：___202×___年___××___月___××___日___××___时___××___分至___××___时___××___分
地点：_____××路××号_____
被调查(询问)人：_____张某_____ 性别：__×__ 年龄：__××__
身份证号码：_____123456789876543210_____
工作单位：_____×××建设有限公司_____ 职务：__×××__
联系地址：_____××区×路××号_____
邮编：_____/_____ 联系电话：_____12345678901_____
调查(询问)人：_____周某、林某_____ 记录人：_____林某_____

告知：我们是上海市浦东新区城市管理综合行政执法局的执法人员(出示执法证)，根据《中华人民共和国行政处罚法》第五十五条的规定，依法进行调查。执法人员少于2人或身份与执法证件不符的，你有权拒绝调查询问；在接受调查(询问)之前，你有申请我们回避的权利；在调查(询问)过程中，你有陈述、申辩的权利；同时，你应当如实提供证据并协助调查，不得作伪证，否则将承担法律责任。你是否听清楚了？
答：听清楚了。
问：你是否申请回避？
答：不申请回避。
问：请你介绍下你的身份、联系方式，并请出示一下身份证件。
答：我叫张某，是×××建设有限公司的×××，身份证号码是123456789876543210，电话号码是12345678901，这是我的身份证、我单位的营业执照、法定代表人身份证明和授权委托书。
问：202×年××月××日××时××分在××镇××村××组在建×××路口往东200米处，发现有涉嫌未经批准非法占用土地的行为，你是否了解相关情况？
答：我了解情况的，所以今天我受×××建设有限公司的委托，配合你们调查×××建设有限公司在××镇××村××组在建×××路口往东200米处非法占用土地建设临时工棚一事。
问：请介绍一下非法占用土地建设临时工棚等的相关情况。
(接下页)

被调查(询问)人签名：_____张某_____ 调查(询问)人签名：_____周某、林某_____
时间：___202×年××月××日___ 时间：___202×年××月××日___

调查(询问)笔录(续页)

(续上页)

答：×××建设有限公司是在建×××路的建设单位。××××年××月，×××路开工建设后因施工需要在往东200米处建有一层临时工棚，共三栋，另有部分水泥硬化场地作为施工便道，东至在建工地东围墙，西至×××路，北至在建工地北围墙，南至农田，占地面积约×亩，具体依你执法部门测绘为准。该临时工棚用于×××路建设项目办公临时用房。

问：该被非法占用土地的所有权属是什么？

答：权属为××村集体土地。

问：建造临时工棚及场地是否办理过相关用地批准文件？

答：没有办理相关用地手续。但×××建设有限公司已经与××镇××村村民委员会签订了土地租赁合同，租期两年，从××××年××月到××××年××月，租金×××××元，已全部支付。

问：该临时工棚及场地占地面积多大，土地原貌是什么，土地用途是什么？

答：该地块约×亩，土地原貌是荒地，土地用途不知道。

问：该临时工棚及场地何时开工？何时竣工？谁出资建设？

答：该临时工棚及场地是我司×××建设有限公司出资建设，××××年××月开工，同年××月竣工。

问：建造该临时工棚及场地是否签订过施工合同？

答：没有，是由×××建设有限公司自行实施建造的。

问：该地块的土地利用总体规划是什么？

答：我不清楚。

问：你还有其他需要补充的吗？

答：没有了。

(以下笔录无正文)

问：你是否有阅读能力，若阅读有困难，我们可以读给你听。请你仔细核对以上笔录，若笔录有误请指出来，我们将给予更正，若笔录与你说的一致，请你确认无误后在笔录上逐页签名确认。

答：以上笔录记载与本人口述无误(手写)

被调查(询问)人签名：____张某____　　调查(询问)人签名：____周某、林某____

时间：____202×年××月××日____　　时间：____202×年××月××日____

五、常见问题解答

问：违法占地与违法建设有何区别？

答：违法占地也就是非法占地，它是指行为人违反土地管理法律法规的规定，未经合法有效批准而擅自占用土地的行为。具备法律效力的批准主要是指征地审批、转用审批和供地审批。

违法建设是指行为违反《中华人民共和国城乡规划法》《村庄和集镇规划建设管理条例》的规定，未履行规划审批手续而从事建设活动的行为。在城市、镇规划区内进行建筑物、构筑物、道路、管线和其他工程建设的，建设单位或者个人应当申请办理建设工程规划许可证。在乡、村庄规划区内进行乡镇企业、乡村公共设施和公益事业建设的，建设单位或者个人应取得乡村建设规划许可证。

根据《中华人民共和国城乡规划法》第四十二条，城乡规划主管部门不得在城乡规划确定的建设用地范围以外作出规划许可。在城乡规划确定建设用地范围以外（主要发生在农用地和非利用地范围内）的非农业建设行为，未按照《中华人民共和国土地管理法》的规定办理用地审批手续的行为，属于非法占地违法行为，不能按城乡规划法律规范以违法建设行为予以查处。

问：耕地、水田、基本农田和永久基本农田有何区别？

答：根据《土地利用现状分类》的规定，耕地指种植农作物的土地，包括水田、水浇地、旱地；以种植农作物（含蔬菜）为主，间有零星果树、桑树或其他树木的土地；临时种植药材、草皮、花卉、苗木等的耕地，临时种植果树、茶树和林木且耕作层未被破坏的耕地，以及其他临时改变用途的耕地。

水田是指用于种植水稻、莲藕等水生农作物的耕地，包括实行水生、旱生农作物轮种的耕地。

根据《基本农田保护条例》的规定，基本农田是指按照一定时期人口和社会经济发展对农产品的需求，依据土地利用总体规划确定的不得占用的耕地。

根据2018年《国土资源部关于全面实行永久基本农田特殊保护的通知》，永久基本农田的保护和管理适用法律中关于基本农田保护和管理的规定。同时，在《中华人民共和国土地管理法》（2019年8月26日第三次修正版）中已经将"严格保护基本农田"修改为"严格保护永久基本农田"。

第三十项
未取得建设工程规划许可证进行建设

一、违法行为概述

（一）基本概念

该违法行为是指在城市、镇规划区内,建设单位或建设人未取得建设工程规划许可证而进行建筑物、构筑物、道路、管线和其他工程建设的行为。

（二）违法形态

(1) 未取得建设工程规划许可证,实施新建、改建、扩建建筑物、构筑物、道路或者管线工程的行为。

(2) 超出建设工程规划许可证审批许可范围的建设行为。

(3) 未经批准进行临时建设的行为。

（三）适用法律条款

《中华人民共和国城乡规划法》

第四十条：在城市、镇规划区内进行建筑物、构筑物、道路、管线和其他工程建设的,建设单位或者个人应当向城市、县人民政府城乡规划主管部门或者省、自治区、直辖市人民政府确定的镇人民政府申请办理建设工程规划许可证。

申请办理建设工程规划许可证,应当提交使用土地的有关证明文件、建设工程设计方案等材料。需要建设单位编制修建性详细规划的建设项目,还应当提交修建性详细规划。对符合控制性详细规划和规划条件的,由城市、县人民政府城乡规划主管部门或者省、自治区、直辖市人民政府确定的镇人民政府核发建设工程规划许可证。

城市、县人民政府城乡规划主管部门或者省、自治区、直辖市人民政府确定的镇人民政府,应当依法将经审定的修建性详细规划、建设工程设计方案的总平面图予以公布。

第六十四条：未取得建设工程规划许可证或者未按照建设工程规划许可证的规定进行建设的，由县级以上地方人民政府城乡规划主管部门责令停止建设；尚可采取改正措施消除对规划实施的影响的，限期改正，处建设工程造价5%以上10%以下的罚款；无法采取改正措施消除影响的，限期拆除，不能拆除的，没收实物或者违法收入，可以并处建设工程造价10%以下的罚款。

《上海市城乡规划违法建设行政处罚裁量基准实施办法》（沪规土资规〔2020〕11号）

第三条：按《城乡规划法》第六十四条对违法建设行为实施行政处罚时，应当区分尚可采取改正措施消除对规划实施影响的情形和无法采取改正措施消除对规划实施影响的情形。

第四条：违法建设行为有下列情形之一的，属于尚可采取改正措施消除对规划实施影响的情形：

（1）已取得建设工程规划许可证，但未按建设工程规划许可证的规定进行建设，可采取整改措施使建设工程符合建设工程规划许可证要求的。

（2）已取得建设工程规划许可证，但未按建设工程规划许可证的规定进行建设，规划资源管理部门同意变更建设工程规划许可证的。

（3）未取得建设工程规划许可证但取得建设工程设计方案审核决定，建设内容不符合方案审核决定，可通过整改措施符合方案审核要求并取得建设工程规划许可证的。

（4）未取得建设工程规划许可证但取得建设工程设计方案审核决定，建设内容不符合方案审核决定，规划资源管理部门同意调整方案核发建设工程规划许可证的。

（5）未取得建设工程设计方案审核决定，建设内容符合规划管理要求或通过整改能够符合规划管理要求，规划资源管理部门同意核发建设工程规划许可证的。

除此以外的违法建设行为，均为无法采取改正措施消除对规划实施影响的情形。

第五条：对尚可采取改正措施消除对规划实施影响的情形，按以下规定处理：

（1）以书面形式责令停止建设，不停止建设的，市、区规划资源管理部门应当依法申请建设工程所在地区人民政府查封施工现场。

（2）以书面形式责令限期改正，对尚未取得建设工程规划许可证即开工建设的，同时责令其及时取得建设工程规划许可证。

（3）对按期改正违法建设的，处建设工程造价5%的罚款。

（4）对逾期不改正的，规划资源管理部门应当依法申请建设工程所在地区人民政府责令有关部门采取强制拆除等措施，并处罚款。其中以出让方式取得国有土地使用权的，处建设工程造价8%以上10%以下的罚款；以划拨方式取得国有土地使用权的，处建设工程造价6%以上8%以下的罚款。

二、执法检查与证据收集

（一）现场检查要点

（1）拍摄：对涉嫌违法建筑取近景和远景照片。

（2）实地测量：使用激光测距仪或四十米标准皮尺等专业器械，对违法建筑物、构筑物的长宽高进行取证，并全程摄像记录。

（3）询问：主要向建设单位或建设人进行调查询问，对涉嫌违法建设的范围、内容、用途、具体发生地进行确认。

（4）文书制作：对下列情况进行记录，制作现场检查（勘验）笔录，绘制现场勘验图，请在场当事人签字；如现场未见当事人的，如实记录并可以请其他相关在场人作为见证人签字。1）案件来源情况、检查时间、检查地点；2）建筑物、构筑物的基本情况（层数、材质、已建还是在建）；3）建设时间、建筑面积、是否能提供合法建设手续；4）绘制检查地点具体四至方位图。

（5）其他：涉案人能否当场提供相关的建设许可手续或者房屋产权证明。明确违法建设发生地的土地性质，是属于国土还是集土又或是农地；对违法建设（超出规划许可）的面积、高度，以及退让距离不足等各项偏差值的事实进行证据收集。如建设方不能当场提供图纸资料的，除需后期补充外，还需核验文件版次，核对是否为终版审批文件，以匹配最终的许可要求。

（二）调查询问要点

1. 询问当事人的要点

对当事人进行询问调查，制作询问笔录。询问内容包括确认当事人相关身份信息、涉案建筑物、构筑物的基本情况（具体地址、材质、尺寸、结构）、建设人、建设时间、建设用途、使用人；核实涉案建筑物是已经建造完成还是正在搭建阶段、是否取得相关审批许可手续等。

2. 询问证人的要点

询问投诉人、举报人、居(村)委会、物业服务企业等了解建筑物建造情况的相关单位或个人,收集证人证言,制作证人笔录。

(三)证据采集列表

证据种类	证据明细	证据收集方法
书 证	当事人身份证明材料(身份证、营业执照、委托书等)	当事人提供、相关部门协助
	产权证明(规划许可)、审批文件、施工合同、建筑物改造请示等	
	案件受理材料(全部案件来源)	检查发现、投诉举报、部门移送等
物 证	涉案施工材料、施工工具,涉案建筑物、构筑物等	现场取证
电子数据	监控视频	涉事方收集
视听资料	现场摄像、拍摄照片	现场取证
鉴定意见	规划认定	规划局协查
	测绘报告	第三方测绘
证人证言	证人询问笔录或陈述笔录	询问调查
当事人的陈述	当事人询问笔录、陈述笔录	询问调查
勘验笔录、现场笔录	现场检查(勘验)笔录、复查记录	现场检查

三、参考案例解析

(一)基本案情

202×年××月××日××时××分,上海市浦东新区城市管理综合行政执法局执法队员万某(执法证号)、徐某(执法证号)根据举报,至浦东新区××路××号进行检查。经查,××路××号为××有限公司厂区,现场共有2幢一层彩钢板结构建筑物,编号1、2,均用于经营建材;经现场勘查和测量,建筑物1、

2均为矩形,每幢东西均长30米,南北均长10米,每幢建筑面积均为300平方米,该两幢建筑物总建筑面积为600平方米;现场由该公司负责人李某全程陪同,现场无法提供上述两幢建筑物的建设工程规划许可证或者产权证明。

(二)调查取证

(1) 202×年××月××日,执法人员制作现场检查(勘验)笔录,××有限公司李某作为现场负责人签字。执法队员现场拍摄取证,收集李某的身份证复印件。

(2) 202×年××月××日,执法人员向××有限公司法定代表人李某进行询问调查,制作询问笔录,收集××有限公司营业执照、法定代表人身份证明等证据材料。

(3) 202×年××月××日,执法人员向区规划和资源管理部门发出执法协助函,请求对以下事实予以认定:××路××号厂区2幢建筑物是否有相关规划许可,是否属于无法采取改正措施消除对规划实施影响的情形。××月××日区规划和资源管理部门回复:该2幢建筑物未核发建设工程规划许可证,均属于无法采取改正措施消除对规划实施影响的情形。

(三)违法事实认定

通过现场检查及上述证据,认定事实如下:

当事人××有限公司位于××路××号的2幢涉案建筑物,根据当事人询问笔录、区规划和资源管理部门的回复,属于未取得建设工程规划许可证进行建设(违法搭建建筑物),无法采取改正措施消除对规划实施影响的情形。

(四)作出处罚决定

依据《中华人民共和国城乡规划法》第六十四条,未取得建设工程规划许可证或者未按照建设工程规划许可证的规定进行建设的,由县级以上地方人民政府城乡规划主管部门责令停止建设;无法采取改正措施消除影响的,限期拆除;不能拆除的,没收实物或者违法收入,可以并处建设工程造价10%以下的罚款。

执法机关经重大法制审核,对当事人已建设完成的建筑物作出限期拆除决定并张贴公告;当事人在规定限期内自行拆除了涉案建筑物,经执法队员现场复查确认,符合整改要求,予以结案。

四、文书制作示例

（一）现场检查（勘验）笔录

上海市浦东新区城市管理综合行政执法局
现场检查（勘验）笔录

检查（勘验）地点： ××路××号厂区西北角		**天气：** 晴	
检查（勘验）时间： 202×年××月××日××时××分至××时××分			
被检查（勘验）人： ××有限公司（单位全称或个人）			
身份证号码（统一社会信用代码）： 123456789876543210			
住址或住所： ××区××路××号		**联系电话：** 12345678901	
现场负责人： 李某	**职务：** 负责人	**联系电话：** 98765432109	
检查（勘验）人： 万某、徐某		**记录人：** 万某	

　　表明身份及告知记录： 我们是上海市浦东新区城市管理综合行政执法局的行政执法人员（出示证件），现依法进行现场检查（勘验）。你（单位）享有以下权利：执法人员少于2人或者所出示的执法证件与其身份不符的，有权拒绝调查；依法享有申请回避以及陈述和申辩的权利。同时，你（单位）具有协助行政机关检查的义务。

　　现场检查（勘验）情况： 202×年××月××日××时××分，上海市浦东新区城市管理综合行政执法局执法队员万某（执法证号）、徐某（执法证号）根据举报，来到浦东新区××路××号进行检查。经查，××路××号为××有限公司厂区，主要从事经营建材活动；现场厂区用地范围西北角共有2幢一层彩钢板结构建筑物，编号1、2，均用于经营建材；经现场勘查和测量，建筑物1、2均为矩形，每幢东西长均为30米，南北长均为10米，每幢建筑面积均为300平方米，该两幢建筑物总建筑面积为600平方米；现场由该公司负责人李某全程陪同，现场无法提供上述两幢建筑物的建设规划许可证或者产权证明。执法队员现场拍照、摄像取证。

（以下空白）

　　附件： 1. 现场附图；
　　　　　2. 现场照片×张；
　　　　　3. 现场摄像××分钟。
　　　　以上记录已阅，属实，无异议（手写）

被检查（勘验）人签名： 李某　　　　　　**见证人签名：** /
检查（勘验）人签名： 万某、徐某　　　　**记录人签名：** 万某

(二) 调查(询问)笔录

上海市浦东新区城市管理综合行政执法局
调查(询问)笔录

时间：202×年××月××日××时××分至××时××分
地点：××路××号
被调查(询问)人：李某　　　　　　性别：×　　年龄：××
身份证号码：123456789876543210
工作单位：上海××公司　　　　　　职务：负责人
联系地址：××区××路××号
邮编：　/　　　　　　　　　　　联系电话：12345678901
调查(询问)人：万某、徐某　　　　记录人：万某

告知：我们是上海市浦东新区城市管理综合行政执法局的执法人员(出示执法证)，根据《中华人民共和国行政处罚法》第五十五条的规定，依法进行调查。执法人员少于2人或身份与执法证件不符的，你有权拒绝调查询问；在接受调查(询问)之前，你有申请我们回避的权利；在调查(询问)过程中，你有陈述、申辩的权利；同时，你应当如实提供证据并协助调查，不得作伪证，否则将承担法律责任。你是否听清楚了？
答：听清楚了。
问：你是否申请回避？
答：不申请回避。
问：请你介绍下你的身份、联系方式，并请出示一下身份证件。
答：我叫李某，是上海××公司的负责人，身份证号码是123456789876543210，电话号码是12345678901，这是我的身份证、我单位的营业执照、法定代表人身份证明。
问：执法队员202×年××月××日××时××分接到你单位有违法建筑的举报，请你对××路××号厂区用地范围内西北角的2幢彩钢板结构建筑物情况介绍一下，该建筑物为何时建设的？建设前是否取得建设工程规划许可证？
答：我单位202×年××月××日在浦东新区××路××号用地范围内西北角开始建设2幢钢结构彩钢建筑物，每幢建筑物尺寸均为东西长30米，南北长10米，一层，2幢共计600平方米建筑面积，今年××月开始作为仓库使用。该建筑物我单位未取得建设工程规划许可证。

(接下页)

被调查(询问)人签名：李某　　　　调查(询问)人签名：万某、徐某
时间：202×年××月××日　　　　时间：202×年××月××日

调查(询问)笔录(续页)

(续上页)

问：你单位建设上述建筑物的土地竣工验收规划是什么用途？

答：是我单位的停车场空地。

问：请看一下本机关制作的现场检查(勘验)笔录、勘验图和现场勘验照片，检查中发现的：现场用地范围西北角共有2幢一层彩钢板结构建筑物，编号1、2，均用于经营建材；经现场勘查和测量，建筑物1、2均为矩形，每幢东西长均为30米，南北长均为10米，建筑面积均为300平方米，该2幢建筑物总建筑面积为600平方米；上述检查内容是否属实，有无异议？

答：属实的。没有异议。

问：你是否有补充说明？

答：没有了。

(以下笔录无正文)

问：你是否有阅读能力，若阅读有困难，我们可以读给你听。请你仔细核对以上笔录，若笔录有误请指出来，我们将给予更正，若笔录与你说的一致，请你确认无误后在笔录上逐页签名确认。

答：以上笔录记载与本人口述一致(手写)

被调查(询问)人签名：___李某___　　调查(询问)人签名：___万某、徐某___

时间：___202×年××月××日___　　时间：___202×年××月××日___

五、常见问题解答

问：如何在执法中区分"未取得建设工程规划许可证进行建设"和"未按照建设工程规划许可证的规定进行建设"？

答：对上述两种违法行为的处罚均适用《中华人民共和国城乡规划法》第六十四条。在具体的执法实践中，区分适用建议如下：查实当事人未取得建设工程规划许可证进行建设的，应适用"未取得建设工程规划许可证进行建设"的案由查处；如当事人已经取得建设工程规划许可证并已经开始进行建设的，由规划部门认定违法事实（现场建设情况不符合规划许可）后，适用"未按照建设工程规划许可证的规定进行建设"查处。如当事人已经取得建设工程规划许可证，但实际建设中有建筑物或构筑物的单体是没有取得建设工程规划许可证的，可以适用"未取得建设工程规划许可证进行建设"的案由查处，也可以适用"未按照建设工程规划许可证的规定进行建设"的案由查处。

问：《中华人民共和国城乡规划法》和《上海市城乡规划条例》对于未取得建设工程规划许可证进行建设是否都有对应法条适用？

答：《中华人民共和国城乡规划法》第四十条对应（《中华人民共和国城乡规划法》第六十四条），《上海市城乡规划条例》第三十四条第一项对应（《上海市城乡规划条例》第五十八条）。以上法律条款都可以作为未取得建设工程规划许可证进行建设的处罚依据。

问：对于未取得建设工程规划许可证进行建设的建筑物或构筑物是不是必须依法拆除，不能予以保留？

答：根据《中华人民共和国城乡规划法》第六十四条的规定，以及《上海市城乡规划违法建设行政处罚裁量基准实施办法》（沪规土资规〔2020〕11号）第三条、第四条第三款和第四款的规定，对于未取得建设工程规划许可证但取得建设工程设计方案审核决定，建设内容不符合方案审核决定，且可通过整改措施符合方案审核要求并取得建设工程规划许可证的，或者规划资源管理部门同意调整方案核发建设工程规划许可证的违法建设行为，属于尚可采取改正措施消除对规划实施影响的情形，违法建设的建筑物或构筑物可保留，处建设工程造价5％以上10％以下的罚款，同时责令其及时取得建设工程规划许可证。

对此类案件的调查,必须收集规划管理部门同意核发建设工程规划许可证或同意调整方案核发建设工程规划许可证的书面意见、建设工程造价书、上海市建设工程"多测合一"成果报告书。

第三十一项
使用电鱼的方法进行捕捞

一、违法行为概述

(一) 基本概念

该违法行为是指使用电鱼一类破坏渔业资源的方法进行捕捞的行为。

(二) 违法形态

(1) 使用包括但不限于电瓶、逆变器、电线、网兜等工具,辅助以小船、长杆、桶等工具进行破坏渔业资源的捕捞行为。

(2) 主要的违法作业方式为:将电瓶与逆变器进行组装后连接电线,再将电线缠绕在工具上放入水中进行电鱼,或使用便携式的一体机替代电瓶与逆变器的组合。

(3) 电鱼装置是根据逆变原理,利用逆变器把低压直流电池变为脉冲高压。带有脉冲电的电极在水里面会形成一个圆形的电流场,当鱼遇到电流场的时候,中枢神经会因受刺激而丧失判断危险和逃生的能力,同时身体会在电场的作用下顺着电流线的方向本能地弯曲,在具备被动逃逸能力时,加上鱼鳔充气的作用,会不断地往水面方向盘旋式运动,最终浮出水面而被捕获。

(三) 适用法律条款

《中华人民共和国渔业法》

第三十条:禁止使用炸鱼、毒鱼、电鱼等破坏渔业资源的方法进行捕捞。

第三十八条:使用炸鱼、毒鱼、电鱼等破坏渔业资源的方法进行捕捞的,违反关于禁渔区、禁渔期的规定进行捕捞的,或者使用禁用的渔具、捕捞方法和小于最小网目尺寸的网具进行捕捞的,或者渔获物中幼鱼超过规定比例的,没收渔获物和违法所得,处 5 万元以下的罚款;情节严重的,没收渔具,吊销捕捞许可证;情节特别严重的,可以没收渔船;构成犯罪的,依法追究刑事责任。

二、执法检查与证据收集

（一）现场检查要点

（1）拍摄：渔获物、所使用工具、案发地点、涉案人员等。

（2）现场认定及测量：渔获物的种类、数量、重量；所使用工具的类型、数量。

（3）询问：电捕行为发生的时间、地点，当事人实施电捕行为的过程，电捕行为中使用到的工具、渔获物、渔获物的称重过程、渔获物的处理方式（如需要先行处置）等。

（4）文书制作：对现场调查、称量、询问、核实等经过进行记录，制作现场检查（勘验）笔录，请在场当事人签字。

（5）渔获物处理：若没有合适的保存环境，则对存活的渔获物进行现场放流，死亡的渔获物进行无害化处理；若有合适的保存环境，则进行先行登记保存。如果渔获物中包含当场无法认定的疑似国家重点保护水生野生动物的鱼类，需在先行登记保存后送往专业机构鉴定。

（6）其他：收集电捕作业辅助人员、证人的身份信息，相关的书证、物证等。

（二）调查询问要点

1. 询问当事人的要点

现场检查时，若条件允许，可当场询问并制作询问笔录；条件不允许的，应送达调查（询问）通知书，要求当事人于指定时间、地点接受调查询问。询问当事人时，应以提问—回答的方式制作询问笔录，并同时音视频记录。在进行询问时应注意以下要点：

（1）在正式询问前要充分了解基本案情，围绕已掌握的线索或客观事实，抓住核心问题有条不紊地进行询问。

（2）多人共同实施违法行为的要注意分开询问，防止串供作伪证。

（3）询问中要重点确认捕捞作业的实施时间、地点、持续时间，渔获物的种类、数量、重量、电捕作业的工具，以及是否有法定的从轻或加重处罚的情节等。

（4）出示现场检查（勘验）笔录及视听资料等现场检查勘验证据，要求被询问人核实签字。

（5）询问时一般先让当事人就个人所知道的情况进行详细叙述，然后根据其叙述结合违法行为中应当判明的事实和有关情节，向当事人提出问题让其回答，不能作诱导性提示。

(6) 记录被询问人想要补充说明和反映的其他相关情况。

2. 询问证人的要点

证人可能涉及周边住户、岸边垂钓人员、路过的居民、安保人员等。询问证人，可以提问—回答的方式制作询问笔录，并同时音视频记录。

(1) 询问前，应核实确认证人的身份，并就需要了解的情况进行调查或者核实，如发现违法行为的时间、参与人员、违法方式等。

(2) 对固定在案发地点出没的证人(如垂钓人员、河道安保人员)进行调查时，应调查了解证人是否有其余时间段发生违法行为的证据、视频、照片等。

(3) 可要求证人对证明的相关情况提供书面证明或其他证据材料。

(三) 证据采集列表

证据种类	证据明细	证据收集方法
书　证	现场能收集到的书面材料，包括居民身份证、残疾证、规格、标签等	当事人提供，相关部门协助调查
	案件情节证据，包括购买销售记录、产品标签等	
	案件受理材料(全部案件来源)	检查发现、投诉举报、部门移送等
物　证	电捕工具、渔获物	现场取证
视听资料	执法音视频、照片	现场取证
证人证言	证人询问笔录或陈述笔录	询问调查
当事人陈述	当事人询问笔录、陈述笔录	询问调查
勘验笔录、现场笔录	现场检查(勘验)笔录、复查记录	现场检查

三、参考案例解析

(一) 基本案情

202×年××月××日××时××分，上海市浦东新区城市管理综合行政执法局执法队员陈某(执法证号)、赵某(执法证号)巡查至××路××号周边水域，发现该处水域有人驾驶小船进行疑似电捕作业，执法队员进行现场检查。经查，王某使用××等工具进行电捕。经执法队员实地称重,现场有渔获物××尾,合计××千克。

(二)查处立案

202×年××月××日××时××分,执法人员现场确认当事人王某在本机关管辖范围内确有使用电鱼的方法进行捕捞的行为,依法应当或可能受到处罚。因现场处于边远、水上和交通不便的地区,执法人员采用即时通信的方式,报请行政处罚机关负责人批准立案,并将报批记录存档备案。当事人王某当场向执法人员进行陈述和申辩,由执法队员赵某(执法证号)进行了记录。

(三)调查取证

(1)202×年××月××日,执法人员对现场的渔获物进行称重并拍摄记录、制作现场检查(勘验)笔录,王某作为当事人签字,执法人员收集王某的身份证复印件。在得到当事人的确认后,执法人员对渔获物进行了现场放流处置。

(2)202×年××月××日,执法人员对王某进行询问调查,制作询问笔录,收集当事人身份证信息、电捕工具来源等证据材料。

(3)202×年××月××日,执法人员持协助调查函去属地派出所调取河道监控视频。

(四)违法事实认定

通过调查检查及所收集证据,认定事实如下:

当事人王某于202×年××月××日在××路××号周边水域用电鱼的方法进行捕捞作业,现场有渔获物××尾,合计××千克,渔获物由执法人员在当事人的见证下进行了现场放流。

(五)作出处罚决定

根据《中华人民共和国渔业法》三十八条第一款,使用炸鱼、毒鱼、电鱼等破坏渔业资源方法进行捕捞的,没收渔获物和违法所得,处5万元以下的罚款;情节严重的,没收渔具,吊销捕捞许可证;情节特别严重的,可以没收渔船;构成犯罪的,依法追究刑事责任。参照《渔业管理行政处罚裁量基准》,结合当事人渔获的数量,鉴于当事人能够积极配合调查并且在本机关调查询问中主动上交捕捞作业所使用的电捕工具×套,拟对当事人王某作出罚款2 000元的处罚决定。

在作出处罚决定前,执法人员事先告知当事人拟作出行政处罚决定的事实、理由、依据及内容,并告知当事人依法享有的权利。当事人王某在收到执法人员的事先告知后申请陈述申辩,认为其首次违法,情节轻微,申请不予处罚。

对当事人的陈述申辩,执法人员经复核,认为当事人所述情况不适用《中华人民共和国行政处罚法》首违免罚的相关规定,故作出罚款2 000元的处罚决定。

四、文书制作示例

（一）现场检查（勘验）笔录

上海市浦东新区城市管理综合行政执法局
现场检查（勘验）笔录

检查(勘验)地点： ××路××号周边水域	天气： 晴
检查(勘验)时间： 202×年××月××日××时××分至××时××分	
被检查(勘验)人： 王某（单位全称或个人）	
身份证号码(统一社会信用代码)： 123456789876543210	
住址或住所： ××区××路××号	联系电话： 12345678901
现场负责人： / 职务： /	联系电话： /
检查(勘验)人： 陈某、赵某	记录人： 赵某

表明身份及告知记录： 我们是上海市浦东新区城市管理综合行政执法局的行政执法人员(出示证件)，现依法进行现场检查(勘验)。你(单位)享有以下权利：执法人员少于2人或者所出示的执法证件与其身份不符的，有权拒绝调查；依法享有申请回避以及陈述和申辩的权利。同时，你(单位)具有协助行政机关检查的义务。

现场检查(勘验)情况： 202×年××月××日××时××分，上海市浦东新区城市管理综合行政执法局执法队员陈某(执法证号)、赵某(执法证号)巡查至××路××号周边水域时，发现该处有人驾驶小船进行疑似电捕违法行为。经查，当事人为王某。现场查获渔获物××尾，称重共计××千克。执法人员在称重后对现场查获的渔获物进行了放流。现场由执法人员赵某进行拍摄记录。

（以下空白）

附件：1. 现场附图；
　　　2. 现场照片×张；
　　　3. 执法记录仪现场记录××分钟。
　　　以上记录已阅，属实，无异议（手写）

被检查(勘验)人签名： 王某　　　　　　见证人签名： /
检查(勘验)人签名： 陈某、赵某　　　　记录人签名： 赵某

(二) 调查(询问)笔录

上海市浦东新区城市管理综合行政执法局
调查(询问)笔录

时间：202×年××月××日××时××分至××时××分
地点：××路××号
被调查(询问)人：王某　　性别：×　　年龄：××
身份证号码：123456789876543210
工作单位：上海××公司　　职务：×××
联系地址：××区××路××号
邮编：/　　联系电话：12345678901
调查(询问)人：陈某、赵某　　记录人：赵某

告知：我们是上海市浦东新区城市管理综合行政执法局的执法人员(出示执法证)，根据《中华人民共和国行政处罚法》第五十五条的规定，依法进行调查。执法人员少于2人或身份与执法证件不符的，你有权拒绝调查询问；在接受调查(询问)之前，你有申请我们回避的权利；在调查(询问)过程中，你有陈述、申辩的权利；同时，你应当如实提供证据并协助调查，不得作伪证，否则将承担法律责任。你是否听清楚了？
答：听清楚了。
问：你是否申请回避？
答：不申请回避。
问：请你介绍自己的姓名、身份、联系方式，并请出示一下身份证件及谈话通知书要求携带的有关材料。
答：我叫王某，身份证号码是123456789876543210，电话号码是12345678901，这是我的身份证。
问：我们于202×年××月××日××时××分在××路××号周边水域发现你驾驶小船进行电力捕捞作业，以上情况你是否认可？
答：以上情况属实。
问：你本次捕捞作业进行了多长时间？
答：我大概是从××点开始，××点被你们发现的，共捕捞了约×小时。
问：请问你捕捞时使用了什么捕捞作业工具？
答：我使用了电瓶一个、逆变器一个、带网兜的杆子一根、装鱼的桶一个。
(接下页)

被调查(询问)人签名：王某　　调查(询问)人签名：陈某、赵某
时间：202×年××月××日　　时间：202×年××月××日

调查(询问)笔录(续页)

(续上页)
问：请问你所用的捕捞作业工具是哪里来的？
答：是我自己在网上买的。
问：经过现场称重，你本次的渔获物××尾，共计××千克，你是否认可？
答：我认可。
问：请问你的渔获物原来是准备作何用途的？
答：自己带回家吃的。
问：请问除了这次，你是否还有过其他捕捞行为？
答：没有过。
问：你还有其他需要补充的吗？
答：我已经认识到自己的违法行为，捕捞作业用的这套电捕工具我申请主动上交。
(以下笔录无正文)

问：你是否有阅读能力，若阅读有困难，我们可以读给你听。请你仔细核对以上笔录，若笔录有误请指出来，我们将给予更正，若笔录与你说的一致，请你确认无误后在笔录上逐页签名确认。
答：以上笔录记载与本人口述无误(手写)

被调查(询问)人签名：___王某___　　　调查(询问)人签名：___陈某、赵某___
时间：___202×年××月××日___　　　时间：___202×年××月××日___

五、常见问题解答

问：什么情况下可以对进行电力捕捞的当事人追究刑事法律责任？

答：根据《最高人民法院 最高人民检察院关于办理破坏野生动物资源刑事案件适用法律若干问题的解释》第三条，满足以下情形之一的，以非法捕捞水产品罪定罪处罚：

（1）非法捕捞水产品500千克以上或者价值1万元以上的。

（2）非法捕捞有重要经济价值的水生动物苗种、怀卵亲体，或者在水产种质资源保护区内捕捞水产品50千克以上或者价值1 000元以上的。

（3）在禁渔区使用电鱼、毒鱼、炸鱼等严重破坏渔业资源的禁用方法或者禁用工具捕捞的。

（4）在禁渔期使用电鱼、毒鱼、炸鱼等严重破坏渔业资源的禁用方法或者禁用工具捕捞的。

（5）其他情节严重的情形。

问：渔获物的价值该如何认定？

答：根据《非法捕捞案件涉案物品认（鉴）定和水生生物资源损害评估及修复办法（试行）》第十六条，属于国家重点保护水生野生动物、《濒危野生动植物种国际贸易公约》附录水生物种、未列入《濒危野生动植物种国际贸易公约》附录水生物种的地方重点保护水生野生动物，其价值评估按照《水生野生动物及其制品价值评估办法》执行。其他渔获物的价值，根据销售金额进行认定；无销售金额、销售金额难以查证或者根据销售金额认定明显偏低的，根据市场价格进行认定；仍无法认定的，由渔业行政处罚机关认定，或者由有关价格认证机构作出认证并出具报告。

第三十二项
未经许可从事动物诊疗活动

一、违法行为概述

（一）基本概念

该违法行为是指未经区农业农村主管部门审查合格获取动物诊疗许可证，擅自从事动物诊疗活动的行为。

（二）违法形态

未经许可从事动物疾病的预防、诊断、治疗和动物绝育手术等经营性活动，包括动物的健康检查、采样、剖检、配药、给药、针灸、手术、填写诊断书和出具动物诊疗有关证明文件等。

（三）适用法律条款

《中华人民共和国动物防疫法》

第六十二条：从事动物诊疗活动的机构，应当向县级以上地方人民政府农业农村主管部门申请动物诊疗许可证。受理申请的农业农村主管部门应当依照本法和《中华人民共和国行政许可法》的规定进行审查。经审查合格的，发给动物诊疗许可证；不合格的，应当通知申请人并说明理由。

第一百零五条第一款：违反本法规定，未取得动物诊疗许可证从事动物诊疗活动的，由县级以上地方人民政府农业农村主管部门责令停止诊疗活动，没收违法所得，并处违法所得一倍以上三倍以下罚款；违法所得不足3万元的，并处3 000元以上3万元以下罚款。

二、执法检查与证据收集

（一）现场检查要点

（1）拍摄：动物诊疗活动相关的招牌、设施器材、药物、收费价目表、现场诊疗活动等。

（2）询问：现场向在场人确认当事人名称及法定代表人或负责人信息，电话通知法定代表人或负责人知晓相关情况，并确认由在场人员接受并配合执法人员对该场所调查取证。了解该机构是否获办动物诊疗许可证及从事动物诊疗活动相关情况。

（3）文书制作：对现场调查、询问、核实等经过进行记录，制作现场检查（勘验）笔录、询问笔录，请在场当事人签字；如现场未见当事人的，如实记录并可以请在场人作为见证人签字。

（4）其他：收集当事人身份信息（复印营业执照等）及开展诊疗活动（复印病历卡、诊疗记录、诊疗收费记录等）相关的书证、物证等。

（二）调查询问要点

1. 询问当事人的要点

现场检查时，当事人在场的，可当场询问并制作询问笔录；当事人不在场或不具备当场询问条件的，应送达调查（询问）通知书，载明要求当事人或委托代理人于指定时间、地点接受调查询问。询问当事人时，应以提问—回答的方式制作询问笔录，并同时音视频记录。

（1）确认当事人、委托人身份信息，要求被询问人提供身份证、营业执照、法定代表人身份证明等，委托他人代为履行被调查义务的，提交授权委托人的身份证、由委托人签名或者盖章的授权委托书，授权委托书必须记明委托事项和权限，核实收集。

（2）确认未获办动物诊疗许可证的事实，从事诊疗活动的事实、持续时间、诊疗次数及收费情况，并请被询问人提供收款凭证、处方等相应的证据材料。

（3）出示现场检查（勘验）笔录及视听资料、复印材料等现场检查勘验证据，要求被询问人核实并签字盖章确认。

（4）记录被询问人想要补充说明和反映的其他相关情况。

（5）通过对当事人（法定代表人或负责人、委托人）的询问，对整个违法事实有个初步认定，同时与举报人询问锁定的部分诊疗事实比对，保证掌握违法行为的真实情况。

2. 询问证人的要点

证人主要为投诉人，有携带宠物接受诊疗的经历，掌握一定的直接证据。询问证人，可以提问—回答的方式制作询问笔录，并同时音视频记录。

（1）询问前，应核实确认证人的身份，并就需要了解的情况进行调查或者核实。

（2）可要求证人对证明的相关情况提供书面证明或其他证据材料。

（三）证据采集列表

证据种类	证据明细	证据收集方式
书　证	当事人身份证明材料，包括居民身份证（复印件）、营业执照（复印件）、授权委托书等	当事人提供
	病历卡、诊疗记录、诊疗收费记录等	现场取证/当事人提供
	案件受理材料（全部案件来源）	检查发现、群众举报、上级交办、有关部门移送、媒体曝光等
视听资料	执法音视频、照片	现场取证
证人证言	证人询问笔录和陈述笔录	询问调查
当事人陈述	当事人询问笔录、陈述笔录	询问调查
勘验笔录、现场笔录	现场检查（勘验）笔录	现场检查

三、参考案例解析

（一）基本案情

202×年××月××日，浦东新区城市管理综合行政执法局接到12345市民热线投诉，××路××号××宠物诊所无资质开展动物诊疗活动。

202×年××月××日××时××分，本机关派执法人员陈某（执法证号）、林某（执法证号）对××路××号进行现场检查。经查，该场所门面上方设有"××宠物诊所"的招牌，内部设有医疗区与美容区，医疗区与美容区玻璃门上张贴有"急诊电话12345678901"。医疗区放置一本记账本；医疗区、化验室、B超室内部设有诊疗设施器材；输液室内存有笼具及犬、猫；化验室存放有多种疫苗及药品。现场负责人刘某当场提供了营业执照，显示该机构名称为：上海××宠物美容有限公司，但无法提供动物诊疗许可证。执法人员对现场检查发现的情况进行拍照、复印取证，制作了现场检查（勘验）笔录，并由执法记录仪全程记录。

（二）调查取证

（1）202×年××月××日，执法人员经现场检查后制作现场检查（勘验）笔录，上海××宠物美容有限公司现场负责人刘某作为当事人签字，同时收集了刘某的身份证复印件、该公司营业执照复印件。

（2）202×年××月××日，执法人员向投诉人李某进行询问调查，制作询问笔录，掌握了其携宠就诊的情况，同时收集刘某的身份证复印件，诊疗付款凭证、视频等证据材料。

（3）202×年××月××日，执法人员向上海××宠物美容有限公司法定代表人张某进行询问调查，制作询问笔录，锁定了违法事实及过程，确认了法定代表人营业执照、法定代表人身份证明、记账本复印件等证据材料。

（三）违法事实认定

通过调查检查及所收集证据，认定事实如下：

当事人上海××宠物美容有限公司于202×年××月××日至202×年××月××日，共计进行动物诊疗活动39次，收取诊疗费用合计人民币16 880元，当事人无法提供动物诊疗许可证。

（四）作出处罚决定

根据《中华人民共和国动物防疫法》第一百零五条第一款，违反本法规定，未取得动物诊疗许可证从事动物诊疗活动的，由县级以上地方人民政府农业农村主管部门责令停止诊疗活动，没收违法所得，并处违法所得一倍以上三倍以下罚款；违法所得不足3万元的，并处3 000元以上3万元以下罚款。鉴于当事人首次违法、情节轻微，且案发后积极配合执法人员进行调查取证，违法所得1万元以上不足2万元，未造成危害后果，参照《动物卫生监督行政处罚裁量基准》，浦东新区城市管理综合行政执法局责令当事人立即停止动物诊疗活动，拟作出如下处罚决定：1）没收违法所得人民币16 880元；2）罚款人民币14 000元。

在作出处罚决定前，执法人员事先告知当事人拟作出行政处罚决定的事实、理由、依据及内容，并告知当事人依法享有的权利。当事人在法定期限内，未提出陈述、申辩，浦东新区城市管理综合行政执法局对当事人作出：1）没收违法所得人民币16 880元；2）罚款人民币14 000元的处罚决定。

四、文书制作示例

（一）现场检查（勘验）笔录

上海市浦东新区城市管理综合行政执法局
现场检查（勘验）笔录

检查（勘验）地点：	××路××号　　　　天气：　晴
检查（勘验）时间：	202×年××月××日××时××分至××时××分
被检查（勘验）人：	××宠物美容有限公司（单位全称或个人）
身份证号码（统一社会信用代码）：	123456789876543210
住址或住所：××区××路××号	联系电话：12345678901
现场负责人：刘某　职务：×××	联系电话：98765432109
检查（勘验）人：张某、林某	记录人：林某

　　表明身份及告知记录：我们是上海市浦东新区城市管理综合行政执法局的行政执法人员（出示证件），现依法进行现场检查（勘验）。你（单位）享有以下权利：执法人员少于2人或者所出示的执法证件与其身份不符的，有权拒绝调查；依法享有申请回避以及陈述和申辩的权利。同时，你（单位）具有协助行政机关检查的义务。

　　现场检查（勘验）情况：202×年××月××日××时××分，上海市浦东新区城市管理综合行政执法局执法队员陈某（执法证号）、林某（执法证号）根据投诉前往上海市浦东新区××路××号一层进行检查。该场所在场人员刘某现场陪同检查，并提供了本人的居民身份证与该场所的营业执照（名称为上海××宠物美容有限公司；统一社会信用代码为123456789876543210；类型为××××；法定代表人为张某；成立日期为202×年），现场无法提供该场所的动物诊疗许可证。当日××时××分，执法人员陈某在该场所内经电话联系了法定代表人张某，其在电话中确认由在场人员刘某接受并配合执法人员对该场所调查取证。经查，该场所为上海××宠物美容有限公司，该场所门面上方设有"××宠物诊所"的招牌，场所内分设有医疗区与美容区，医疗区与美容区玻璃门上张贴有"急诊电话12345678901"。医疗区进门右侧柜台上放置一本记账本；医疗区内部设有诊疗室1、诊疗室2、手术室、输液室、化验室、B超室；手术室内放置有呼吸麻醉机、手术台、无影灯，手术台上（接下页）

被检查（勘验）人签名：刘某　　　　　　　见证人签名：/
检查（勘验）人签名：陈某、林某　　　　　记录人签名：林某

现场检查(勘验)笔录(续页)

(续上页)

放置有多种手术器械;输液室内放置有11个笼具,2个输液泵,笼具内有3只犬、1只猫;化验室台面上放置有离心机、显微镜、全自动生化分析仪、免疫层析定量分析仪、荧光免疫定量分析仪,台面一侧放置有1个冰箱,冰箱内存放有多种疫苗及药品,化验室药品架放置有维生素C注射液、酚磺乙胺注射液等多种药品;B超室内放置有1台B超机。执法队员现场拍照、复印取证,并由执法记录仪全程记录。

  (以下空白)

  附件: 1. 现场附图;

     2. 现场照片×张;

     3. 执法记录仪现场记录××分钟。

    以上记录已阅,属实,无异议(手写)

被检查(勘验)人签名:刘某　　　　　　见证人签名:/
检查(勘验)人签名:陈某、林某　　　　记录人签名:林某

（二）调查（询问）笔录

上海市浦东新区城市管理综合行政执法局
调查（询问）笔录

时间：__202×__年__××__月__××__日__××__时__××__分至__××__时__××__分
地点：__××路××号__
被调查（询问）人：__李某__　　性别：__×__　年龄：__××__
身份证号码：__123456789876543210__
工作单位：__上海××公司__　　　　　职务：__×××__
联系地址：__××区××路××号__
邮编：__/__　　　　　　　联系电话：__12345678901__
调查（询问）人：__陈某、林某__　　记录人：__林某__

告知：我们是上海市浦东新区城市管理综合行政执法局的执法人员（出示执法证），根据《中华人民共和国行政处罚法》第五十五条的规定，依法进行调查。执法人员少于2人或身份与执法证件不符的，你有权拒绝调查询问；在接受调查（询问）之前，你有申请我们回避的权利；在调查（询问）过程中，你有陈述、申辩的权利；同时，你应当如实提供证据并协助调查，不得作伪证，否则将承担法律责任。你是否听清楚了？
答：<u>听清楚了。</u>
问：<u>你是否申请回避？</u>
答：<u>不申请回避。</u>
问：<u>请你介绍自己的姓名、身份、联系方式，并请出示一下身份证件。</u>
答：<u>我叫李某，是上海××公司的员工，身份证号码是123456789876543210，电话号码是12345678901，这是我的身份证。</u>
问：<u>202×年××月××日，本机关接到了你通过12345市民服务热线的投诉，请你描述一下具体情况。</u>
答：<u>202×年××月××日，我带宠物猫去上海××宠物美容有限公司进行绝育手术，接诊及手术医生为张某。术后我家猫麻药苏醒很慢，并且还发生并发症。我要求张某提供该诊所的相关资质，他一直不肯提供，所以打了投诉电话。</u>
问：<u>你是否能提供猫看病时的病历及处方笺？</u>
答：<u>不能。当时张某未向我提供病历及处方笺。</u>
问：<u>你能否提供你在上海××宠物美容有限公司的诊疗付费凭证？</u>
答：<u>可以。我当天通过微信扫码和微信转账支付了550元和600元（向执法人员出示微信支付和转账记录）。</u>
（接下页）

被调查（询问）人签名：__李某__　　调查（询问）人签名：__陈某、林某__
时间：__202×年××月××日__　　　时间：__202×年××月××日__

调查(询问)笔录(续页)

(续上页)

问：你还能提供其他上海××宠物美容有限公司从事动物诊疗活动的证据吗？

答：有的，上海××宠物美容有限公司门面上方设有"××宠物诊所"的招牌，店内还有多种医疗器械及药品，现场我还拍了部分我家宠物猫就诊的视频(向执法人员提供视频资料)。

问：你还有其他需要补充的吗？

答：没有。

(以下笔录无正文)

问：你是否有阅读能力，若阅读有困难，我们可以读给你听。请你仔细核对以上笔录，若笔录有误请指出来，我们将给予更正，若笔录与你说的一致，请你确认无误后在笔录上逐页签名确认。

答：以上笔录记载与本人口述无误(手写)

被调查(询问)人签名：___李某___ 调查(询问)人签名：___陈某、林某___

时间：___202×年××月××日___ 时间：___202×年××月××日___

上海市浦东新区城市管理综合行政执法局
调查（询问）笔录

时间：__202×__ 年 __××__ 月 __××__ 日 __××__ 时 __××__ 分至 __××__ 时 __××__ 分
地点：_____××路××号_____
被调查（询问）人：____张某____ 性别：__×__ 年龄：__××__
身份证号码：_____123456789876543210_____
工作单位：____上海××宠物美容有限公司____ 职务：__店长__
联系地址：_____××区××路××号_____
邮编：_____/_____ 联系电话：____12345678901____
调查（询问）人：____陈某、林某____ 记录人：____林某____

告知：我们是上海市浦东新区城市管理综合行政执法局的执法人员（出示执法证），根据《中华人民共和国行政处罚法》第五十五条的规定，依法进行调查。执法人员少于2人或身份与执法证件不符的，你有权拒绝调查询问；在接受调查（询问）之前，你有申请我们回避的权利；在调查（询问）过程中，你有陈述、申辩的权利；同时，你应当如实提供证据并协助调查，不得作伪证，否则将承担法律责任。你是否听清楚了？

答：听清楚了。

问：你是否申请回避？

答：不申请回避。

问：请你介绍自己的姓名、身份、联系方式，并请出示一下身份证件及询问通知书要求携带的有关材料。

答：我叫张某，是上海××宠物美容有限公司的店长，身份证号码是123456789876543210，电话号码是12345678901，这是我的身份证、我公司的营业执照。

问：上海××宠物美容有限公司是否取得营业执照？

答：202×年××月××日取得营业执照。

问：你在上海××宠物美容有限公司从事何具体工作？

答：我在本公司主要负责宠物的诊疗工作。我通过考试取得了执业兽医师资格证书，以前在其他诊所也从事过兽医工作。

问：你公司门头"××宠物诊所"字样作何解释？

答：是我公司的店招。

问：202×年××月××日，执法人员到上海××宠物美容有限公司检查时发现场所内有多种药品、诊疗仪器设备及手术器械等，请你说明作何用途？

答：是用于给流浪动物打疫苗、做绝育手术和简单的治疗用的。

（接下页）

被调查（询问）人签名：____张某____ 调查（询问）人签名：____陈某、林某____
时间：____202×年××月××日____ 时间：____202×年××月××日____

调查(询问)笔录(续页)

(续上页)

问：在柜台发现的1本记账本，请你说一下情况？

答：这记账本就是我店里面的收费记账本，记录了我从202×年××月××日开业至202×年××月××日的日常经营流水账，包括医疗和美容。

问：记账本医疗项目中出现的"可""特""四"和"真片"字样是什么意思？

答："可"是可鲁的缩写。"特"是特比萘芬喷雾的缩写。"四"是犬用四联疫苗的缩写。"真片"是特比萘芬药片的缩写。

问：记账本医疗项目中出现的"公猫"是什么意思？

答："公猫"是公猫去势手术的缩写。

问：记账本××月××日出现的"CDV＋CPV＋CCV＋内外驱＋狗粮"，收费金额合计450元，请你说明情况。

答：CDV＋CPV＋CCV＋内外驱是指驱虫治疗，狗粮指销售比瑞吉的狗粮，分别为诊疗收费320元、狗粮销售价130元，合计450元。

问：202×年××月××日，本机关接到12345市民服务热线处理单。投诉人投诉202×年××月××日带猫去上海××宠物美容有限公司进行公猫去势，通过微信扫码和微信转账分别支付了550元和600元，共计1150。请你说明情况。

答：我确认于202×年××月××日我们店为1只公猫实施了去势手术，共计收费为1150元。

问：在记账本中未有202×年××月××日的医疗收费记录。请你说明情况。

答：我记到后面一天的记录上了。202×年××月××日"公猫600＋550"就是我那天进行公猫去势手术的收费。

问：你是否每天都记账？

答：发生宠物医疗、美容和宠物用品销售后会及时进行收费记账。

问：根据这个记账本内的记录，执法人员将其中有关动物诊疗活动的收费记录进行了复印与汇总，这是我们制作的诊疗收费清单，你对表格内容是否认可？（出示汇总表格）

答：认可。

问：还有未登记的动物诊疗收费情况吗？

答：没有了。202×年××月××日你们来我店检查时，输液室笼具内的3只犬1只猫是客户留院观察的，当日我店内未发生动物诊疗行为。

问：根据记账本的记录以及你的表述，自202×年××月××日至202×年××月××日，你店进行收费的动物诊疗活动共计39次，收费合计16 880元，你是否确认？

(接下页)

被调查(询问)人签名：__张某__　　调查(询问)人签名：__陈某、林某__

时间：__202×年××月××日__　　时间：__202×年××月××日__

调查(询问)笔录(续页)

(续上页)

答： 我确认。

问： 你公司聘用几名员工开展动物诊疗活动？

答： 只有我一人。

问： 你在诊疗过程中对每一个病例是否书写了病历和出具处方笺？

答： 没有。病历和处方笺都没有写。

问： 你是否知道根据《中华人民共和国动物防疫法》的规定，未取得动物诊疗许可证不得从事动物诊疗活动？

答： 知道。因为不符合申办动物诊疗许可证的条件，所以一直没有申请。

问： 你还有什么需要补充的吗？

答： 没有。

(以下笔录无正文)

问： 你是否有阅读能力，若阅读有困难，我们可以读给你听。请你仔细核对以上笔录，若笔录有误请指出来，我们将给予更正，若笔录与你说的一致，请你确认无误后在笔录上逐页签名确认。

答： 以上笔录记载与本人口述无误(手写)

被调查(询问)人签名：___张某___　　调查(询问)人签名：___陈某、林某___

时间：___202×年××月××日___　　时间：___202×年××月××日___

五、常见问题解答

问：如何认定未取得动物诊疗许可证从事动物诊疗活动的当事人？

答：当事人一般为未取得动物诊疗许可证对外开展经营性诊疗活动的单位和个人，但存在以下三种例外：一是执业兽医师经备案在动物饲养场、实验动物饲育单位、兽药生产企业、动物园等单位，对内开展动物诊疗活动；二是乡村兽医经备案后在所处县域的乡村从事动物诊疗活动（不得在城区从业）；三是经农业农村主管部门决定，执业助理兽医师在乡村独立从事动物诊疗活动。

问：现场检查未发现违法证据，当事人不配合调查的情况，如何进行处罚？

答：1. 违法事实确认

联系投诉人，找寻2位以上曾接受过当事人为其宠物诊疗并有相应证据的群众，逐个询问调查并收集当事人确凿违法证据，对当事人给予行政处罚。

2. 违法所得认定

这种情况下，一般违法所得难以确认，大多只能没收部分能确认的违法所得并处罚款。但可根据《规范农业行政处罚自由裁量权办法》第十五条第三项规定，对其从重处罚。

《规范农业行政处罚自由裁量权办法》第十五条：有下列情形之一的，农业农村主管部门依法从重处罚：

（1）违法情节恶劣，造成严重危害后果的。

（2）责令改正拒不改正，或者一年内实施两次以上同种违法行为的。

（3）妨碍、阻挠或者抗拒执法人员依法调查、处理其违法行为的。

（4）故意转移、隐匿、毁坏或伪造证据，或者对举报投诉人、证人打击报复的。

（5）在共同违法行为中起主要作用的。

（6）胁迫、诱骗或教唆未成年人实施违法行为的。

（7）其他依法应当从重处罚的。

后　　记

　　本书编写工作由张立新、奚帼华同志主持。姜英、谢琼、邱海嵩、周劫清、申宜平同志完成了统稿。参加起草和修改工作的有：张宇锋、石晓洁、曹雪、丁旦、张佩、潘晓霞、周英姿、丁宇、潘捷、陈嫣、谷威、王琛、王思成、赵春华、施颖、倪远、聂爱佳、俞涛、汪波、叶佳欣、瞿志苑、尹慧峰、张峰、徐婧文、魏晓平、傅杰、黄士杰、徐宇、王玲玲、吴健龙、徐超珍、陆祝军、杨惠仁、倪唯婷、邵虎、陈宇轩、陆庚、吴韡婷、陈珏、陆晓东、周文文、李皓杰、王仁军、曹燕翔、陈韬、奚继冉、古贵知、李庆庆、聂鑫、邱艺辉、汤丽佳、解思伟、周沈辉、谈俊等基层一线同志。

　　在本书编写过程中，编纂工作组得到了上海市浦东新区城市管理综合行政执法局生态环境（水务）执法支队、交通执法支队、农业执法大队、规划资源执法大队、市容城建执法大队、房屋管理执法大队等各专业支大队的大力支持；局政策法规处、案件管理中心等部门提出了许多宝贵意见。在此，谨向所有对本书给予关心支持的部门和同事致以崇高的敬意和衷心的感谢。